그리는 성경

신약편

그리는 성경

지은이 | 이문범
초판 발행 | 2019. 6. 12.
5쇄 | 2024. 3. 5.
등록번호 | 제1988-000080호
등록된 곳 | 서울특별시 용산구 서빙고로65길 38
발행처 | 사단법인 두란노서원
영업부 | 2078-3352 FAX | 080-749-3705
출판부 | 2078-3331

책 값은 뒤표지에 있습니다.
ISBN 978-89-531-3520-8 04230
ISBN 978-89-531-3521-5 04230 (세트)

독자의 의견을 기다립니다.
tpress@duranno.com www.duranno.com

두란노서원은 바울 사도가 3차 전도여행 때 에베소에서 성령 받은 제자들을 따로 세워 하나님의 말씀으로 양육하던 장소입니다. 사도행전 19장 8~20절의 정신에 따라 첫째 목회자를 돕는 사역과 평신도를 훈련시키는 사역, 둘째 세계선교(TIM)와 문서선교(단행본·잡지) 사역, 셋째 예수문화 및 경배와 찬양 사역, 그리고 가정·상담 사역 등을 감당하고 있습니다. 1980년 12월 22일에 창립된 두란노서원은 주님 오실 때까지 이 사역들을 계속할 것입니다.

MAPPING BIBLE

이문범
지음

성경 탐험자들의
나침반이 되어 주는 책

그리는 성경

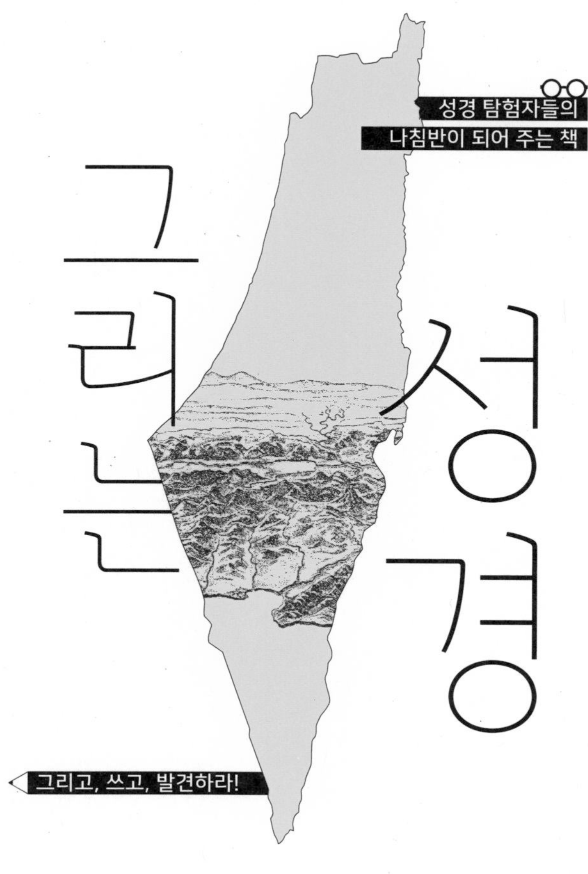

그리고, 쓰고, 발견하라!

두란노

목차

PART 2 사도행전

PART 3 서신서

부록 지도 그리기

《역사지리로 보는 성경》을 출판한 지 2년이 되었다. 많은 분이 이 책을 읽고 힘을 주는 간증을 보내 주셨다. 책을 보면서 여러 번 강의를 듣고, 인터넷상으로도 반복해 들으면서 성경의 지리와 역사에 눈을 뜨게 되었다며 감사의 말씀을 보내 왔다. 세미나 후에 책의 약자인 「역지성 모임」이 결성되어 《역사지리로 보는 성경》을 어떻게 가르칠 것인가 시연해 보기도 하고, 다양한 방법으로 좋은 소식을 전하려 노력했다. 그러나 많은 이들이 이 책의 방대한 분량 때문에 쉽게 배우고 가르치는 데 한계가 있음을 인정했다. 그래서 좀 더 쉽게 누구나 배우고, 가르칠 수 있는 개론 같은 책을 요구했다. 기도하면서 고민하던 중 성경 자체를 지도로 만드는 일이 선행되어야 함을 느꼈다. 1차 작업을 끝내고 「역지성 모임」에서 시연하고 교재로 만드는 작업에 들어가면서 본서 같은 열매를 맺었다. 이 책을 배우고 그대로 따라 하면 다음과 같은 결과를 얻을 수 있다.

1. 신약성경의 한 권, 혹은 큰 사역을 한 장의 지도에 옮겨 놓을 수 있다. 특히 공관복음인 마태, 마가, 누가복음은 모두 전반부에 갈릴리 사역을 다루고, 후반부에 예루살렘 사역을 다룬다. 유대인의 사고는 시간보다 지역이 우선되어 한 지역에서 일어난 사건을 모두 마무리하고 다음 지역으로 넘어가는 경향을 보인다. 그래서 사건이 한 지역에서 순서대로 일어남을 볼 수 있다. 그 순서대로 볼 수 있도록 1장은 ①로, 2장은 ②로 하여 장이 순서로 보일 수 있게 했다. 절은 장 옆에 기록해서 2장 1절은 '②1'로 표기했다.

---

2. 성경의 사건을 그려 놓고 지도를 자세히 보면 성경 사건의 순서와 저자

의 의도가 보인다. 읽기만 할 때 발견하지 못하는 각 권의 특징이 지도를 그려 보면 분명해지는 부분이 있다. 이 책에서 그 특징을 몇 가지로 다루었지만, 각자가 세밀하게 보면 또 다른 특징을 발견할 수 있을 것이다.

---

3. 사복음서 같은 성경은 같은 지역에서 일어난 사건을 함께 모아 보면 공통점과 다른 점을 볼 수 있다. 예수님은 보이지 않는 하나님의 형상이다. 그러므로 예수님을 아는 것은 하나님을 아는 것이다. 우리는 하나님의 형상으로 지음 받았기에 하나님을 아는 것은 자신을 아는 것이요, 축복의 근원이신 하나님을 알아 축복의 길로 갈 수 있는 비밀 통로를 찾는 셈이다. 예수님을 사방에서 바라본 사복음서를 그리고 비교하면, 천국 길이요, 진리요, 생명이신 예수님의 모습이 입체적으로, 4D로 보이게 될 것이다.

---

4. 동영상(이 책의 큐알코드 참고)이나 세미나를 통해 좀 더 자세히 보고 들으면, 다른 사람들을 가르칠 수 있다. 특히 수요예배나 성경공부 모임에서 성경 자체를 그리고 그 특징을 나누는 시간을 갖기에 적합하다. 수요예배 때 성경 한두 장을 함께 읽고 그리면서 흐름에 따라 강해설교를 해 나갈 때 큰 유익을 얻는다. 단기나 장기 계획 어디에도 사용하기에 탁월한 교재다.

---

5. 지도와 지도의 특징뿐 아니라 각 성경의 핫 플레이스를 사진과 함께 요약했다. 맛난 먹거리도 소개했다. 성지순례 가실 분들은 반드시 이 책을 보고 지도를 그리면서 중요 지역을 공부한 후, 완성된 책을 가지고 방문하시길 바란다. 방문한 지역의 지형이 보이고, 사건이 보이며, 하나님의 일하심을 발견하게 될 것이다.

사복음서와 사도행전 전반부는 이스라엘을 배경으로 하고, 사도행전 중반부터는 수리아, 갈라디아, 마게도냐와 아가야, 아시아, 로마까지 이어지는 넓은 지역을 배경으로 한다. 작은 곳에서 넓게 퍼지는 복음의 배경을 보며 우리의 시야도 넓혀 가 보자.

이 책은 내가 제일 바쁜 시기에 집필했다. 하나님의 은혜가 아니면 도저히 나올 수 없는 책이었기에 모든 영광을 하나님께 돌린다. 이 책이 나오기까지 자극을 주고 힘을 준 성도와 학생들은 이 책의 공저자다. 특히 「역지성 모임」 회원들은 더 구체적으로 힘을 보태 주었다. 성지순례를 함께한 분들은 내게 영감을 더해 주고, 이후 사진을 공유해 주어 부족한 사진을 채울 수 있었음에 감사드린다. 유택수 목사님은 필요할 때마다 현지에서 사진을 보내 주셨다. 나의 사랑하는 사랑누리교회 성도들은 사랑과 기도로 함께 해주었다. 두란노서원의 출판팀은 수고를 아끼지 않고 알차고 멋진 책으로 탄생할 수 있도록 도와주었다. 마지막으로 언제나 최고의 후원자가 되어 함께한 가족, 특히 아내에게 감사한다.

2019년 6월 청명산에서

이문범

1 이 책은 직접 성경 구절과 키워드를 기록하고, 사역 루트를 그려 봄으로써 성경을 깊이 이해하도록 돕습니다. 눈으로만 읽던 성경이 입체적으로 다가올 것입니다.

2 먼저 성경을 읽으십시오. 마태복음 그리기(크게 갈릴리 사역과 유대 사역으로 나뉩니다)를 예를 들어 설명하겠습니다. 마태복음 갈릴리 사역에 해당하는 마태복음 1-19장을 한 번 읽습니다. 그룹에서 진행할 경우 집에서 미리 읽어 와도 좋습니다.

그후 다음 표에서 보듯 '성경과 지도에 표시할 부분'을 보고 해당 지명에 형광펜을 칠합니다. 예를 들면, 마태복음 4장 13절을 펴고 나사렛, 스불론, 납달리, 가버나움에 형광펜을 칠합니다. 그리고 지도를 펴고 나사렛, 스불론, 납달리, 가버나움에 형광펜을 칠합니다.

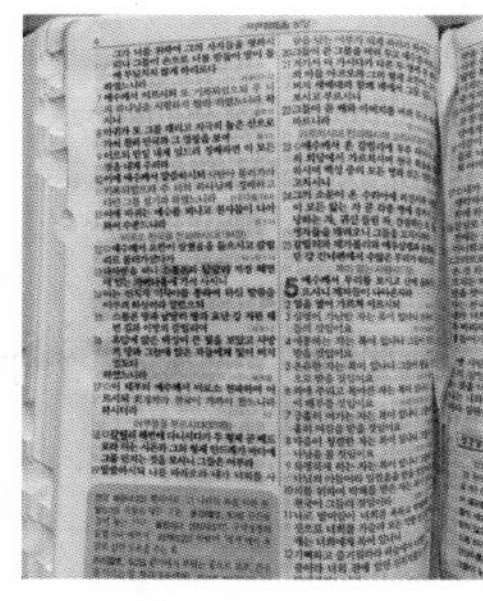

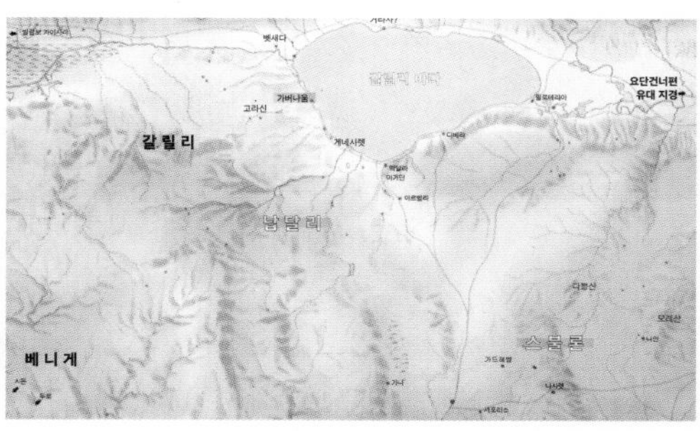

성경 구절	성경과 지도에 표시할 부분	비고
4:13	나사렛을 떠나 스불론과 납달리 지경 해변에 있는 가버나움에 가서 사시니	
4:18	갈릴리 해변에 다니시다가	가버나움 근처 해변.
5:1	산에 올라가 앉으시니	가버나움에 있는 산.
8:5, 14	5 예수께서 가버나움에 들어가시니 14 베드로의 집에 들어가사	8:1의 "예수께서 산에서 내려오시니"에서 산은 가버나움에 있다.
8:24	바다에 큰 놀이 일어나	갈릴리 바다

3 그다음에 지도에 성구와 키워드를 씁니다. 지도에서 스불론과 납달리 위에 각각 ④13이라고 씁니다. 이것은 4장 13절이라는 의미입니다. 그리고 그 옆에 '예언 성취'라고 씁니다. '④13 예언 성취' → 4장 13절, 즉 스불론과 납달리에서 예언이 성취되었다는 의미입니다.

성경	지도에 표시할 위치	장절과 키워드	비고
4:13	스불론과 납달리 위	④13 예언 성취	
4:18	가버나움(갈릴리 해변) 위	④18 네 제자	
5:1	가버나움(산) 아래	⑤1 산상수훈	
8:5, 14	가버나움(산, 베드로 집) 아래	⑧5, 14 백부장, 장모	⑤1 아래 기록

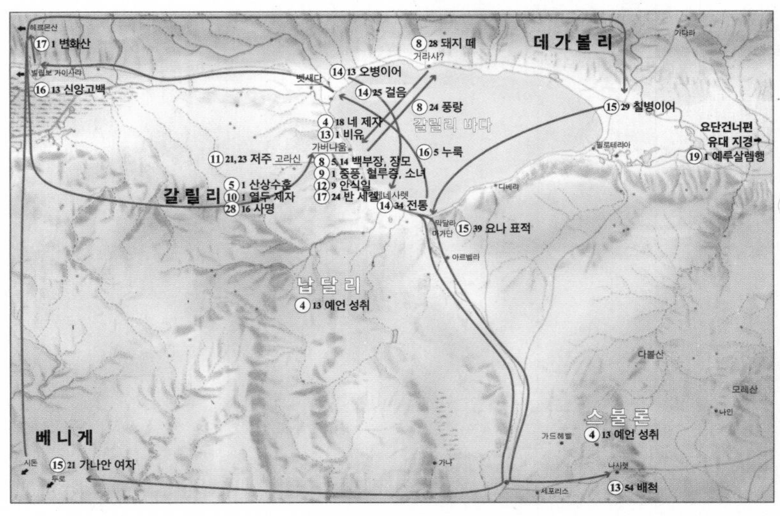

4 지도에 성구와 키워드를 쓴 후 사역 루트를 그립니다.

01 데가볼리 사역: 가버나움에서 갈릴리 바다를 가로질러 '거라사?' 방향으로 화살표(→)를 그려라. 돌아오는 화살표(←)도 그린다.

02 두 번째 고향 사역: 가버나움에서 시작된 화살표는 호숫가를 따라 막달라까지, 검정 길을 따라 세포리스 삼거리에서 남쪽인 오른쪽 나사렛으로 향하라.

03 오병이어 이후: 벳새다에서 바다를 지나 게네사렛으로 향하라.

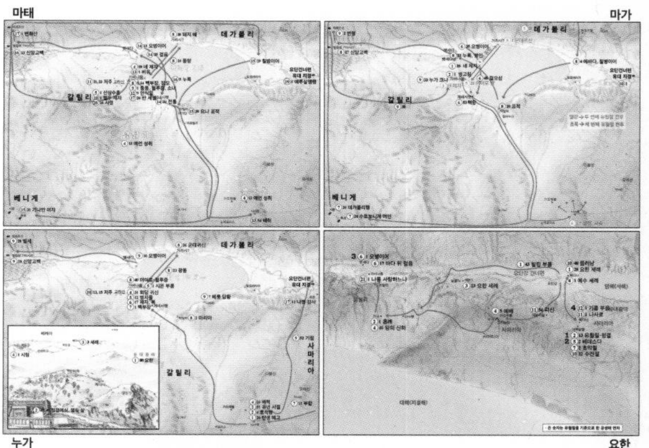

이렇듯 성구와 키워드와 사역 루트를 적고 그립니다. 마태복음부터 요한복음까지 순서를 따라가다 보면 각 저자가 강조하는 부분이 선명하게 보입니다. 사도행전과 서신서들도 동일합니다. 이를 통해 성경말씀을 풍성히 먹게 됩니다.

5 이문범 목사의 강의 동영상을 보면서 따라하면 큰 도움이 됩니다.

6 <부록-지도 그리기>에서는 OHP필름을 제공합니다. 밑그림 지도 위에 필름을 대고 성구와 키워드, 사역 루트를 그려 보고 지우고 다시 그릴 수 있습니다. 종이에 직접 그려도 됩니다.

7 이 책에 나오는 황제의 연도는 재위 연도입니다.

8 일반적인 지도는 위가 북, 아래가 남쪽이지만 성경은 동쪽을 앞이나 위로 표시합니다. 아브라함이 롯을 구하러 '다메섹 왼편 호바까지' 갔다고 나오는데 여기서 '왼편'은 북쪽입니다. 그러므로 오른쪽은 남쪽, 위는 동쪽이 됩니다. 이 책의 지도는 이러한 성경적인 관점에서 그렸습니다.

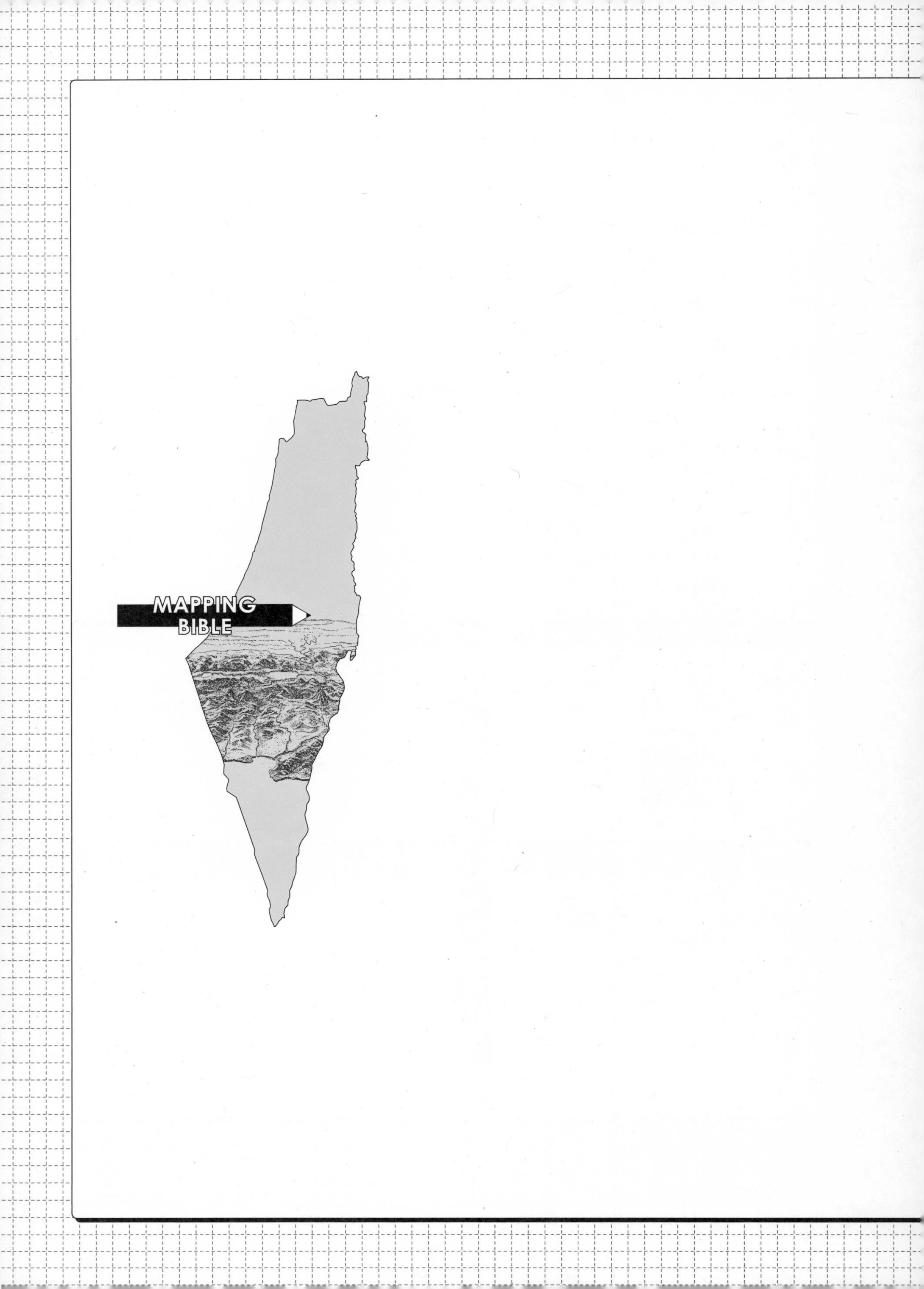
MAPPING
BIBLE

PART 1 사복음서

chapter 1

사복음서 개관

사복음서 4인 4색

마태, 마가, 누가, 요한, 사복음서 저자는 자신의 경험과 상황에서 바라본 예수님을 기록했다. 사복음서의 저자는 다르지만 각각 성령님의 인도함을 받았기에 통일성 있게 예수님을 묘사했다. 성경의 중심이며 완성이신 예수님을 각기 다른 방향에서 바라봄으로 예수님을 입체적으로 이해할 수 있게 했다. 에스겔과 계시록은 이를 이렇게 묘사했다.

> 그 얼굴들의 모양은 넷의 앞은 사람의 얼굴이요 넷의 오른쪽은 사자의 얼굴이요 넷의 왼쪽은 소의 얼굴이요 넷의 뒤는 독수리의 얼굴이니 겔 1:10
>
> 그 첫째 생물은 사자 같고 그 둘째 생물은 송아지 같고 그 셋째 생물은 얼굴이 사람 같고 그 넷째 생물은 날아가는 독수리 같은데 계 4:7

고린도 바울교회 천장
예수님이 중앙에 있고 네 기둥으로 향하는 삼각 면에는 4복음서 저자가 그려져 있다. 바실리카 양식의 교회의 지붕 방향은 대부분 이렇게 구성되어 있다.

마태와 기둥
교회의 머리는 예수 그리스도이고 그분을 지탱하고 있는 기둥은 사복음서임을 나타내는 건축양식

위 성경 말씀에 나오는 동물이 사복음서를 말한다는 면에서는 초대 교회 전통에서 일치하지만 어떤 동물이 어느 성경에 해당하는지는 학자마다 다르다. 아다나시우스는 '마태복음-사람, 마가복음-소, 누가복음-사자, 요한복음-독수리'라고 했고, 어거스틴은 '마태복음-사자, 마가복음-사람, 누가복음-소, 요한복음-독수리'라고 주장했다. 어거스틴은 사복음서를 다음과 같이 요약한다.

마태복음: 왕으로 오신 예수님을 묘사한 사자 복음
마가복음: 인간으로 오셔서 활동하신 사람 복음
누가복음: 온 인류의 희생제물이 되신 송아지 복음
요한복음: 하나님으로 오셔서 일하신 독수리 복음

고대 교회 중 동방정교회의 천장 그림은 이런 면을 잘 나타내 준다. 예수님이 돔의 중심에 그려지고 그 주변에 네 생물과 관련된 그림과 24장로, 그리고 네 기둥으로 내려오는 모서리 부분에 사복음서 저자를 그려 넣었다. 즉, 사복음서 저자가 예수님을 사방에서 묘사하여 하나님 되신 예수님의 모습을 알려 주려 했음을 상징적으로 보여 주고 있다.

고린도 바울교회의 마태

쿰란의 서기관 책상
유대인은 성경을 필사한 후 글자를 셀 정도로 꼼꼼했다.

사복음서의 네 가지 시선

마태복음: 구약의 성취에 초점을 두다

마태복음의 저자는 예수님의 제자인 '마태'다. 마가복음과 누가복음에서는 그를 알패오의 아들 레위라고 부른다(막 2:14, 눅 5:27). 마태는 자신을 '세리' 마태라고 솔직히 말한다(마 10:3). 마태는 유대인 공동체에서 일하다 유대인들에게 예수님의 복음을 기록하고 떠났다고 한다. 마태는 갈릴리 북쪽에서 세금 받는 일을 했다. 레위라는 이름으로 추정컨대 그는 레위 자손이었다가 피치 못할 사정이 있어 본분을 버리고 세리가 되었던 것 같다. 그러나 마태의 과거 삶은 복음을 위해 귀하게 사용되었다.

마태복음에는 유난히 많은 구약성경 인용과 함께 그것이 어떻게 성취되었는지가 잘 나타나 있다. 마태는 예수님이 주신 교훈과 그것을 삶으로 실천하는 사역을 꼼꼼하게 기록했다. 이는 레위 지파로서 어린 시절에 배운 성경과 장년에 세리로 활동하면서 배운 세밀함이 토대가 되어 성경을 기록하는 데 쓰임 받았을 것이다(마 1:22, 2:15, 2:23, 4:14). 모세가 애굽에서 배운 학문이 모세오경을 기록하는 데 사용되었고, 사도 바울의 학문이 바울서신을 기록하는 데 쓰임 받은 것처럼 마태의 어린 시절과 직업은 예수님의 복음을 알려 주는 데 귀하게 사용되었다.

마가복음: 사건 중심으로 박진감 넘치게 기록하다

고린도 바울교회의 마가
베드로에게 복음을 받아 적고 있다.

마가에 대한 첫 번째 언급은 최후 만찬의 장소이자 오순절 마가 다락방과 관련이 있다(참고, 행 12:12). 마가는 바울과 바나바의 제1차 전도여행에 동참하나 밤빌리아의 버가에서 예루살렘으로 돌아와 버렸다(행 13:13). 이로 인해 2차 전도여행 때 마가의 동행 여부로 바울과 바나바가 갈렸다. 마가가 동행하는 것을 반대했던 바울도 말년에 마가와의 관계를 회복했다(딤후 4:11 참조). 마가는 바나바와 바울에게 꼭 필요한 사람이었을 뿐 아니라 베드로에게도 중요한 인물이었다. 마가는 베드로의 설교를 통역해 주었고 사람들의 요구에 부응하여 로마에서 이 말씀을 정리하여 발간하였다고 한다(벧전 5:13). 그래서 마가복음은 베드로 복음이라고 할 수 있다. 로마에서 유대의 이야기를 하다 보니 히브리어나 풍습을 잘 모르는 사람이 많아 모르는 말이나 습관이 있으면 주(註)를 달았다.

마가는 최고의 사도였던 베드로의 제자요, 바울과도 밀접한 관계를 맺었다. 예수님의 뒤를 따라가는 베드로와 바울의 뒷모습을 보고 그도 그 길을 따랐다. 마가는 다른 설명 없이 예수님의 삶을 박진감 넘치게 표현하고 있다. 사도들이 따랐던 그 모습을 따라가겠다는 다짐의 글일 것이다. 그래서 마가복음은 구약을 잘 모르는 사람도 이해하기 쉽도록 박진감 넘치고 시원스럽게 전개된다. 특별히 유대인인 그는 지리 감각도 뛰어나서 복음서의 지리적인 기초를 놓았다. 마가는 이 복음을 가지고 알렉산드리아에 최초의 교회를 세운다. 히에라볼리의 감독 파피아스(140년경)는 장로 요한의 말을 인용하여 마가에 대하여 다음과 같이 말했다.

> "장로 요한은 또 다음과 같이 말했다. 베드로의 통역관이던 마가는 모든 것을 지극히 정확하게 기록했다. 그는 대단히 주의 깊은 사람이었으므로 들은 것을 하나도 지나치지 않았으며 또한 거짓된 것을 진술하지 않았기 때문이다."

고린도 바울교회의 누가

누가복음: 연대기적으로 보는 데 유익하다

누가는 사도행전 16장의 드로아 환상 이후부터 등장하다 3차 전도여행을 마치고 돌아가는 길에 다시 합세하여 로마까지 동행한다. 그는 1장 3절의 "그 모든 일을 근원부터 자세히 미루어 살핀 나도 데오빌로 각하에게 차례대로 써 보내는 것이 좋은 줄 알았노니"에서 보듯 다른 사람들의 글을 보고 사건을 듣고 연구한 후 차례대로 기록했다. 유대인들은 언어 특성상 시간 개념보다 완료 개념을 강조하여 사건이나 공간별로 복음서를 기록한 데 반해 이방인이었던 누가는 시간 개념을 잘 알았기에 차례대로 기록하였다. 그러므로 누가의 기록은 성경을 연대기적으로 보는 데 유익하다.

또한 누가복음은 다른 복음서들과 달리 '갈릴리 바다'를 '호수'라고 호칭한다. 히브리어에서 바다와 호수는 구분이 없다. 히브리 출신의 제자들은 갈릴리를 바다라고 했지만 이방인인 누가는 이 구분을 확실히 한다. 그리고 그는 의사였기에 소외된 사람의 입장에서 예수님 사역을 살폈다. 당시 사람 취급도 못 받던 여인의 이야기가 많고 죄인들 입장에서 기록했다. 이레니우스(Irenaeus)는 "바울의 동역자였던 누가가 바울이 전파한 복음을 기록하였다"고 하였고, 오리겐(Origenes)은 "누가복음은 이방인 개종자를 위해 기록되었다"고 했다(유세비우스《교회사》340). 사도 바울은 로마서에서 '나의 복음'이라고 말하였는데 이것은 일반적으로 누가복음을 언급한 것이라 할 수 있다(롬 2:16, 16:25).

고린도 바울교회의 요한

요한복음: 공관복음에서 빠진 사역을 중심으로 기록하다

요한은 말년에 바울이 전도했던 에베소로 이동한다. 그는 에베소에서 공관복음인 세 복음서를 읽고 빠진 부분을 기록했는데 그들이 다루지 못한 예루살렘에서 일어난 사건인 예수님의 명절을 자주 언급했다. 명절마다 예루살렘에 올라오신 사역을 상세히 기록함으로써 예수님의 일생을 명절 중심으로 정리한 듯하다. 예수님은 공생애 기간 중 네 번의 유월절을 지냈는데 그 행적을 보면 알 수 있듯이 후반기로 가면서 사역이 증가한다. 마지막 해에는 유월절과 유월절 사이 정확히 중간에 있는 초막절을 언급함으로써 사역을 정리했다. 요한은 예수님의 기적 중에 오병이어 기적만을 다시 언급하고 갈릴리 사역을 대부분 생략했다. 그러나 예루살렘의 구원 사역은 겹치더라도 더 강조함으로써 예수님의 십자가 구원이 얼마나 중요한 부분인가를 드러냈다.

요한복음은 사복음서 중에서 가장 늦게 기록되었을 뿐 아니라 성경 중에서도 마지막 기록으로 알려졌다. 마태, 마가, 누가는 예수님의 사역을 갈릴리와 예루살렘 사역으로 나누어 기록했는데 이들을 공관복음이라고 부른다. 공관복음이 지리적인 면을 중심으로 기록하다 보니 현대인에게 익숙한 연대기적인 기록으로 복음서를 보기 힘들다. 그러나 요한은 이 틀을 깨고 명절 중심으로 기록함으로써 사복음서를 완성한다. 누가복음의 '차례대로' 기록과 요한복음의 명절 중심의 기록은 예수님의 삶을 연대기적으로 정리하기에 유익하다. 왜냐하면, 요한이 강조한 유월절이 한 해의 첫 달이기에 요한복음에 나온 유월절과 누가복음의 차례를 연계시키면 예수님의 연대기적인 삶을 알 수 있다.

에베소에 위치한 누가의 묘
누가는 바울을 따라다니며 그의 복음을 기록하였다.

에베소의 요한 무덤
요한은 마지막을 에베소에서 마무리하면서 요한일, 이, 삼서와 요한복음을 기록하고 운명했다.

chapter 2

복음서의 주요 무대

1. 갈릴리: 소외되고 서럽던 자들의 갈릴리 바다

갈릴리 바다란?

구약의 언어인 히브리어는 바다, 호수, 큰 저수조 등 물이 많이 모인 곳을 '얌'(יָם)이라는 한 단어로 표현했다. 그래서 사복음서에서 이방인 저자 누가 외에는 갈릴리를 모두 '바다'(살라싸 θάλασσα)라고 말한다. 갈릴리 바다는 모양이 하프처럼 생겼다 하여 '긴네렛'으로 불렸고, 신약시대에는 이 이름을 따라 게네사렛이라 부르기도 했다. 헤롯의 아들 헤롯 안티파스는 갈릴리 바다 서쪽에 갈릴리 수도를 만들면서 황제의 이름을 따라 '디베랴'라고 칭했는데 이 또한 갈릴리의 다른 이름인 디베랴 바다가 되었다.

둘레가 50km나 되는 갈릴리 바다는 갈릴리 산지와 바산 고원에 둘러싸여 있는데 급한 경사지로 내리달려 지중해보다 200m 낮은 곳에 위치한다. 아침에는 동쪽에서 바람이 불어오고 저녁에는 지중해가 있는 서쪽

북쪽에서 바라본 갈릴리 바다
둘레가 50km, 넓이가 12km, 길이가 20km 정도 된다. 바다와 호수를 구분하지 않는 유대인들은 바다라고 불렀다.

에서 바람이 불어온다. 예수님은 이를 이용해 아침에는 바닷가에 서서(막 2:13, 4:1, 요 21:4), 저녁에는 산에 올라 말씀을 가르치셨다. 물고기는 주로 북쪽에서 잡혀 베드로의 고향인 벳새다는 '어부의 집'이라는 뜻을 갖고 있다. 북쪽에서 내려오는 요단강이 갈릴리 바다의 물과 만나면서 물고기를 위한 풍성한 먹이를 제공한다. 그러므로 대부분의 어부 마을인 가버나움, 타부가, 게네사렛 등은 북쪽에 위치했고, 예수님의 갈릴리 바다 사역 또한 유대인들이 많이 사는 북쪽에서 일어났다.

이방의 갈릴리

예수님 시대에 갈릴리 바다는 이방인 도시로 둘러싸여 있었다. 북동쪽은 수리아, 북서쪽은 베니게, 남동쪽은 데가볼리, 남서쪽은 사마리아가 위치했다. 모두 로마의 지배를 받았고 큰 수리아주 안에 베니게가 있어 이곳에 사는 여인을 수리아의 베니게 여인이라 하여 수로보니게 여인이라 불렀다(막 7:26). 로마는 유대를 점령하면서 갈릴리와 유대 산지 사이에 돼지를 키우는 열 개의 헬라화된 도시인 데가볼리를 세우고, 혼혈화된 북이스라엘의 자손 사마리아인을 이주시켜 남북이 힘을 합치지 못하게 했다. 데가볼리에서 가장 큰 도시는 거라사였고, 갈릴리 바다에서 가장 가까운 규모 있는 데가볼리 도시는 가다라였기에 데가볼리에 간다는 표현보다 '거라사인의 지방' 혹은 '가다라 지방에 간다'고 표현했다.

갈릴리는 축복이다

낮은 곳에 임하신 예수님은 낮은 땅이자 이방인에게 짓밟히던 흑암의 땅에 큰 빛을 비추셨다. '위로의 마을'이라는 뜻인 가버나움을 중심으로 베푸신 주의 말씀은 가난한 심령에 자연스럽게 심겼다. 히브리어로 '축복'은 '웅덩이'와 같은 뜻이다. 낮은 웅덩이에 물이 모이는 것이 축복이라면 낮은 땅 갈릴리는 축복의 땅이다. 지금도 갈급한 심령으로 낮아진 자들에게 주님의 은혜가 임한다.

갈릴리 바다 일출
갈릴리는 이방인에게 자주 짓밟히는 사망의 땅, 이방인의 땅이었다. 예수님은 그곳에서 큰 빛이 되셨다.

2. 유대: 여호와께서 영원히 두르시는 예루살렘

예루살렘 지형

성전산의 북쪽은 완만한 언덕과 연결되어 있어 성전을 세울 때부터 요새와 망대로 방어막을 구축했다. 골짜기로 둘러싸인 예루살렘을 바라보던 시인은 "산들이 예루살렘을 두름과 같이 여호와께서 그의 백성을 지금부터 영원까지 두르시리로다"(시 125:2)라고 고백한다.

전망대에서 마가복음 11-16장의 배경을 볼 수 있다. 예수님은 감람산 동쪽 면에 위치한 베다니에 근거지를 두고 감람산 능선 위의 벳바게에서 나귀를 타고 예루살렘 성전산을 향했다. 종려주일이라 부르는 주일, 유월절 순례객들은 '호산나'를 외치며 어린 나귀를 타신 예수님을 맞았다.

성전산

해발 780m의 감람산 전망대에서 서쪽으로 600m 떨어진 곳에 해발 745m의 성전산이 세워졌다. 감람산에서 성전산으로 가려면 80m 아래 위치한 겟세마네 동산을 지나 기드론 시내를 건너 다시 언덕을 올라야 한다. 현재는 황금돔이라는 이슬람의 건물이 있지만 솔로몬 성전이 있던 곳

으로 추정된다. 성전산에서 왼쪽, 남쪽으로 향하면 오벨이라는 지역을 지나 옛 예루살렘성인 다윗성으로 내려간다. 해발 700m 지점에 다윗성의 궁궐이 위치했으리라 추정된다. 성전산과 다윗성은 같은 능선으로 이어진 듯 보인다. 성전산 뒤에는 검정 지붕의 예수님 성묘교회가 보이고, 다윗성 뒤 윗성에는 마가의 다락방이 보인다. 성전산과 다윗성은 동쪽으로는 기드론 골짜기가, 서쪽으로는 중앙 골짜기가 흘러 남쪽으로 가면서 뿔 모양의 능선을 이룬다.

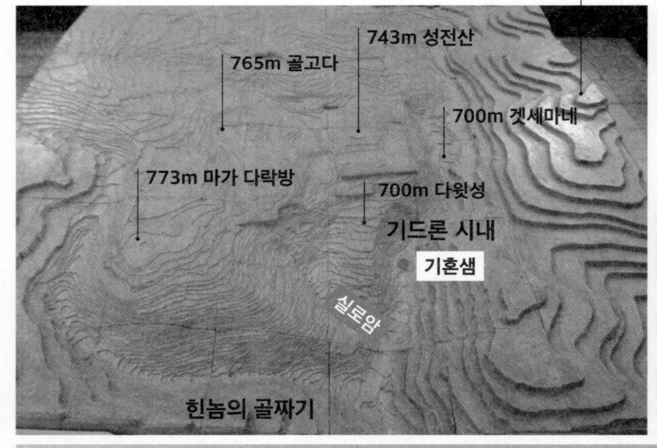

백합화가 핀 감람산에서 바라본 성전산
성전산은 여호와 이레의 모리아산. 아라우나 타작마당, 시온산으로 불린다.

3. 요단강 건너편 베레아: 구원과 복음을 연결한 중개자

길르앗과 베레아

사복음서에서 공통으로 기록되어 있고 많은 시간 예수님이 머물렀지만 정확한 지명 대신 '요단강 건너편'으로 자주 언급된 지역이 베레아다. 갈릴리와 유대 지역, 구체적으로 갈릴리 바다와 예루살렘을 연결하는 지역이 '건너편'이라는 뜻을 가진 베레아 지역이다. 요단강 건너편은 구약 시대에는 길르앗으로 불렸다. 야곱이 라반과 언약을 맺을 때 증거의 무더기(=갈르엣)를 쌓은 데서 유래한 이름이다.

그러나 신약시대, 특히 로마의 폼페이(Pompeius) 장군이 BC 64년 하스모니안 왕가를 무너뜨리고 동쪽을 이방인 지역으로 만들기 위해 10개의 도시라는 뜻의 데가볼리(Deca-Police)를 세웠다. 구약의 벧산인 스키토폴리스만이 서쪽 평지에 있고 대다수의 데가볼리는 길르앗 산지에 위치했다. 그러므로 요단 계곡의 중소 도시들은 유대와 갈릴리를 이어 주는 도로의 연결점이 되었고, 산지를 차지한 사마리아인 때문에 서로 왕래가 힘든 갈릴리와 유다 지역 유대인들은 베레아 지역을 통해 움직였다.

베레아 지형

베레아 지역은 요단강 길이와 같아 남북으로 갈릴리 바다에서 염해(사해)에 이르고, 동서로는 길르앗에서 사마리아 산지까지다. 직선 길이가 약 100km이지만 요단강은 굴곡으로 인해 약 220km다. 고도가 해저에 위치하여 여름에는 50℃까지 올라간다. 계곡 평지를 '골', 범람당하는 지역을 '졸', 골과 졸의 경사지를 '카탈라' 지역이라 부른다. 대체로 척박한 토양이다. 골의 넓이는 30~40m, 졸은 180~550m 넓이로 관목림이 무성하다(렘 49:19, 12:5). 가장 비옥한 지역은 갈릴리 바다, 요단강, 야르묵강이 만나는 지역이다. 상류는 수위가 낮아 지나기 쉽지만, 하류로 갈수록 교통 장해가 되어 방언까지 생겼다(십볼렛 vs. 쉽볼렛, 삿 12:6).

베레아는 예수님이 갈릴리와 예루살렘을 오가며 사역하던 길이다. 남북도로는 베레아 지방이 발달되어 신약시대 예수님도 사용하던 주요 도로였다. 동서도로는 아담 나루터의 북쪽이 큰 장애물이 없어 도하가 좀 더 용이하다(북쪽 22개 나루터, 남쪽 5개 나루터). 동서도로는 북쪽으로 벧산-펠라, 아담 나루터, 남쪽으로 여리고-베다니 나루터가 주요 관문이다. 므낫세 지파는 벧산(하롯 골짜기)과 아담(와디파리아) 나루터를 통해 교류했다.

베레아 역사

여호수아는 요단강을 넘어 가나안에 입성했고 엘리야는 요단강에서 하늘로 승천했으며, 엘리사는 거기서 가나안으로 갔다(왕하 2:14). 세례 요한은 엘리야가 승천했던 곳에서 세례를 주었고, 말씀이신 예수님은 언약궤가 섰던 곳인 베다니에서 세례를 받으셨다(요 1:28). 요한복음 3:22에 의하면, 예수님은 사역 초창기에 요단강 근처에서 세례를 베푸셨고, 이후 공생애 3년 차 하반기, 초막절과 수전절에 예루살렘에 올라가셨다가 유대인의 위협을 받고 베레아로 피신하셨다. 누가복음 15장에 의하면, 이곳에서 길 잃은 한 마리 양, 드라크마 비유, 탕자의 비유 등 잃은 자에 대한 비유를 말씀하셨다. 또한 나사로를 살리기 전 예루살렘 베다니에서 온 소식을 요단강 건너편 베다니에서 듣고 나사로를 부활시키러 가셨다(요 11장).

예수님은 갈릴리에서 천국 복음을 전하시고 유대 예루살렘에서 십자가 구원 사역을 완성하셨는데, 베레아 지역은 이곳에서 일한 신구약의 중개자 세례 요한처럼 구원과 복음을 연결한 중개자 역할을 했다.

동쪽에서 바라본 베레아 지역
왼쪽 정상이 느보산이고 아래 평지 푸르른 지역이 베레아 지역이며, 그 너머 희미한 지역이 여리고와 유대 산지다.

세례 요한이 세례를 베푼 베다니 기념교회
뒤에 여리고 지역과 유대 광야가 보인다.

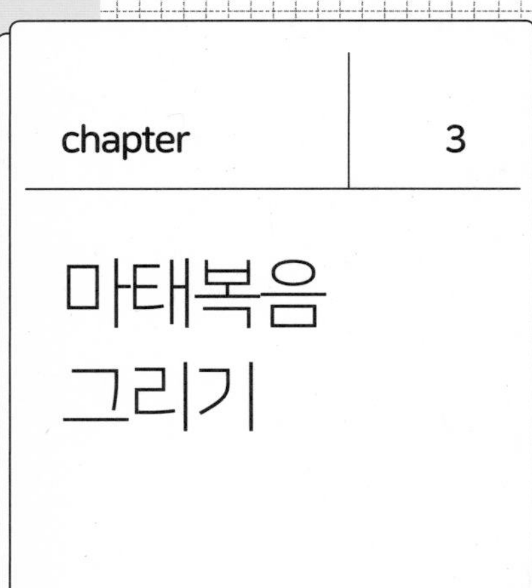

chapter 3

마태복음 그리기

1. 마태복음의 갈릴리 사역

1 마태복음을 펴고 1-19장, 28장을 읽어 가며, 다음 표의 구절에 색칠한 지명들을 성경에서 찾아 형광펜으로 표시하고, 지도에도 해당 장소를 형광펜으로 칠하라. 반복되는 장소는 다시 표기할 필요가 없다.

성경 구절	성경과 지도에 표시할 부분	비고
4:13	나사렛을 떠나 스불론과 납달리 지경 해변에 있는 가버나움에 가서 사시니	
4:18	갈릴리 해변에 다니시다가	가버나움 근처 해변
5:1	산에 올라가 앉으시니	가버나움에 있는 산
8:5, 14	5 예수께서 가버나움에 들어가시니 14 베드로의 집에 들어가사	8:1의 "예수께서 산에서 내려오시니"에서 산은 가버나움에 있다.
8:24	바다에 큰 놀이 일어나	갈릴리 바다
8:28	건너편 가다라 지방에 가시매	지도에서는 '거라사?'에 형광펜으로 표시하라. 참고) 데가볼리의 가다라와 다른 곳이다.

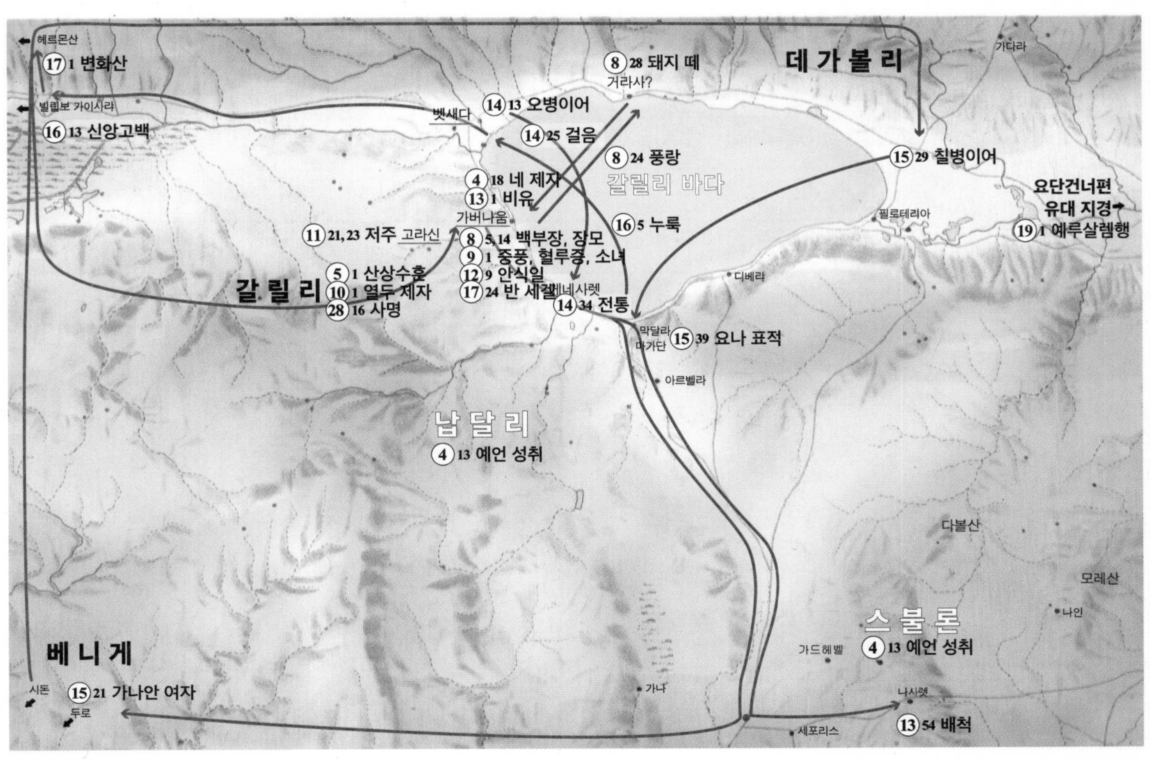

9:1	본 동네에 이르시니	본 동네는 가버나움
10:1	열두 제자를 부르사	참고) 막 3:13에는 '산'에서 불렀다고 기록됨.
11:21, 23	21 고라신아, 벳새다야, 두로와 시돈에서 23 가버나움아	5개 마을 표시
12:9	회당에 들어가시니	가버나움 회당임.
13:1	바닷가에 앉으시매	
13:54	고향으로 돌아가사	고향은 나사렛
14:13	배를 타고 떠나사 따로 빈 들 (벳새다의 오른쪽)에 가시니	눅 9:10에 의하면 '벳새다'
14:25	바다 위로 걸어서	
14:34	건너가 게네사렛 땅에 이르니	
15:21	두로와 시돈 지방으로 들어가시니	
15:29	갈릴리 호숫가에 이르러	원어는 갈릴리 바닷가, 막 7:31에 의하면 데가볼리 지방 통과로 기록.

15:39	배에 오르사 마가단 지경으로	마가단은 막달라
16:5	건너편으로 갈새	건너편은 벳새다(막 8:22)
16:13	빌립보 가이사랴 지방에 이르러	
17:1	높은 산에 올라가셨더니	높은 산은 헤르몬산으로 추정
17:24	가버나움에 이르니	
19:1	요단강 건너 유대 지경에 이르시니	베레아 지역으로 부름
28:16	갈릴리에 가서 예수께서 지시하신 산에 이르러	

❷ 성경과 지도를 펴고 형광펜으로 덧칠한 지역을 보면서 성경 장은 동그라미 숫자로, 구절은 동그라미 옆에 숫자로 적는다. 또한 그 옆에 그 구절 전후 주요 사건을 간단한 키워드로 기록한다(예, '④13 예언 성취' → 4장 13절, 예언이 성취되었다는 의미다).

성경 구절	지도에 표시할 위치	장절과 키워드	비고
4:13	스불론과 납달리 아래	④13 예언 성취	
4:18	가버나움(갈릴리 해변) 위	④18 네 제자	한 줄 띄고 쓴다.
5:1	갈릴리 오른쪽	⑤1 산상수훈	
8:5, 14	가버나움(산, 베드로 집) 아래	⑧5, 14 백부장, 장모	
8:24	갈릴리 바다의 '갈'자 위	⑧24 풍랑	
8:28	거라사?(가다라 지방) 위	⑧28 돼지 떼	이곳에서 고대 교회가 발견됨.
9:1	가버나움(본 동네) 아래	⑨1 중풍, 혈루증, 소녀	⑧5, 14 아래 기록
10:1	갈릴리 오른쪽	⑩1 열두 제자	⑤1 아래 기록
11:21, 23	고라신 왼쪽에 기록 후 고라신, 가버나움, 벳새다에 빨강 밑줄을 긋는다.	⑪21, 23 저주	저주 받은 도시들
12:9	가버나움(회당) 아래	⑫9 안식일	
13:1	가버나움(바닷가) 위	⑬1 비유	④18 아래 기록
13:54	나사렛(고향) 아래	⑬54 배척	
14:13	벳새다(빈들) 오른쪽 위 공간	⑭13 오병이어	

TIP

지도 그릴 때 괄호( )는 참고만 한다.

14:25	⑧24의 왼쪽 위 바다	⑭25 걸음	
14:34	게네사렛 아래	⑭34 전통	
15:21	시돈과 두로 사이, 베니게 아래	⑮21 가나안 여자	
15:29	데가볼리 아래 갈릴리 호숫가 삼거리	⑮29 칠병이어	데가볼리에서 1cm 정도 아래 삼거리에 기록
15:39	마가단 오른쪽	⑮39 요나 표적	
16:5	갈릴리 바다의 '갈'자 아래	⑯5 누룩	
16:13	빌립보 가이사랴 아래	⑯13 신앙고백	
17:1	헤르몬산(높은 산) 아래	⑰1 변화산	
17:24	가버나움 아래	⑰24 반 세겔	⑫9 아래 기록
19:1	요단 건너편 유대 지경 아래	⑲1 예루살렘행	
28:16	갈릴리 오른쪽	㉘16 사명	⑩1 아래 기록

❸ 초록 화살표를 통해 주요 활동을 역동성 있게 표시해 보자.

01 데가볼리 사역: 가버나움에서 갈릴리 바다를 가로질러 '거라사?' 방향으로 화살표(→)를 그려라. 돌아오는 화살표(←)도 그린다.

02 두 번째 고향 사역: 가버나움에서 시작된 화살표는 호숫가를 따라 막달라까지, 검정 길을 따라 세포리스 삼거리에서 남쪽인 오른쪽 나사렛으로 향하라.

03 오병이어 이후: 벳새다에서 바다를 지나 게네사렛으로 향하는 곡선 화살표를 그리라.

04 베니게 사역: 게네사렛에서 검정 길을 따라 세포리스 삼거리까지 갔다가 왼쪽으로 돌아 두로까지 향하라.

05 2차 데가볼리 사역: 지도 왼쪽 아래 가장자리를 따라 위로 올랐다가 지도의 가장 위를 따라 직선으로 오른쪽으로 간다. 데가볼리의 '리'에서 아래로 꺾은 후 검정 길을 따라 사거리까지 그려라.

06 유대인 지역 귀환: '⑮29 칠병이어'에서 시작된 화살표는 바다를 가로질러 막달라/마가단까지 가라.

07 유대인의 누룩: 막달라에서 벳새다항까지 곡선 화살표를 그리라. 화살표 위에 '⑯5 누룩'이 위치하게 한다.

08 신앙고백의 길: 벳새다에서 왼쪽 검정 길을 따라 빌립보 가이사랴 방향으로 화살표를 하라.

09 변화산 길: 빌립보 가이사랴에서 헤르몬산까지 짧은 화살표를 하라.

10 갈릴리 마지막 사역: '⑰1 변화산'에서 갈릴리라는 글자 아래를 지나 가버나움으로 향하는 화살표를 하라.

4 지도의 의미와 교훈

마태는 지명을 구약과 연계시켜 각 장소에 오심이 구약의 예언을 '이루려 하심'임을 강조했다. 이사야서 9:1-2의 예언대로 갈릴리에 오신 예수님과 그분이 모세처럼 산에 올라가 말씀하신 것, 마지막 사역으로 변화산에서 모세를 만난 일, 그리고 가버나움에서 반 세겔을 내심으로써 다윗이 인구조사 하면서 내지 않은 반 세겔과 그 후 모리아산 아라우나 타작마당에 성전을 세운 사건을 기억하게 한다. 예수님은 반 세겔을 내신 후 그 결과로 세워진 성전을 향하여 우리의 반 세겔, 즉 생명의 속전이 되기 위해 출발하신다.

위 지도에서 24개 장소를 표시하였는데 10개 정도가 '위로의 마을' 가버나움에 집중되어 있다. 그래서인지 마태는 9:1에서 가버나움을 예수님 사역의 '본 동네'라고 말하고 있다. 참으로 예수님의 사역은 위로의 사역이었다.

반면, 유대인이 독자여서 그런지 장소에 대한 친절한 소개는 생략하고 바닷가, 해변 등으로 말하거나 '산'이라는 단어를 많이 사용했다. 율법이 나온 시내산과 예루살렘 시온산을 의식하여서인지 산에서 랍비처럼 앉아서 말씀을 전하고 변화산에서 모세처럼 변화되심을 강조했다. 용어에 있어서 마태는 유대인이기 때문에 갈릴리의 호수를 꾸준히 '갈릴리 바다'라고 기록하고 있다. 15:29에서 번역자의 실수로 호숫가라고 기록했으나 모두 '살라싸'(θάλασσα)라는 바다를 가리키는 용어를 사용했다.

더 깊은 묵상

구약의 지리적 예언이 신약에서 이루어지다

마태복음은 예수님의 사역은 지리적으로도 철저히 구약의 성취임을 강조했다. 특별히 초창기 사역의 배경이 되는 모든 장소에 대하여는 구약성경의 성취로 해석했다.

마 2:5	이르되 유대 베들레헴이오니 이는 선지자로 이렇게 기록된 바
마 2:15	…애굽으로부터 내 아들을 불렀다 함을 이루려 하심이라
마 2:23	나사렛이란 동네에 가서 사니 이는 선지자로 하신 말씀에 나사렛 사람이라 칭하리라 하심을 이루려 함이러라
마 4:13-14	나사렛을 떠나 스불론과 납달리 지경 해변에 있는 가버나움에 가서 사시니 이는 선지자 이사야를 통하여 하신 말씀을 이루려 하심이라

예수님이 베들레헴에 오심과 애굽으로 피하심, 나사렛에 사심, 가버나움에서 사역하신 전반기 장소 모두는 수천 년 전부터 계획된 하나님의 작품이었다. 이처럼 하나님은 내 위치를 예정하여 지금까지 이끌어 주셨다. 지나온 발자취를 돌아보라. 내 비전이 무엇인지 알 수 있을 것이다.

마태복음 핫 플레이스

가버나움
빌립보 가이사랴

예수님의 본 동네, 가버나움

예수님의 본 동네(마 9:1)인 가버나움은 구약시대에는 없었던 도시로 로마가 갈릴리 바다로 흘러오는 요단강 위로 다리를 놓으면서 벳새다와 육로가 연결되어 교통이 편리해지자 성장한 도시다. 로마의 백부장 군대가 주둔하고 있었고, 큰 회당도 자리 잡고 있었다. 가버나움에는 베드로 같은 어부가 많이 살았는데, 북쪽에서 흘러오는 물이 호수와 만나면서 풍부한 먹이를 제공해 물고기가 많이 잡혔기 때문이다.

가버나움
왼쪽 회당, 오른쪽 베드로의 집 터

가버나움 기념교회
가버나움은 예수님이 사역하신 본 동네였다. 교회 뒤 능선에 팔복교회가 있다.

가버나움 기념교회

팔복교회

유월절 인구조사 때 생명의 값으로 지불했던 반 세겔

빌립보 가이사랴: 우상숭배지 vs. 신앙고백

깎아지른 절벽으로 된 큰 바위 아래에서 샘물이 콸콸 솟아 나와 요단강이 시작된다. 헤르몬산의 눈이 녹아 바위로 스며들어 봄에 많은 물이 솟아 나온다. 대헤롯의 아들 빌립은 로마 황제 '가이사'를 위해 도시를 만든 후 빌립보가 가이사를 위해 만든 도시라는 의미로 빌립보 가이사랴라고 했다. 빌립은 대부분이 이방인인 유대 변방을 다스렸다. 그는 헤로디아의 딸과 결혼하여 무난하게 통치하다가 왕위를 조카이자 충 먹어 죽은 헤롯 아그립바에게 물려주었다. 빌립은 특히 건축에 관심이 많았는데 벳새다를 건축한 뒤 황제의 아내 율리아의 이름을 따 율리아스라고 불렀다. 그중에서도 가장 뛰어난 걸작품은 빌립보 가이사랴다.

예수님은 이런 장소에서 제자들에게 자신을 어떻게 생각하는지 물었다. 마태는 다른 어떤 복음보다 더 정확한 신앙고백인 "주는 그리스도시요 살아 계신 하나님의 아들이시니이다"(마 16:16)라는 베드로의 신앙고백을 기록한다. 그런데 왜 예수님은 이곳에서 메시아 되심을 드러내셨을까? 이 지역의 주신이라 할 수 있는 '판 신전' 유적과 반원 모양으로 바위를 파서 만든 신전에는 아직도 목자의 신인 '판'에게 바치는 여러 잡신들의 이름이 남아 있다. 동쪽으로 눈을 돌리면, 판 신전과 함께 춤추는 염소 신전, 신성한 염소 신전, 제우스 신전, 복수의 신인 네메시스 신전 등 건물들이 온통 이방 신전이 가득하다. 서쪽 멀지 않은 곳에 또 다른 요단강의 근원인 단지파의 '단'에는 미가의 신상에 이어 여로보암의 금송아지가 있었다.

이같이 우상들이 즐비한 빌립보 가이사랴 지역에서 예수님이 자신이 누구인지를 제자들에게 물어보신 것은 중요한 의미가 있다. 우리 번역에는 잘 드러나지 않지만 원어를 보면 '주는 그리스도시요, 하나님의 아들'이라는 말은 '당신은 그 살아 계신 그 하나님의 그 아들 그 그리스도입니다'(σὺ εἶ ὁ χριστὸς ὁ υἱὸς τοῦ θεοῦ τοῦ ζῶντος)가 된다(마 16:16). 베드로는 예수님이 그리스도이실 뿐 아니라 유일한 여호와 하나님의 유일한 아들이심을 분명히 고백한 것이다. 베드로의 고백은 요단강이 흘러나오는 빌립보 가이사랴의 바위 같은 기독교 신앙의 진수가 되었다.

2. 마태복음의 유대 사역

1 마태복음을 펴고 3-4장과 19-28장까지 읽어 가며, 다음 표의 구절에 색칠한 지명들을 성경에서 찾아 형광펜으로 표시하고, 지도에도 해당 장소를 형광펜으로 칠하라. 반복되는 장소는 다시 표기할 필요가 없다.

성경 구절	성경과 지도에 표시할 부분	비고
3:1	세례 요한이 이르러 유대 광야에서	
3:13	갈릴리로부터 요단강에 이르러 요한에게 세례를 받으려	요한복음에서는 요단강의 베다니로 지칭
4:1	시험을 받으러 광야로 가사	전통적으로 여리고 부근의 광야
19:16	어떤 사람이 주께 와서	구 여리고 근처. 막 10:17의 "길에 나가실새"에서 길은 여리고 지역이다.
20:17	예루살렘으로 올라가려 하실 때에	
20:29	그들이 여리고에서 떠나갈 때에	신여리고이다.
21:1	감람산 벳바게에 이르렀을 때에	
21:12	성전 안에서	
21:17	베다니에 가서	벳바게 오른쪽에 위치한 베다니
21:23	성전에 들어가	
24:3	예수께서 감람산 위에 앉으셨을 때에	
26:3	가야바라 하는 대제사장의 관정에 모여	가야바 집이다.
26:6	시몬의 집에 계실 때에	시몬의 집은 베다니에 있다.
26:14	대제사장들에게 가서	가야바 집이다.
26:18	네 집에서 지키겠다	'네 집'은 '마가 다락방'이다.
26:30	감람산으로	
26:36	겟세마네라 하는 곳에 이르러	
26:57	가야바에게로 가니	가야바 집
27:8	피밭(=아겔다마)	성경은 피밭, 지도는 아겔다마에 표시
27:11	총독 앞에	총독은 안토니아 요새에 있었다.
27:32	시몬이란 구레네 사람을 만나매	골고다 언덕을 오르는 시점

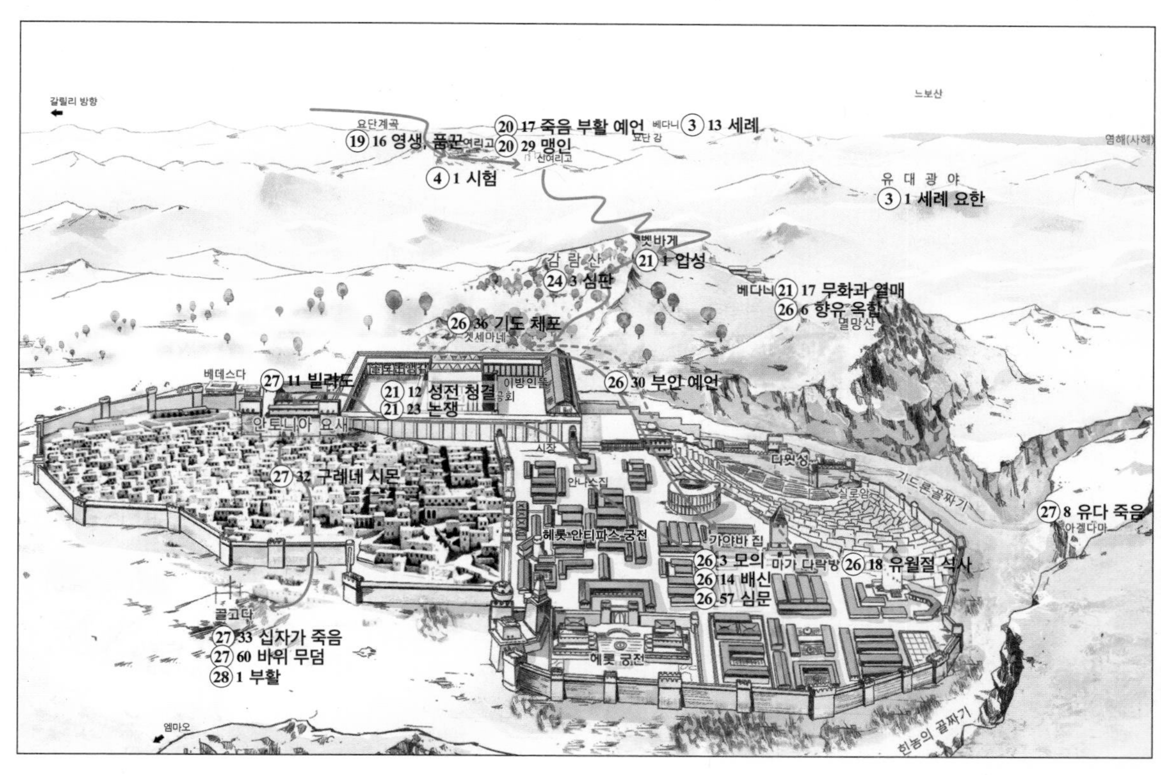

27:33	골고다 즉 해골의 곳이라는 곳에 이르러	
27:60	새 무덤에 넣어 두고	골고다 아리마대의 무덤
28:1	무덤을 보려고 갔더니	골고다 아리마대의 무덤

❷ 성경과 지도를 펴고 형광펜으로 덧칠한 지역을 보면서 성경 장은 동그라미 숫자로, 구절은 동그라미 옆에 숫자로 적는다. 또한 그 옆에 그 구절 전후 주요 사건을 간단한 키워드로 기록한다(예, '④13 예언 성취' → 4장 13절, 예언이 성취되었다는 의미다).

성경 구절	지도에 표시할 위치	장절과 키워드	비고
3:1	유대 광야 아래	③1 세례 요한	

3:13	(요단강) 베다니 오른쪽	③13 세례	지도에 베다니가 두 군데 있다. 여기선 요단강 근처 베다니다.
4:1	여리고 아래	④1 시험	여리고 글자에서 1cm 정도 아래 빈 공간에 기록
19:16	(구)여리고 왼쪽	⑲16 영생, 품꾼	
20:17	(구)여리고 오른쪽	⑳17 죽음 부활 예언	오른쪽 조금 위에 기록한다.
20:29	신여리고 위	⑳29 맹인	
21:1	벳바게 아래	㉑1 입성	
21:12	성전의 왼쪽 마당	㉑12 성전 청결	
21:17	베다니 오른쪽	㉑17 무화과 열매	(예루살렘)베다니. (벳바게 오른쪽에 위치)
21:23	성전의 왼쪽 마당	㉑23 논쟁	㉑12 아래 기록
24:3	감람산 아래	㉔3 심판	
26:3	가야바 집 아래	㉖3 모의	
26:6	(예루살렘)베다니의 오른쪽 아래	㉖6 향유 옥합	㉑17 아래 기록
26:14	가야바 집 아래	㉖14 배신	㉖3 아래 기록
26:18	마가 다락방 오른쪽	㉖18 유월절 식사	
26:30	성전 건물 오른쪽의 성 밖, 겟세마네 가기 전	㉖30 부인 예언	
26:36	겟세마네 글자 위	㉖36 기도 체포	
26:57	가야바 집 아래	㉖57 심문	㉖14 아래 기록
27:8	아겔다마(피밭) 위	㉗8 유다 죽음	
27:11	안토니아 요새 위	㉗11 빌라도	
27:32	안토니아 요새 아래와 성벽 사이 중간	㉗32 구레네 시몬	
27:33	골고다 아래	㉗33 십자가 죽음	
27:60	골고다 아래	㉗60 바위 무덤	㉗33 아래 기록
28:1	골고다 아래	㉘1 부활	㉗60 아래 기록

3 빨간색 화살표를 통해 주요 활동을 역동성 있게 표시해 보자.

01 요단강 도하: 요단 계곡 위에서 곡선으로 여리고로 향하는 화살표를 그려라.

02 두 여리고 길: 여리고에서 신여리고로 오는 짧은 직선 화살표를 그려라.

03 예루살렘 오르는 길: 신여리고에서 벳바게로 오르는 꼬불꼬불 3번 휘어진 곡선 화살표를 그린 후 벳바게를 향하게 하라.

04 종려주일 길: 벳바게에서 산 그림자를 따라 아래로 내려오는 화살표를 하라.

05 겟세마네 길: 마가 다락방에서 겟세마네로 향하는 점선 화살표를 그려라(원형극장 오른쪽을 지나 밖으로 나간다).

06 체포: 위 화살표를 따라 다시 돌아오는 화살표를 가야바 집까지 그려라.

07 공회 재판: 가야바 집에서 성전으로 들어가는 시장 위 문을 지나 성전을 관통한 후 안토니아 요새로 향하라.

08 비아 돌로로사: 안토니아 요새 문에서 나온 화살표가 아래로 내려와 성문을 나온 후 골고다를 향하라.

4 지도의 의미와 교훈

21장에서 25장은 성전 중심의 예수님 사역을 묘사한다. 즉 마태는 성전되신 예수님이 성전에서 사역하심으로 그 사역을 완성하시는 모습을 자세히 묘사하고 있다. 또한 21:23부터 24:1까지 긴 설교가 이어지고, 이어서 감람산에서도 긴 설교가 이어져 주제별로 묶는 유대인의 습관답게 마태도 행동의 순서보다는 주제별로 묶어 보려는 시도가 엿보인다. 26장과 27장에 가서는 움직이는 모습이 활발하게 묘사되어 있다. 이때는 고난주간 수요일부터 금요일까지로 마지막 부분에 초점을 맞추고 있음을 알 수 있다. 그리고 그 중심 장소로는 대제사장 가야바의 집이 등장하고, 예수님의 죽음에 대하여는 골고다에서 많은 움직임이 포착된다. 결국, 마태의 관심은 성전과 제사장 그리고 골고다에 있음을 알 수 있다.

헐몬에서 시온으로

"헐몬의 이슬이 시온의 산들에 내림 같도다 거기서 여호와께서 복을 명령하셨나니 곧 영생이로다"(시 133:3)라는 말씀에서 헐몬은 예수님이 영광의 모습으로 변화된 변화산이다. 그리고 베드로가 예수님이 그리스도요, 하나님의 아들이라고 고백한 빌립보 가이사랴는 헐몬의 이슬이 샘이 되어 터져 나오는 장소다. 헐몬산(헤르몬산) 자락에서 하나님의 아들임을 밝힌 예수님은 십자가의 고난을 알려 주신다. 이후 그 산 위에서 눈부신 변화를 통해 하나님의 영광을 나타내신다. 베드로는 후에 "우리는 그의 크신 위엄을 친히 본 자라 지극히 큰 영광 중에서… 그가 하나님 아버지께 존귀와 영광을 받으셨느니라"(벧후 1:16-17)라고 고백한다.

시온산은 원래 예루살렘 남쪽 다윗성을 의미하나(왕상 8:1), 성전이 세워진 후에는 모리아산인 성전산을 시온산이라 불렀다(시 9:11, 사 2:3, 18:7, 렘 50:28). 예수님은 헐몬에서 시온에 이르셨다. 마태는 예수님이 예언한 대로 시온에 오셨다고 한다(마 21:5).

시편 133편의 예언대로 예수님은 시온에서 죽으시고 부활하심으로 복음을 완성하시고 우리에게 영생을 주셨다.

위로의 마을에서 평화의 도시로

헐몬에서 내려오신 예수님은 이어 가버나움에 내려오신 후 반 세겔 거두는 자 앞에서 기적을 행하신다(마 17:24). 반 세겔은 인구조사할 때 생명을 대속하기 위해 드리는 성전세다(출 30:15). 당시 유월절에 유대 장정들 모두에게 반 세겔을 거두었다. 그런데 다윗은 이 반 세겔을 드리지 않고 인구조사를 했다가 전염병으로 7만이 넘는 사람이 3일 내에 죽었다. 다윗은

헐몬산(헤르몬산)
예수님은 갈릴리 사역을 마치시고 변화산으로 알려진 헐몬에서 시온으로 향하는 십자가의 길을 가셨다.

이를 대속하기 위하여 아라우나 타작마당을 사서 속죄의 제사를 드렸다(삼하 24장). 솔로몬은 모리아산 위 아라우나(=오르난) 타작마당에 성전을 세웠다(대하 3:1).

가버나움에서 반 세겔을 내고 시온에 오신 예수님은 우리 생명을 대속하기 위해 죽으셨다. 우리 각자의 생명 값, 반 세겔을 치르신 것이다. 위로의 마을, 가버나움에서 복음을 전하시고, 살롬의 성, 예루살렘에서 살롬을 완성하셨다.

그분의 음성을 듣는 곳, 이스라엘의 광야

이스라엘과 우리나라의 가장 다른 점을 들라면 단연 '광야'다. 이스라엘의 남부는 남방이라는 반사막지대인 네게브 남쪽으로 크고 두려운 광야(신 1:19)가 펼쳐지는데 신(Zin) 광야에 바란 광야가 펼쳐진다. 두 광야의 경계점은 가데스 바네아다. 바란 광야 남쪽에는 시내산을 품고 있는 60만㎢ 규모의 시내 광야가 있다. 시내 광야에는 작은 광야인 신(Sin) 광야, 에담 혹은 수르(술) 광야가 있다. 홍해에서 염해(사해)에 이르는 골짜기는 아라바 광야라 부르고, 미디안 광야는 시내 광야가 있는 시나이 반도 동쪽에 위치한다.

위 광야에 비해 규모가 작은 유다(유대) 광야는 유다 산지의 동쪽 경사지를 의미한다. 유다 산지는 서쪽에서 지중해 구름이 산지에 부딪혀 비가 내려 숲을 이루지만 동쪽에서는 아라비아 사막의 더운 바람이 불어 습기를 말리면서 유다 광야를 만든다. 북쪽으로 베냐민 산지인 와디 켈트에서 남으로 네게브에 이르는 유다 광야의 동쪽은 염해가 경계다. 동서 24km 내에 1200m의 3~5단계 경사로 이루어져 있고 마지막이 가장 가파른 경사를 이룬다. 신약에서는 유대 광야를 에레모스(ἔρημος)라 하였고(마 4:1), 사람이 살지 않는 빈 들도 에레모스라 했다(마 14:13). 때로는 에레미아(ἐρημία)도 광야라고 번역도 하여(마 15:33) 광야의 개념이 황량한 지형적인 특징보다 사람이 살지 않는 곳으로 확대된 경향을 보인다.

— 광야에는 어떤 소리도 들리지 않는다. 그래서 하나님의 음성을 더 선명하게 들을 수 있다. 그래서 이사야, 예레미야를 비롯한 많은 선지자뿐 아니라 예수님도 유대 광야에서 사역을 준비했다. 힘들고 지쳐 무엇을 해야 할지 모를 때 사람들은 광야로 나온다. 세상의 모든 소리를 차단하고 그분의 음성을 듣는 것이다.

이스라엘의 나할, 요단강

요단강은 단부터 시작하여 염해까지 흘러가는 강으로 이스라엘에서 언제나 물이 흐르는 유일한 강(히, 나할 nahar)이라 할 수 있다. 요단강은 헤르몬산 아래 빌립보 가이사랴와 단 등에서 발원하여 갈릴리 바다에서 머문 후, 다시 105km 떨어진 염해로 흘러간다. 갈릴리에서 염해로 흐르는 요단강은 고도가 200m 정도 되는 105km를 흐르다 보니 천천히 흘러 사행천 모양을 이루어 200km를 흐른다. 특별한 것은 갈릴리 바다와 염해가 모두 해저에 위치하기에 바다보다 낮은 지역을 흐른다는 점이다. 예수님이 세례 받은 곳은 요단강 하류 여리고로 건너가는 예루살렘 베다니와 다른 요단강 '베다니'다(요 1:28).

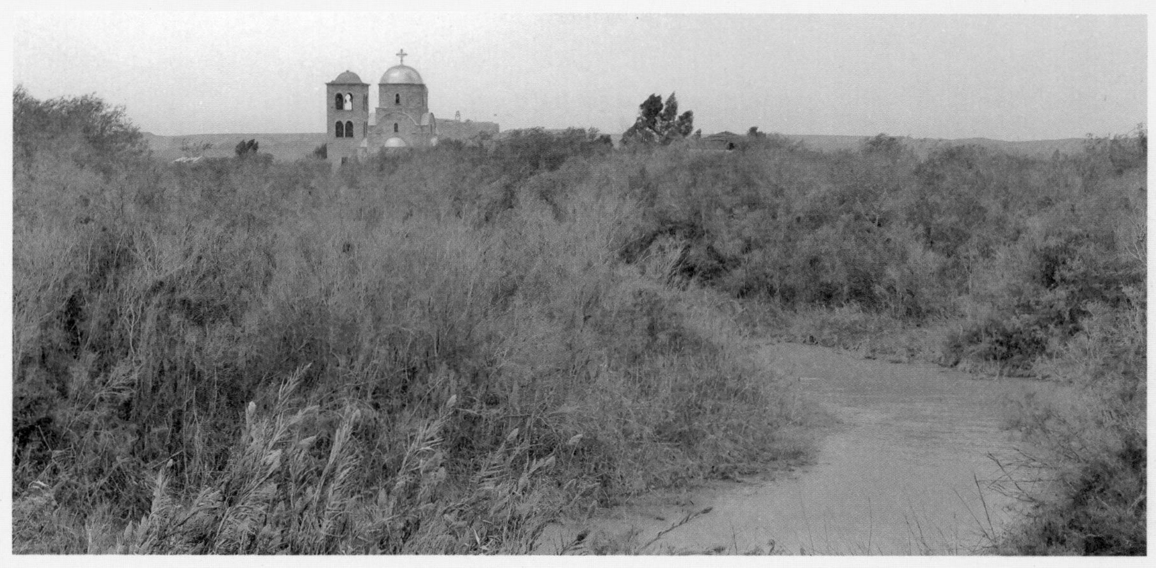

chapter 4

마가복음 그리기

1. 마가복음의 갈릴리 사역

1 마가복음을 펴고 1-10장까지 읽어 가며, 다음 표의 구절에 색칠한 지명들을 성경에서 찾아 형광펜으로 표시하고, 지도에도 해당 장소를 형광펜으로 칠하라. 반복되는 장소는 다시 표기할 필요가 없다.

성경 구절	성경과 지도에 표시할 부분	비고
1:16	갈릴리 해변으로 지나가시다가	
2:1	가버나움에 들어가시니	
3:13	산에 오르사	성경에만 표시, 가버나움에 있는 산이다.
4:35	저편으로	'저편'은 5:1을 참고하면 거라사인 지방
5:1	바다 건너편 거라사인의 지방에 이르러	'거라사?'에 표시
5:20	데가볼리에 전파하니	
5:21	다시 맞은편으로 건너가시니	건너편은 가버나움이다.

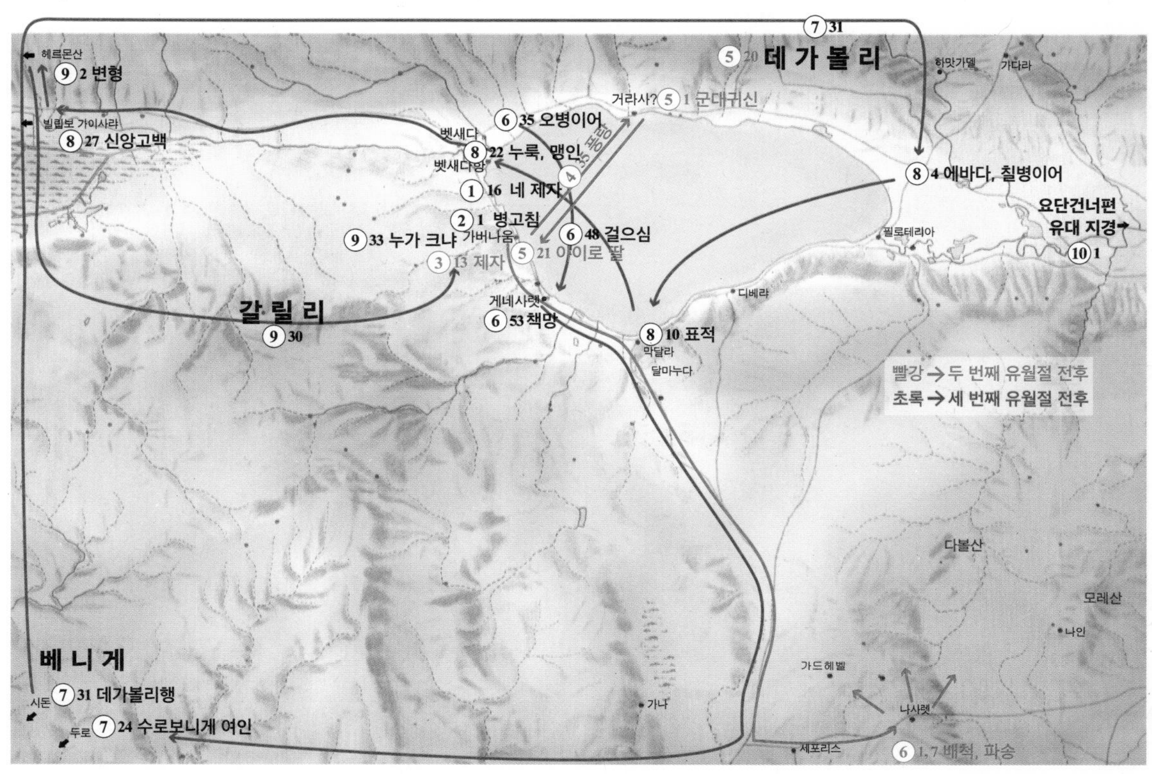

6:1, 7	1 고향으로 가시니 7 열두 제자를 부르사 둘씩 둘씩 보내시며	고향은 나사렛에 표시 열두 제자는 성경에만 표시
6:35	이곳은 빈 들이요 날도 저물어 가니	벳새다 빈 들임
6:48	밤 사경쯤에 바다 위로 걸어서	
6:53	게네사렛 땅에 이르러	
7:24	두로 지방으로 가서	
7:31	두로 지방에서 나와 시돈을 지나고 데가볼리 지방을 통과하여 갈릴리 호수에 이르시매	원어는 '갈릴리 바다'로 되어 있다.
8:4	이 광야 어디서	가다라로 가는 갈릴리 바닷가 주변을 말한다.
8:10	배에 오르사 달마누다 지방으로 가시니라	막달라와 같은 장소로 추정
8:22	벳새다에 이르매	
8:27	빌립보 가이사랴 여러 마을로 나가실새	

9:2	높은 산(헤르몬산)에 올라가셨더니	빌립보 가이사랴에서 높은 산은 헤르몬산
9:30	갈릴리 가운데로 지날새	
9:33	가버나움에 이르러	
10:1	유대 지경과 요단강 건너편으로 가시니	

❷ 성경과 지도를 펴고 형광펜으로 덧칠한 지역을 보면서 성경 장은 동그라미 숫자로, 구절은 동그라미 옆에 숫자로 적는다. 또한 그 옆에 그 구절 전후 주요 사건을 간단한 키워드로 기록한다(예, '④13 예언 성취' → 4장 13절, 예언이 성취되었다는 의미다).

성경 구절	지도에 표시할 위치	장절과 키워드	비고
1:16	가버나움 위	①16 네 제자	한 줄 더 쓸 수 있게 1cm쯤 위에 기록
2:1	가버나움 위	②1 병 고침	①21 아래 기록
3:13	가버나움 아래 약간 왼쪽	③13 제자	빨간 펜으로 기록
4:35	가버나움에서 거라사? 가는 바다 위에 사선으로	④35 풍랑	빨간 펜으로 기록
5:1	거라사? 오른쪽	⑤1 군대귀신	빨간 펜으로 기록
5:20	데가볼리 왼쪽	⑤20	장절만 기록 빨간 펜으로 기록
5:21	가버나움 아래 약간 오른쪽	⑤21 야이로 딸	빨간 펜으로 기록
6:1, 7	나사렛 아래	⑥1, 7 배척, 파송	빨간 펜으로 기록
6:35	벳새다 오른쪽 위	⑥35 오병이어	
6:48	가버나움 오른쪽 바다 위	⑥48 걸으심	가버나움 단어 끝에서 1.5cm 오른쪽에 기록
6:53	게네사렛 아래	⑥53 책망	
7:24	두로 오른쪽	⑦24 수로보니게 여인	
7:31	시돈 오른쪽 / 데가볼리 위	⑦31 데가볼리행	시돈 옆에는 데가볼리행까지 쓰고, 데가볼리 지역에는 장절만 기록

8:4	하맛가델 아래 검정 사거리	⑧4 에바다, 칠병이어	하맛가델에서 2cm 정도 아래에 위치한다.
8:10	막달라/달마누다 위	⑧10 표적	
8:22	벳새다항 오른쪽	⑧22 누룩, 맹인	
8:27	빌립보 가이사랴 아래	⑧27 신앙고백	
9:2	헤르몬산 아래	⑨2 변형	
9:30	큰 '갈릴리' 글자 아래	⑨30	장절만 기록한다.
9:33	가버나움 왼쪽	⑨33 누가 크냐	
10:1	유대 지경 아래	⑩1	장절만 기록한다.

❸ 빨강, 초록 화살표를 통해 주요 활동을 역동성 있게 표시해 보자. 빨강은 공생애 2년 차로 두 번째 유월절을 지난 후이고, 초록 화살표는 세 번째 유월절 이후의 사역이다.

01 데가볼리 사역: 빨강으로 가버나움에서 거라사? 방향으로 바다를 가로질러 화살표(→)를 그려라. 돌아오는 화살표(←)도 그린다.

02 두 번째 고향 사역: 빨강으로 가버나움에서 시작된 화살표를 해안을 따라 막달라까지, 검정 길을 따라 세포리스 삼거리에서 오른쪽 나사렛으로 향하라. 나사렛에서 좌, 우, 위로 퍼져 가는 짧은 직선 화살표를 하여 제자들이 파송됨을 표시하라.

03 오병이어 이후: 초록으로 벳새다에서 바다를 지나 게네사렛으로 향하는 곡선 화살표를 그리라.

04 베니게 사역: 초록으로 게네사렛에서 화살표를 해안, 검정 길을 따라 세포리스 삼거리까지 간다. 거기서 왼쪽으로 돌아 두로 방향으로 향하라.

05 2차 데가볼리 사역: 초록으로 시돈에서 시작한 화살표가 왼쪽 가장자리를 따라 위로 끝까지 올라갔다가 직선으로 데가볼리의 '리'를 조금 지나 아래로 꺾어 검정 길을 따라 사거리까지 그린다. 화살

표 아래에 '⑧4 에바다, 칠병이어'가 위치하게 된다.

06 유대인 지역 귀환: 초록으로 '⑧4 에바다, 칠병이어'에서 바다를 가로질러 막달라/달마누다까지 가라.

07 유대인의 누룩: 초록으로 막달라에서 벳새다항까지 곡선 화살표를 그리라. 화살표 위에 '⑧22 누룩, 맹인'이 위치하게 하라.

08 신앙고백의 길: 초록으로 벳새다에서 왼쪽 검정 길을 따라 빌립보 가이사랴로 화살표를 하라.

09 변화산 길: 초록으로 빌립보 가이사랴에서 헤르몬산까지 짧은 화살표를 하라.

10 갈릴리 마지막 사역: 초록으로 '⑨2 변형'에서 '갈릴리'와 ⑨30 사이를 지나 가버나움으로 향하는 화살표를 하라.

*** 지도 범례를 오른쪽 공간에 두 줄로 표기하라:** √ 빨강-두 번째 유월절 이후, √ 초록-세 번째 유월절

4 지도의 의미와 교훈

마가복음이 이방인을 대상으로 쓰여서인지 장소가 다른 어떤 복음서보다 많고 정확하다. 저자는 이스라엘 지형을 잘 알고 있어서 예수님이 '건너편'에 가셨다는 용어를 사용하다가 이내 가고자 하는 지명이 어디인지를 친절하게 말해 주고 있다. 그래서 어떤 복음서보다 다이내믹해 보이고 사건과 사건 사이에 군더더기가 없다. 마태처럼 설교를 길게 기록하지도 않았다. 마가복음은 성경의 장 표시를 순서 표시로 보아도 손색이 없다.

5장, 7장, 9장에서 크게 움직인 것을 빼면 1-10장이 차례대로 장소를 기록하고 있다. 군대귀신 들린 자를 고치러 갈 때 마태는 8:28에서 가다라 지방이라고 하였지만, 마가는 거라사인 지방이라고 했다. 가다라와 거라사는 데가볼리의 대표적인 도시다. 그래서 마가는 고침 받은 병자가 데가볼리에 큰 일을 행하심을 전했다고 소개한다(5:20). 이 기록을 통해 거라사인 지방이나 가다라 지방은 모두 갈릴리 바다 동쪽에 위치한 데가볼리임을 추정할 수 있다. 다만 '거라사?'라 표기된 곳에 군대귀신 들린 자의

초대교회 기념교회가 발견되어 화살표 방향을 이곳으로 했다.

마가복음의 정확한 이동 경로는 요한복음을 기초한 공생애 나눔에도 도움이 되어 2년 차, 3년 차 사역을 나누어 기록하는 것이 가능하다. 왜 유월절을 기준으로 공생애 연차를 나누었는지는 요한복음 부분에서 설명하기로 한다.

두로 지방의 기적을 마태는 가나안 여인의 딸을 고쳤다고 했지만, 마가는 로마제국 아래 있는 이방인 독자들이 잘 알아듣게 '수리아의 베니게에서 만난 여인'이라는 '수로보니게 여인'이라고 명명하여 지명과 연관지어 여인이 누구인지 이해를 돕고자 했다. 마가가 이방인 독자를 위한다고 하지만 마가도 유대인이었다. 그래서 갈릴리를 꾸준히 '바다'라고 지칭한다(참고로 개정개역판 마태복음 15:29에 이어 마가복음 7:31에도 바다라는 원어를 호수로 번역하고 있다.)

더 깊은 묵상

페니키아의 여인들: 이세벨, 사르밧 과부, 수로보니게 여인과 딸

마가는 예루살렘 마가 다락방의 주인이자, 1차 전도여행 후 2차 전도여행 때 그의 동행 여부를 놓고 바나바와 바울이 갈라서게 된 문제의 인물이다. 이 과정에서 마가는 바나바와 바울의 사역지인 안디옥을 수차례 오갔는데, 두로 지방은 그 중간에 있다. 이 지역을 잘 알았던 마가는 마태보다 지리적인 설명을 자세히 한다. 마태는 이곳을 방문한 사건을 두고 '두로와 시돈 지방'으로 언급하지만 마가는 두로 지방을 들러 시돈으로 갔다가 데가볼리로 갔다고 한다. 예수님이 갈릴리 사역을 하실 때 두로와 시돈에서 많은 사람이 왔음도 언급한다(막 3:8).

전통에 의하면 두로 지방의 사르밧 혹은 사렙다는 예수님이 수로보니게 여인을 만난 장소다. 수로보니게는 수리아의 베니게(=페니키아)라는 뜻이다. 왜 예수님은 갈릴리를 떠나 이곳에 오셨을까? 페니키아는 긍정적인 면에서 솔로몬의 성전을 짓도록 도운 두로 왕 히람의 통치 지역이다. 그러나 부정적으로는 아합왕의 왕비 이세벨의 고향으로 이스라엘을 바알 신앙으로 물들인 곳이다. 한편, 피신한 엘리야가 대접을 받고 과부의 아들을 살리는 부활의 기적을 체험한 곳이기도 하다(왕상 17장).

원래 두로는 섬이었으나 알렉산더가 공격을 위해 방파제를 쌓은 후 육지와 연결되었다. 성전되신 주님은 두로를 지날 때 히람의 도시를 방문하고 바알의 도시를 둘러보셨으리라. 이후 두로에서 시돈 사이의 사르밧을 방문하였을 때 한 여인의 외침을 들으셨다. 주인의 개같이 부스러기 은혜라도 베풀어 달라는 그의 겸손함은 예수님의 마음을 움직였다.

후에 바울이 빌립보에서 만난 두아디라 출신의 자주 옷감 장사 루디아는 수로보니게 여인이나 그의 딸과 관련 있지 않았을까? 요한계시록 2:20에서는 두아디라 교회에게 이세벨을 용납한 것을 책망하면서 두아디라와 페니키아를 연결한다. 루디아는 가난한 마음을 품었던 수로보니게 여인과 딸, 엘리야를 대접한 여인의 모습과 자꾸 연결된다. 가나안의 장남 시돈 민족이 세운 페니키아는 유럽에 문자와 염색 기술 문명을 전달한 나라다. 또한 바울이 오기 전 두로가 식민지로 세운 카르타고에서 한니발이라는 걸출한 인물이 나타나 로마로 원정하여 세계 정복을 눈앞에 두기까지 했다. 만약 자주 옷감 장사 루디아가 페니키아인이었다면 마게도

레바논 백향목
두로왕 히람은 이런 나무를 베어 예루살렘 성전 건축을 도왔다.

냐의 첫 도시이자 유럽의 첫 선교지인 빌립보 교회를 세워 영원한 문화, 복음을 유럽에 확산시킨 인물이 그녀였을 것이다.

마가복음 핫 플레이스

지명의 변화

세계사에서 언급되는 지명과 성경의 지명이 같은데도 번역이 틀려 혼동을 일으키는 지명이 있다.

성경	세계사
블레셋	팔레스타인
바사	페르시아
베니게	페니키아
구브로	사이프러스
그레데	크레타
애굽	이집트
수리아	시리아
바벨론	바빌로니아
앗수르	앗시리아
바대	파르티아

뿐만 아니라 구약의 지명이 신약에 오면서 바뀐 것도 있다. 에브라임 산지는 앗수르가 점령하면서 사마리아로 불렸고, 유다는 마카비 혁명을 통해 독립을 이루면서 유대라 불렸지만, 지역이 확장되어 북쪽 갈릴리까지 포함하는 이스라엘 전체를 유대라고 불렀다. 에서 후손이 살던 에돔은 아라비아 종족인 나바테아인이 들어와 나바테아로 불렀고, 에돔 사람들은 유대 남쪽에 정착하여 이두매 사람들이라 불렀다. 로마가 유대를 점령하면서 요단강 동편 길르앗 지역을 데가볼리라고 불렀고, 베니게는 수로보니게라고 지칭했다.

2. 마가복음의 유대 사역

1 마가복음을 펴고 1장과 10-16장까지 읽어 가며, 다음 표의 구절에 색칠한 지명들을 성경에서 찾아 형광펜으로 표시하고, 지도에도 해당 장소를 형광펜으로 칠하라. 반복되는 장소는 다시 표기할 필요가 없다.

성경 구절	성경과 지도에 표시할 부분	비고
1:4	세례 요한이 광야에 이르러	유대 광야
1:9	갈릴리 나사렛으로부터 와서 요단강에서	요한복음에서 베다니로 지칭
1:13	광야에서 사십 일을 계시면서	여리고 근처 광야
10:1	요단강 건너편으로 가시니	요단 계곡이다.
10:17	길에 나가실새	10:46에 의하면 요단에서 여리고 쪽을 향할 때 일어났다.
10:46	여리고에 이르렀더니	신여리고다.
11:1	감람산 벳바게와 베다니	
11:12	베다니에서 나왔을 때에	
11:15	예루살렘에 들어가니라	
11:27	다시 예루살렘에 들어가니라	
12:43	과부는 헌금함에 넣는 모든 사람보다	헌금함은 성전 앞 '여인들의 뜰'에 있었다.
13:3	감람산에서 성전을 마주 대하여	
14:3	베다니 나병환자 시몬의 집에서	
14:10	대제사장들에게	대제사장 가야바 집 혹은 성전
14:15	큰 다락방을 보이리니	마가 다락방
14:26	감람산으로	
14:32	겟세마네라 하는 곳에 이르매	
14:53	대제사장에게로	가야바 집
15:1	빌라도에게	빌라도는 안토니아 요새에 있었다.
15:21	구레네 사람 시몬이	골고다 언덕을 오르는 시점에서 만난다.
15:22	골고다라 하는 곳에	

15:46	바위 속에 판 무덤에 넣어 두고	골고다 근처
16:2	그 무덤으로	골고다 근처

2 성경과 지도를 펴고 형광펜으로 덧칠한 지역을 보면서 성경 장은 동그라미 숫자로, 구절은 동그라미 옆에 숫자로 적는다. 또한 그 옆에 그 구절 전후 주요 사건을 간단한 키워드로 기록한다(예, '④13 예언 성취' → 4장 13절, 예언이 성취되었다는 의미다).

성경 구절	지도에 표시할 위치	장절과 키워드	비고
1:4	유대 광야 아래	①4 요한	
1:9	요단강 베다니 오른쪽	①9 세례	
1:13	여리고 아래	①13 시험	전통에 의함. 여리고 글자에서 1cm 정도 아래 빈 공간에 기록

10:1	요단 계곡 위	⑩1 이혼	
10:17	여리고 오른쪽	⑩17 부자 청년	한 줄 위에 기록
10:46	신여리고 위	⑩46 바디매오	
11:1	벳바게 아래	⑪1 입성	
11:12	베다니 오른쪽	⑪12 무화과 열매	
11:15	성전 마당 중간	⑪15 성전 청결	
11:27	성전 마당 아래	⑪27 논쟁	⑪15 아래 기록
12:43	성전 마당 위	⑫43 과부 헌금	⑪15 위에 기록
13:3	감람산 아래	⑬3 심판	
14:3	(예루살렘)베다니 오른쪽	⑭3 향유옥합	⑪12 아래 기록
14:10	가야바 집 아래	⑭10 배신	
14:15	마가 다락방 오른쪽	⑭15 최후 만찬	
14:26	성전 건물 오른쪽 성문 밖	⑭26 부인 예언	
14:32	겟세마네 위	⑭32 기도 체포	
14:53	가야바 집 아래	⑭53 심문	⑭10 아래 기록
15:1	안토니아 요새 위	⑮1 빌라도	
15:21	안토니아 요새와 성벽 사이 중간	⑮21 구레네 시몬	
15:22	골고다 아래	⑮22 십자가 죽음	
15:46	골고다 아래	⑮46 바위 무덤	⑮22 아래 기록
16:2	골고다 아래	⑯2 부활	⑮46 아래 기록

TIP

지도 그릴 때 괄호( )는 참고만 한다.

3 빨강 화살표를 통해 주요 활동을 역동성 있게 표시해 보자.

01 요단강 도하: 요단 계곡 위에서 곡선으로 여리고로 향하는 화살표를 그려라.

02 두 여리고 길: 여리고에서 신여리고로 오는 짧은 직선 화살표를 그려라.

03 예루살렘 오르는 길: 신여리고에서 벳바게로 오르는 길을 꼬불꼬불 3번 휘어진 곡선 화살표를 하되 (예루살렘)베다니를 한 번 휘감고 벳바게를 향하게 하라.

04 종려주일 길: 벳바게에서 산 그림자를 따라 아래로 내려오는 화살표를 하라.

05 겟세마네 길: 마가 다락방에서 겟세마네 쪽으로 점선 화살표를 하라(원형극장 오른쪽을 지나 밖으로 나간다).

06 겟세마네에서 윗성행: 위 화살표를 따라 다시 돌아오는 화살표를 가야바 집까지 그리라.

07 윗성에서 성전의 요새행: 가야바 집에서 성전으로 들어가는 시장 위 문을 지나 성전을 관통한 후 안토니아 요새로 향하라.

08 비아 돌로로사: 안토니아 요새 문에서 나온 화살표가 아래로 내려와 성문을 나온 후 골고다로 향하라.

4 지도의 의미와 교훈

먼저 10장에서 16장에 이르는 사건 기록에서 12장을 제외하고는 모는 장에 장소들이 기록되어 있다. 10장에 3곳, 11장에 4곳, 14장에 5곳, 15장에 5곳 등 골고루 장소가 나오는 것을 보면 유대와 예루살렘의 역동적인 모습을 강조했다고 할 수 있다. 요단강을 넘어 여리고로, 다시 신여리고로 오는 과정에서 바디매오 사건을 기록한 후 예루살렘으로 온다. 마가는 마태와는 다르게 베다니라는 지명을 넣고 벳바게 사건을 다룬다. 장소가 많이 나오지만 골고다 외에는 어느 장소에 집중되지 않고 곳곳을 누비시는 예수님의 모습을 그렸다.

다른 세 복음서와 비교한다면 멈추어 말씀을 전하는 장은 12장밖에 없다. 마태가 이 장면을 21-25장까지 무려 다섯 장을 할애한 것에 비하면, 마가는 어떤 면을 보아도 활력 있는 예수님의 모습을 그렸다. 자칫 침울한 분위기에서 진행될 수 있었던 고난주간과 십자가 사건이 마가에 의해

드라마틱하게 그려짐으로써 죽음에서 부활의 영광으로 이르는 생명력 있는 기록이 될 수 있었다.

더 깊은 묵상

간증이 된 마가의 실패

마가는 자신의 집에서 열린 최후의 만찬 장소에 대하여 다른 복음서 기자보다 자세히 기록했다(마 26:17-19, 막 14:12-16, 눅 22:7-13를 보라). 이후 마가복음에만 묘사된 한 청년이 벗은 몸으로 도망가는 사건은 마가의 실패한 삶을 기억하게 한다(막 14:51). 베 홑이불인 '신돈'은 세마포를 가리키며 마가같이 부유한 사람들만이 입을 수 있는 옷이다. 그는 마가복음을 기록하기 전 1차 전도여행 때 전도를 포기한 적이 있다. 이 일은 그의 인생에서 큰 아픔이었다. 이후 그는 베드로의 통역관이 되어 말씀을 전하다, 베드로에게 들은 복음을 기록하면서 자신의 실패 역사를 또 한 번 기록한다. 요한이 자신을 "예수께서 사랑하시는 그 제자"라고 언급한 것과는 대조되는 모습이다(요 21:7).

마가는 왜 이런 치욕의 역사를 기록했을까? 아마도 베드로에게 용기를 얻었을 것이다. 베드로는 자신이 예수님을 모른다고 부인한 이야기를 복음을 전할 때 간증으로 삼았다. 마가는 이를 통역하면서 실패를 딛고 일어난 신앙의 모습에 용기를 얻었을 것이다. 그래서인지 마가는 자신의 도망 이야기 후에 베드로가 예수님을 모른다고 부인하고 저주하며 맹세하는 기록을 위치시킨다(막 14:71). 실패는 숨기면 열등감이자 수치의 역사이지만, 베드로나 마가처럼 극복하면 다른 사람에게 용기를 주는 간증이요, 복음의 통로가 된다.

성전 남서쪽에서 본 겟세마네와 감람산
겟세마네 교회 앞이 기드론 시내이고 오른쪽 황금지붕이 막달라 마리아 기념교회다. 마가는 예수님이 잡힐 때 이곳에서 옷을 벗어젖히고 도망했다.

마가의 집, 마가 다락방

유대의 가옥구조는 바닥층을 '0'층으로 취급하여 다락부터 1층이 된다. 바닥은 창고나 축사로 사용했고 사람들은 2층부터 살았기 때문에 성경에서 다락방이라 함은 사람들의 거주지를 의미한다. 마가의 다락방은 12사도에 이어 120문도가 들어갔기에 상당히 큰 규모였다. 마가 다락방이 예루살렘에서 부유층이 사는 윗성에 위치했기 때문에 가능한 일이었다. 가야바의 집과도 60m 정도밖에 떨어져 있지 않았다. 마가의 다락방에서 최후의 만찬을 하실 때 새언약을 맺으신 예수님은 그곳에 모인 120문도에게 성령님을 주심으로 새언약을 완성하셨다.

chapter 5

누가복음 그리기

1. 누가복음의 갈릴리 사역

1 누가복음을 펴고 1-10장까지, 그리고 17장을 읽어 가며, 다음 표의 구절에 색칠한 지명들을 성경에서 찾아 형광펜으로 표시하고, 지도에도 해당 장소를 형광펜으로 칠하라. 반복되는 장소는 다시 표기할 필요가 없다.

성경 구절	성경과 지도에 표시할 부분	비고
1:26	갈릴리 나사렛이란 동네에 가서	
2:4	갈릴리 나사렛 동네에서 유대를 향하여 베들레헴이라 하는 다윗의 동네로	
2:51	나사렛에 이르러	
4:16	나사렛에 이르사	
4:31	가버나움 동네에 내려오사	
5:1	게네사렛 호숫가에 서서	게네사렛 호수는 갈릴리 호수의 다른 이름이다.

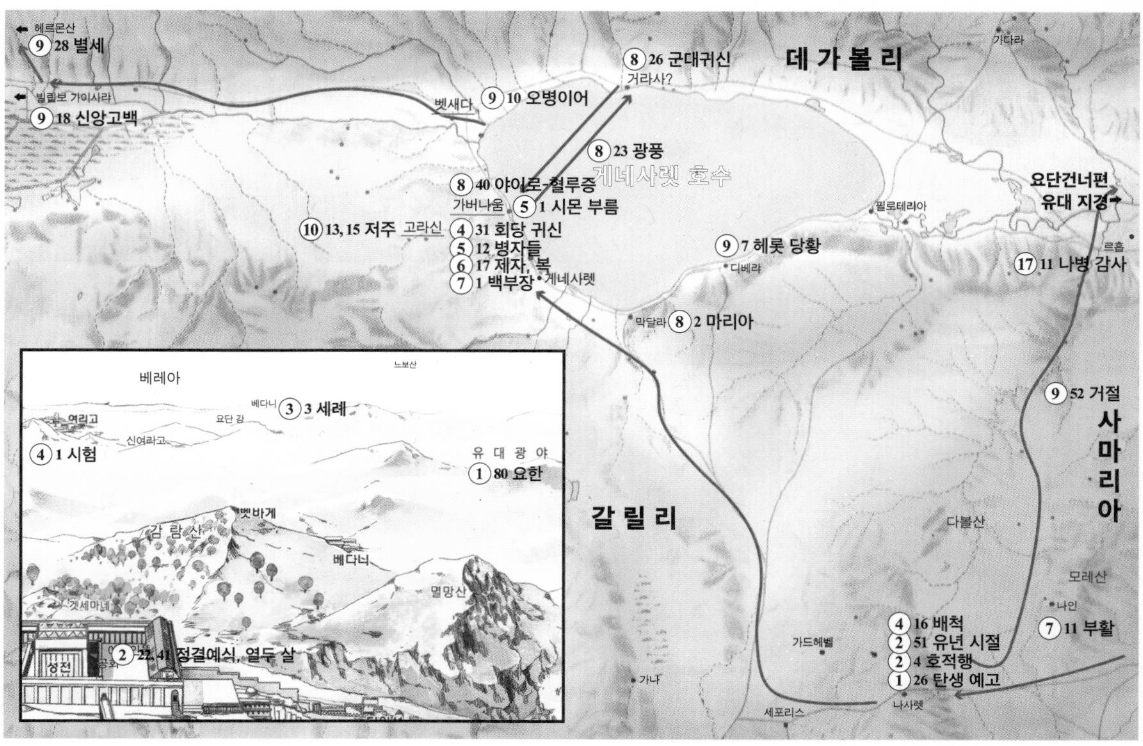

5:12	한 동네에	가버나움으로 추정.
6:17	평지에 서시니, 유대 사방과 예루살렘과 두로와 시돈의 해안으로부터 온 많은 백성도 있더라	평지는 가버나움 근처.
7:1	가버나움으로 들어가시니라	
7:11	나인이란 성으로 가실새	
8:2	막달라인이라 하는 마리아와	
8:23	행선할 때에	22절에는 호수 저편 거라사 가는 중. 게네사렛 호수에 계신 장면이다.
8:26	갈릴리 맞은편 거라사인의 땅에 이르러	'거라사?'에 형광펜
8:40	예수께서 (가버나움으로) 돌아오시매	
9:7	분봉왕 헤롯이 (디베랴에서) 이 모든 일을 듣고	헤롯이 있던 곳은 갈릴리 수도 디베랴
9:10	벳새다라는 고을로 떠나	
9:18	따로 기도하실 때에	마태, 마가에서는 빌립보 가이사랴
9:28	산에 올라가사	헤르몬산

9:52	사마리아인의 한 마을에 들어갔더니	현대의 지명은 제닌이다. 구약의 이블르암으로 족장길로 가는 길이 열리는 사마리아 지역이다.
10:13, 15	13 화 있을진저 고라신아… 벳새다야… 두로와 시돈에서 15 가버나움아	
17:11	예루살렘으로 가실 때에 사마리아와 갈릴리 사이로 지나가시다가	

❷ 성경과 지도를 펴고 형광펜으로 덧칠한 지역을 찾아가면서 성경 몇 장은 동그라미 숫자로, 구절은 동그라미 옆에 숫자로 적는다. 또한, 그 옆에 그 구절 전후 주요 사건을 간단한 키워드로 기록한다.

성경 구절	지도에 표시할 위치	장절과 키워드	비고
1:26	나사렛 위	①26 탄생 예고	
2:4	나사렛 위	②4 호적행	①26 위에 기록
2:51	나사렛 위	②51 유년 시절	②4 위에 기록
4:16	나사렛 위	④16 배척	②51 위에 기록
4:31	가버나움 아래	④31 회당 귀신	
5:1	가버나움 오른쪽 바다	⑤1 시몬 부름	
5:12	가버나움 아래	⑤12 병자들	④31 아래 기록
6:17	가버나움 아래	⑥17 제자, 복	⑤12 아래 기록
7:1	가버나움 아래	⑦1 백부장	⑥17 아래 기록
7:11	나인 아래	⑦11 부활	
8:2	막달라 오른쪽	⑧2 마리아	
8:23	게네사렛 호수의 '게네' 글자 위	⑧23 광풍	
8:26	거라사? 위	⑧26 군대귀신	
8:40	가버나움 위	⑧40 야이로-혈루증	
9:7	디베랴 위	⑨7 헤롯 당황	
9:10	벳새다 오른쪽 위	⑨10 오병이어	

9:18	빌립보 가이사랴 아래	⑨18 신앙고백	
9:28	헤르몬산 아래	⑨28 별세	
9:52	사마리아 위	⑨52 거절	
10:13, 15	고라신 왼쪽	⑩13, 15 저주	저주 받은 고라신, 가버나움, 벳새다 아래 빨강 선을 긋는다.
17:11	르홉 아래	⑰11 나병 감사	

3 초록 화살표를 통해 주요 활동을 역동성 있게 표시해 보자.

01 유다 산골행: 나사렛에서 시작한 화살표를 나인의 왼쪽과 르홉의 왼쪽을 지나 요단강 건너편까지 가라. 파란색 점선길을 따라 가면 된다.

02 1차 고향 방문: 나인 아래 검정길 오른쪽에서 화살표를 시작해 나사렛까지 그려라. 요한복음 4장에 의하면 사마리아 수가성 여인을 만나러 오시는 길이다.

03 가스펠 트레일: 나사렛에서 왼쪽 세포리스를 지나 위로 난 검정길을 따라 올라가다 왼쪽 길로 꺾어 게네사렛을 지나 가버나움까지 화살표를 그려라. 현재 이 길을 가스펠 트레일이라 부른다.

04 데가볼리 사역: 가버나움에서 호수를 가로질러 '거라사?' 방향으로 화살표(→)를 그려라. '⑧23 광풍'이 이 화살표의 오른쪽에 위치하게 한다. 위 화살표 왼쪽 위에 돌아오는 화살표(←)도 그린다.

05 신앙고백의 길: 벳새다에서 왼쪽 검정 길을 따라 빌립보 가이사랴 방향으로 화살표를 그려라.

06 변화산 길: 빌립보 가이사랴에서 헤르몬산까지 짧은 화살표를 그려라.

4 지도의 의미와 교훈

마태-마가-누가는 전반부는 갈릴리 사역, 후반부는 예루살렘 사역을 기록하여 '공관복음'이라고 한다. 지금까지 그려 온 지도를 볼 때 이 세 복음서 중에서 가장 다른 패턴을 보이는 것이 누가복음이다.

먼저 8장의 광풍이나 군대귀신 사건에서 갈릴리를 계속 호수라고 부른다. 갈릴리는 현대인의 눈, 아니 이방인의 눈으로 보면 헬라어 '림네'라는 '호수'다. 그러나 유대인은 호수와 바다의 구분이 없어 모두 히브리어 '얌'이라고 부르기에 사복음서의 유대인 저자인 마태, 마가, 요한은 모두 헬라어 '살라싸'(바다)라고 기록했지만 누가는 이방인이었기에 '호수'로 기록하고 있다. 다만 17:2, 6, 21:25의 소자의 실족, 겨자씨 믿음, 심판에 대해 언급할 때는 '살라싸'(바다)라고 기록하고 있다. 누가복음은 갈릴리 바다라는 공식 명칭도 쓰지 않고 '게네사렛 호수'라고 말한다. '갈릴리'라는 말은 지역을 지칭할 때만 사용하고 있다.

완성 지도를 보면 다른 복음서와 다르게 나사렛에 그의 관심이 집중되어 있음을 알 수 있다. 누가만이 예수님의 탄생과 유년 시절을 기록했다. 나사렛은 누가복음에서 8번 언급되는데 5번은 장소로, 나머지는 '나사렛 예수'라는 칭호로 사용되었다. 반면 마태복음은 5번, 마가복음은 5번, 요한복음은 5번 나사렛을 언급하는데 장소로는 단 한 번씩만 언급하고 있다. 즉 누가는 예수님이 잉태되고 자라신 장소로서 나사렛을 강조했다. 나사렛의 배척도 예수님 사역의 초창기에 언급하고 있다.

가버나움은 여전히 강조되고 있으나 중간에 뜬금없이 나인성 과부 아들의 부활 사건이 나오고 사마리아로 가는 길에 거절당한 사건과 뒷부분에서 고침 받아 감사하러 온 한 명의 사마리아인 나병 환자가 나온다. 요한에 의하면 예수님이 명절마다 예루살렘을 방문했는데 차례대로 기록하려 힘썼던 누가는 마태와 마가처럼 갈릴리 사역을 몰아서 기록하다 보니 이런 사건들을 중간중간에 삽입할 수밖에 없었다. 그렇다 보니 지리적인 구조가 갈릴리에서 유대로, 다시 갈릴리로 향하는 등 어색해 보인다.

누가의 갈릴리 사역이 마태, 마가와 가장 다른 점은 단연 게네사렛에서 시작하여 두로-시돈-데가볼리를 지나 갈릴리 호수 아래로 내려오는 긴 여정을 기록하지 않은 데 있다. 11:29의 '요나의 표적에 대한 언급'은 마태와 마가는 정확한 장소를 언급하면서 누룩과 맹인 사건 전에 이야기한 반면, 누가는 한참 뒤에 장소 언급 없이 기록하고 있다. 위 지도를 보았을 때, 누가는 갈릴리에 대한 지리적 감각이 없거나 가 보지 않아서 그 장소들을 잘 알지 못함이 분명하다.

그런데 누가는 왜 이방인의 사역이라고 할 수 있는 두로 지방의 수로보니게 여인, 데가볼리의 에바다나 칠병이어 사건은 생략했을까? 이방인인 저자가 이방인을 향한 예수님의 사역을 뺀 것은 참 의아하다. 이유를 하나 찾는다면 이후에 이어질 사도행전에서 이방인 전도사역을 집중적으로 기록하느라 뒤로 미룬 것이 아닐까? 아니면 이방인 독자들에게 유대인 예수를 강조하려 한 것일까? 어쨌든 해석은 각자의 몫이다.

이외에도 높은 산에서 하신 말씀의 주제가 별세라는 점, 그리고 장소를 밝히지도 않고 '기도'라는 말이 누가복음에서 28회나 언급되는 것을 볼 때, 누가는 장소보다 목적에 초점을 맞추고 있음을 알 수 있다.

더 깊은 묵상

생일과 추모일 중 어느 날이 더 중요할까?

어느 날 정해 놓은 갈릴리 숙소로 들어가려는데 수많은 종교인이 길을 막고 있어 불과 100m를 남겨 놓고 진입할 수가 없었다. 유일한 방법은 반대편으로 가는 길이었는데 그러려면 갈릴리 바다를 한 바퀴 돌아야 했다. 다른 방법이 없어 무려 60km를 돌아 숙소에 들어왔다. 왜 이렇게 종교인이 많은가 궁금해서 가 보았더니 유명한 랍비 일룰을 추모하는 예식 때문에 무덤으로 향하는 길이 꽉 막혀 있었던 것이다. 너무 황당했다. 저녁 내

내 그날을 기념하여 초를 밝히고 여러 예식을 하는 것을 보면서 유대인은 죽은 날을 중요시한다는 생각을 굳히게 되었다.
반면 그리스 아테네에서는 집집마다 잔치가 열려서 무슨 날인가 물어보았더니 3대 성인이 태어난 날이라고 했다. 그리스는 성인의 이름을 따라 사람의 이름을 짓고, 성인의 생일에 유아세례를 받고, 자신의 생일도 성인의 생일이 되다 보니 3대 성인의 이름을 가진 사람도 많거니와 생일도 같아서 동네잔치가 된 셈이었다.
이런 관점에서 유대인 마태, 마가, 요한은 예수님의 죽음에 초점을 맞춘 반면, 이방인 누가는 예수님의 태어나심에 비중을 두었으리라는 추정이 가능하다. 생일을 중요시하는 현대인에게는 누가복음이 친숙하고, 죽음을 열조에게 돌아가는 날로 생각하는 유대인에게는 마태복음이 친숙하게 다가올 것이다.

랍비 일룰이 죽은 날을 기념하는 예식
유대인은 성인이 태어난 날보다 죽은 날을 기념한다.

나사렛(Nazareth), 이새의 줄기에서 난 한 싹

나사렛은 구약성경에서는 한 번도 언급되지 않은 신약시대의 작은 마을이었다. 이스르엘 골짜기 북쪽 400m 높이에 있는 마을은 골짜기의 서쪽 면에 주로 자리잡았다. 현재, 유대인들은 신도시를 북쪽 면에 세우고 나사렛 일리트라고 부른다. 천사가 예수님의 탄생 소식을 전한 후(눅 1:26-38), 예수님이 유년기에 목수 생활을 하면서 성장했던 장소다(눅 2:51-52; 마 2:19-23). 예수님의 본 동네라 할 수 있는 나사렛은(눅 2:39) 이스르엘(다볼산, 길보아산, 모레 산지), 갈멜을 바라볼 수 있는 능선에 위치한다.

예수님은 어린 시절 이곳에서 지내면서 이스르엘 골짜기에서 일어난 사사 드보라의 전투, 기드온의 하롯샘, 사울왕의 길보아 죽음, 엘리야의 갈멜산 대결과 엘리사의 수넴 여인 부활 사건, 예후의 혁명 등 여러 사건을 묵상하셨을 것이다.

예수님은 공생애 기간에 적어도 두 번은 고향 전도를 시도했지만, 번번이 배척을 받으셨다(마 13:53-58, 막 6:1-6, 눅 4:16-30). 그러나 포기하지 않으시고 이 근처에서 제자들을 파송하여 우회적으로 전도하여 결국 나사렛을 이스라엘의 가장 큰 기독교 마을이 되게 하셨다.

현대 유대인들은 나사렛의 비천함을 빗대어 예수님을 따르는 자들을 비하하는 말로, 그리스도인을 노쯔림, 나사렛 사람

나사렛 회당

현대 나사렛 모습

들이라 부른다. 그러나 당시 예수라는 이름이 많고, 그의 아버지 요셉이라는 이름도 많아 예수님을 부를 때 그의 출신을 따라 '나사렛 예수'라는 말을 자연스럽게 사용했다(마 21:11, 요 1:45, 행 10:38). 마태는 예수님이 이사야 11장 1절의 "이새의 줄기에서 한 싹이"(네쩨르→나사렛) 날 것이라는 예언에 따라 예수님이 '나사렛 사람'이라 불리게 되리라는 예언을 했다(마 2:23).

나사렛 유적으로는 나사렛 회당 일부가 남아 기독교인들이 관리하고 있으며, 비잔틴 시대 세워진 수태를 고지 받은 수태고지 교회가 십자군 시대에 재건되었다가 로마가톨릭이 1955년과 1969년에 다시 그 터 위에 웅장하게 교회를 신축했다. 이 교회에서 100m 떨어진 예수님이 살던 집터에는 성 요셉 교회가 세워졌다. 최근 발굴을 통해 증명된 자료를 기초하여 성경시대 나사렛을 경험할 수 있는 크파르 케뎀(Kfar Kedem)은 예수님 시대의 문화 체험을 할 수 있는 장소로 자리매김하고 있다.

갈릴리의 모나리자

세포리스(찌포리, Zippori)
: 고대 갈릴리 수도

세포리스는 성경에 언급되지는 않지만 나사렛에서 6km 떨어진 당시 갈릴리의 수도였다. 어린 예수님은 목수이자 집 짓는 기술자였던 아버지 요셉을 따라 수시로 세포리스를 다녀왔으리라 생각할 수 있다. 요세푸스에 따르면, 예수님이 애굽에서 나사렛으로 돌아올 즈음에, 사도행전 5:37에 언급된 유다라는 반란자가 세포리스를 차지했고 수리아 로마 총독 바루스는 그곳을 정복하여 2천 명을 십자가에 못 박았다고 한다.

로마에 의해 예루살렘이 멸망당한 후 세포리스는 유대인의 중심지가 되어 산헤드린 공회가 모였으며 랍비 유다가 이곳에서 미쉬나를 완성하기도 했다. 현재도 많은 유적이 남아 있다. 성채 바로 옆에 있는 3세기 로마 시대 거주지 건물에는 수조와 화장실을 비롯한 눕는 식탁이 있는 식당이 있는데 바닥에는 28가지 색깔의 돌 150만 개로 만들어진 큰 모자이크가 장식되어 있다. 그중 매우 아름답고 활기찬 여인이 눈에 띄는데, 이 여인을 '갈릴리의 모나리자'라고 부른다.

2. 누가복음의 유대 사역

1 누가복음을 펴고 1-4장, 10-24장까지 읽어 가며, 다음 표의 구절에 색칠한 지명들을 성경에서 찾아 형광펜으로 표시하고, 지도에도 해당 장소를 형광펜으로 칠하라. 반복되는 장소는 다시 표기할 필요가 없다.

성경 구절	성경과 지도에 표시할 부분	비고
1:80	나타나는 날까지 빈 들에 있으니라	빈 들은 유대 광야를 지칭
2:22	정결예식의 날이 차매 아기를 데리고 예루살렘(27절, 성전)에 올라가니	아들이면 40일 후에 정결예식 (레 12:3-4)
2:41	유월절이 되면 예루살렘으로 가더니	2:46에 성전에 계심.
3:3	요한이 요단강 부근 각처에 와서	
4:1	요단강에서 돌아오사 광야에서	
10:1	가시려는 각 동네와 각 지역으로	요단강 건너편 베레아 지역으로 추정
10:38	한 마을에 들어가시매 마르다라 이름하는 한 여자가	마르다 집은 (예루살렘)베다니다.
11:1	우리에게도 가르쳐 주옵소서	감람산 위에 주기도문 기념교회가 있다.
13:22	예루살렘으로 여행하시더니	(요단강)베레아 지역
14:1	한 바리새인 지도자의 집에	(요단강)베레아 지역 추정
15:4	어떤 사람이 양 백 마리가 있는데	(요단강)베레아 지역 추정
16:1	어떤 부자에게 청지기가 있는데	(요단강)베레아 지역 추정
18:18	어떤 관리가 물어	마태, 마가복음에서는 여리고 지역으로 추정
18:35	여리고에 가까이 가셨을 때에	
19:1	여리고로 들어가	
19:29	감람원이라 불리는 산 쪽에 있는 벳바게와 베다니에 가까이 가셨을 때에	
19:45	성전에 들어가사	
20:1	성전에서 백성을 가르치시며	
21:5	어떤 사람들이 성전을 가리켜	마태와 마가복음에서는 감람산에서
22:4	대제사장들과 성전 경비대장들에게 가서	유다가 가야바 집으로 간 것이다.
22:12	큰 다락방을 보이리니	마가 다락방

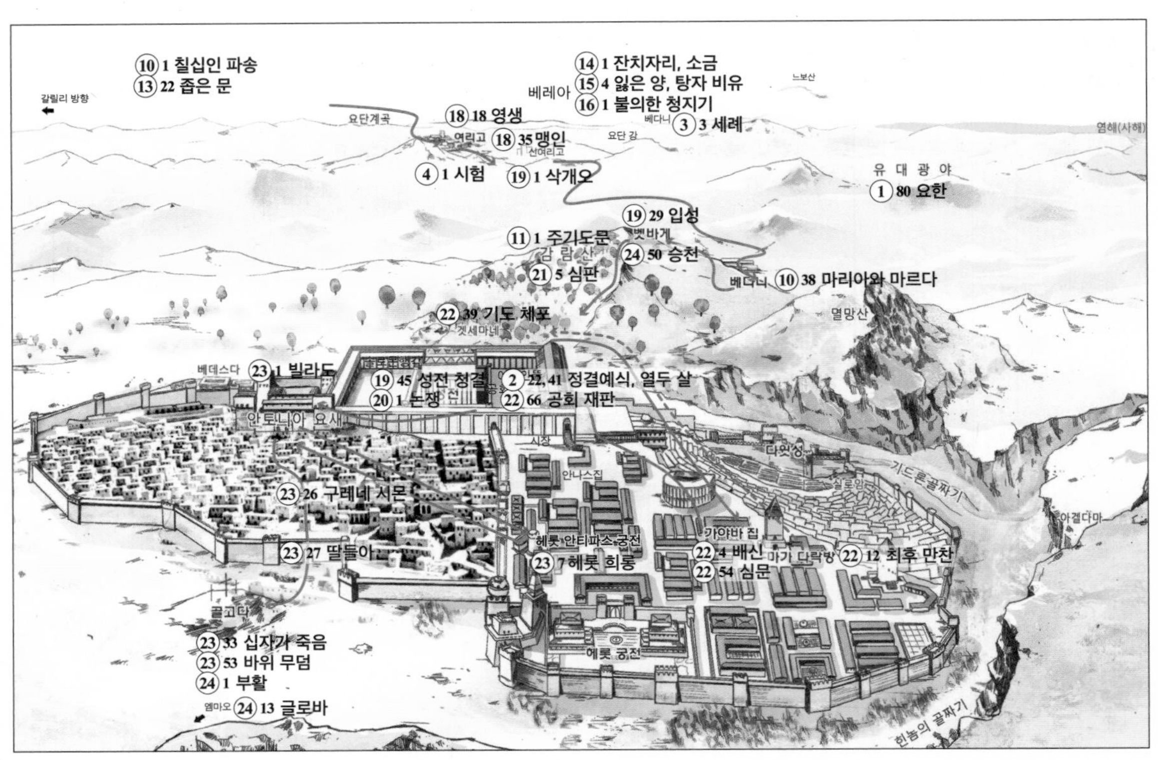

22:39	감람산에 가시매	감람산의 겟세마네
22:54	끌고 대제사장의 집으로 들어갈새	가야바 집
22:66	공회로 끌어들여	성전에 있는 공회
23:1	빌라도에게 끌고 가서	안토니아 요새
23:7	헤롯에게 보내니	헤롯 안티파스 궁전
23:26	끌고 갈 때에 시몬이라는 구레네 사람이	
23:27	슬피 우는 여자의 큰 무리가	
23:33	해골이라 하는 곳에 이르러	골고다
23:53	바위에 판 무덤에	
24:1	향품을 가지고 무덤에 가서	
24:13	엠마오라 하는 마을로 가면서	
24:50	베다니 앞까지 나가사	

❷ 성경과 지도를 펴고 형광펜으로 덧칠한 지역을 보면서 성경 장은 동그라미 숫자로, 구절은 동그라미 옆에 숫자로 적는다. 또한 그 옆에 그 구절 전후 주요 사건을 간단한 키워드로 기록한다(예, '④13 예언 성취' → 4장 13절, 예언이 성취되었다는 의미다).

성경 구절	지도에 표시할 위치	장절과 키워드	비고
1:80	유대 광야 아래	①80 요한	
2:22, 41	성전의 공회 위	②22, 41 정결예식, 열두 살	
3:3	(요단강)베다니 오른쪽	③3 세례	예수님 세례는 21절에 나온다.
4:1	여리고 아래	④1 시험	여리고에서 1cm 정도 아래에 표기
10:1	'갈릴리 방향' 글자 오른쪽	⑩1 칠십인 파송	
10:38	(예루살렘)베다니 오른쪽	⑩38 마리아와 마르다	
11:1	감람산 위	⑪1 주기도문	
13:22	'갈릴리 방향' 글자 오른쪽	⑬22 좁은 문	⑩1 아래 기록
14:1	(요단강)베레아 오른쪽	⑭1 잔치자리, 소금	약간 위에 기록
15:4	(요단강)베레아 오른쪽	⑮4 잃은 양, 탕자 비유	⑭1 아래 기록
16:1	(요단강)베레아 오른쪽	⑯1 불의한 청지기	⑮4 아래 기록
18:18	여리고 위	⑱18 영생	
18:35	여리고와 신여리고 사이	⑱35 맹인	현재 신여리고 위에 지도 위치
19:1	신여리고 아래	⑲1 삭개오	
19:29	벳바게 위	⑲29 입성	
19:45	이방인의 뜰과 솔로몬 행각 사이	⑲45 성전 청결	
20:1	이방인의 뜰과 솔로몬 행각 사이	⑳1 논쟁	⑲45 아래 기록
21:5	감람산 아래	㉑5 심판	
22:4	가야바 집 아래	㉒4 배신	
22:12	마가 다락방 오른쪽	㉒12 최후 만찬	

22:39	겟세마네 위	㉒39 기도 체포	
22:54	가야바 집 아래	㉒54 심문	㉒4 아래 기록
22:60	성전의 공회 가운데	㉒66 공회 재판	②22, 41 아래 기록
23:1	안토니아 요새 위	㉓1 빌라도	
23:7	헤롯 안티파스 궁전 아래	㉓7 헤롯 희롱	
23:26	안토니아 요새와 성벽 사이 중간	㉓26 구레네 시몬	
23:27	골고다 전 성문 위	㉓27 딸들아	
23:33	골고다 아래	㉓33 십자가 죽음	
23:53	골고다 아래	㉓53 바위 무덤	㉓33 아래 기록
24:1	골고다 아래	㉔1 부활	㉓53 아래 기록
24:13	엠마오 오른쪽	㉔13 글로바	
24:50	벳바게와 (예루살렘)베다니 사이	㉔50 승천	

❸ 빨강 화살표를 통해 주요 활동을 역동성 있게 표시해 보자.

01 요단강 도하: 요단 계곡 위에서 곡선으로 여리고로 향하는 화살표를 그려라.

02 두 여리고 길: 여리고에서 신여리고로 오는 짧은 직선 화살표를 그려라.

03 예루살렘 오르는 길: 신여리고에서 벳바게로 오르는 길을 꼬불꼬불 3번 휘어진 곡선 화살표를 하되 (예루살렘)베다니를 한번 휘감고 벳바게를 향하게 하라.

04 종려주일 길: 벳바게에서 산 그림자를 따라 아래로 내려오는 화살표를 하라.

05 겟세마네 길: 마가 다락방에서 겟세마네로 향하는 점선 화살표를 그려라(원형극장 오른쪽을 지나 밖으로 나간다).

06 체포: 위 화살표를 따라 다시 돌아오는 화살표를 가야바 집까지 그

려라.

07 공회 재판: 가야바 집에서 성전으로 들어가는 시장 위 문을 지나 공회까지 가라.

08 빌라도 재판: 공회에서 빌라도가 있는 안토니아 요새로 향하라.

09 헤롯 희롱: 안토니아 요새에서 헤롯 안티파스 궁으로 직선 화살표(→)를 하고, 그 위에 헤롯 희롱 후 다시 돌아오는 화살표(←)를 하라.

10 비아 돌로로사: 안토니아 요새 문에서 나온 화살표가 아래로 내려와 성문을 나온 후 골고다를 향하라.

4 지도의 의미와 교훈

누가의 딜레마, 4차원 예수를 만들다

누가는 누가복음 1:3에서 밝혔듯이 "차례대로 써 보내는 것"에 충실하려 했다. 그러나 유대인 마태와 마가는 히브리어의 완료형와 미완료형에 익숙했다. 히브리어는 과거, 현재, 미래라는 시간 개념은 거의 없고, 완료와 미완료의 개념이 강해 주제별로 정리하는 것이 익숙하다. 그래서 성경도 모세오경인 토라, 역사서, 선지서, 시가서 등 주제별 구분으로 전승되고 있다. 믿음도 시간보다는 완료와 미완료 개념을 가지기에 '믿음은 바라는 것들의 실상'이라는 말은 유대인에게 너무나 당연한 명제다. 믿으면 시간을 뛰어넘기에 가나안 땅에 들어오기 전, 신명기는 가나안 땅에 들어온 것처럼 완료형을 쓰기도 했다.

하지만 이방인 누가는 이런 유대인의 습관을 따라 기록하기가 쉽지 않았을 것이다. 전반은 갈릴리, 후반은 예루살렘으로 묶는 공관복음 스타일을 존중하다 보니, 전반부는 그런대로 잘 맞추어졌는데 10장부터는 딜레마에 빠진다. 한 예로 누가는 10장에서 마리아와 마르다 사건을 기록하면서 중간에 예수님이 예루살렘을 방문한 이야기를 기록하고 싶었으나 마태와 마가의 관점인 갈릴리 사역과 예루살렘 사역을 구분하느라 예루살렘 근처 베다니라는 언급을 하지 않게 된다. 19:29에 의하면 누가는 예루살렘 베다니를 알고 있었다.

지도를 보면 알 수 있듯이 10-18장의 사건은 거의 요단강 건너편 베레아에서 일어났다. 13:22의 '예루살렘으로 여행하시더니', 요한복음 10:40의 '요단강 저편'이라는 표현을 통해 많은 학자가 이곳에서 누가복음 10장에서 16장까지의 사건을 행하셨으리라 추정하고, 타 복음서에 비해 누가의 관심이 베레아 지역에 집중되었다고 본다. 그러나 누가의 이런 시도는 요한복음을 통해 꽃을 피운다. 사도 요한은 예수님이 공생애 기간 동안 명절마다 예루살렘을 방문한 기록을 소개함으로써 누가의 '차례대로' 기록과 함께 예수님의 사역을 연대순으로 정리할 수 있게 해주었다. 즉 요한복음의 틀에 누가복음을 넣고, 마가의 드라마틱한 기록을 더한 후, 마태의 설교를 더하면 사복음서는 공관복음의 공간 3차원과 누가의 도움을 받은 요한복음의 시간 1차원이 더해져 4차원적인 예수님의 모습이 완성된다.

마태와 마가는 여리고에서 맹인을 고치신 사건을 여리고에서 나가는 중에 일어났다고 기록했지만, 누가는 여리고로 들어오는 길에 일어났다고 기술했다(마 20:29, 막 10:46, 눅 18:35). 이를 통해 누가가 신여리고 편에

구여리고와 신여리고

서서 성경을 기록했음을 알 수 있다. 누가만이 신여리고에서 살았을 삭개오 사건을 기록함으로써 누가의 관점이 삭개오 같은 소외된 자에게 있었음을 알 수 있다.

예수님은 두 번 죽었다?

누가가 기록한 예수님의 예루살렘 사역에서 특별한 점은 공회와 헤롯 안티파스 궁을 언급한다는 것이다. 누가는 예수님의 재판을 체계적으로 기록한다. 먼저, 가야바의 집에서 심문을 받고, 성전 남쪽에 위치한 공회 장소에서 정식 재판을 받는 장면을 기록한다. 예수님이 성전에서 정식으로 사형선고를 받는 장면은 유월절 양으로 여호와 이레의 땅에서 죽으셨다는 사실에 중요한 단서를 제공한다.

우리는 예수님이 골고다에서 죽었다고 생각하지만, 완료와 미완료를 중요시 여기는 유대인 입장에서는 예수님의 죽음이 사형선고를 받은 성전에서 있었다고 생각할 수 있다. 대속죄일에 흑염소 한 마리는 아사셀로 성전 밖에서 죽고, 다른 한 마리는 지성소로 나아가기 위한 용도로 도살된다. 예수님은 유대인 입장에서는 성전에서 죽고, 시간을 중요시하는 헬라인에게는 영문 밖에서 아사셀 염소처럼 죽으심으로 한 번의 죽음으로

대속죄일에 드려지는 검은 염소
한 마리는 백성의 죄를 위해 영문 밖 아사셀 염소로, 하나는 언약궤 위 은혜의 보좌에 뿌려진다. 예수님은 두 번 사형선고를 받아 이 두 죽음을 완성하셨다.

두 죽음의 속죄를 완성하셨다.

빌라도는 예수님 재판에 대한 책임을 헤롯에게 떠넘기려 갈릴리와 베레아를 통치하는 분봉왕 헤롯 안티파스에 갈릴리 출신의 예수님을 보낸다. 헤롯은 처음이자 마지막으로 예수님을 만나 예수님을 조롱한다.

또한 베드로의 배신에 대한 서술도 예수님과 눈이 마주치는 장면 등 비교적 자세히 기록한다(눅 22:61). 하지만 누가가 무엇보다 강조한 일은 부활 후 사건이다. 엠마오로 가는 길에서 글로바와 또 한 제자에게 성경을 풀어 주는 예수님을 기록하는 한편, 다른 복음서와 달리 부활 후 승천하는 장면과 그 장소가 정확히 어디인지도 알려 준다.

이방인이던 누가가 이렇듯 예루살렘 주변의 지명을 정확히 알고 있는 것은 그가 서쪽 지중해가 있는 엠마오 방향에서 예루살렘을 방문하면서 지형을 익혔기 때문이라고 본다. 잃은 자의 비유(베레아에서)나 삭개오 이야기(신여리고에서)는 누가가 이곳을 방문하였기에 가능한 묘사라 할 수 있다. 마지막의 승천 이야기는 사도행전에서 다시 이어지므로 복음서와 사도행전의 접점이 되는 듯하다.

두 여리고: 두 가지 시선

여리고는 '지구상에서 가장 오래된 도시, 가장 낮은 곳에 위치한 도시'로 유명하다. 낮은 곳일수록 더 더우니 바다보다 260m 낮은 여리고의 여름 낮 최고 기온은 40~50℃가 일상적이다. 마태복음 20장의 포도원 일꾼들이 이 더위에 일하고서 일한 시간과 상관없이 똑같은 임금을 주자 주인을 원망한 사건이 이해될 만하다.

여리고성은 구약시대 여리고와 신약시대 여리고로 나뉜다. 구약시대 여리고 서쪽에는 예수님이 시험 받은 시험산이 보이고 그 오른쪽으로 엘리사가 올랐던 벧엘 가는 길이 있다. 신약시대 여리고는 북서쪽 예루살렘으로 올라가는 길에 위치한다. 동쪽으로 요단강 가는 길이 나오면서, 여리고는 사통 팔방의 교통요지로 활약했다. 주변이 모두 광야인데 여리고 주변만 푸르름이 가득한 이유는 일명 엘리사의 샘에서 나오는 물이 이 대지를 적시고 종려나무 성읍을 만들기 때문이다. 사마리아 길은 위험했기 때문에 예수님도 갈릴리-예루살렘을 오가실 때 여리고를 반드시 들르셨다. 구약시대 여리고에는 일반인들이 거주했지만 신약시대 여리고에는 헤롯 궁전과 함께 관리들이 거주했다.

마태와 마가는 예수님이 여리고에서 떠나갈 때 맹인을 만났다고 하지만(마 20:29, 막 10:46), 누가복음에서는 여리고에 가까이 가셨을 때 맹인을 만났다고 한다(눅 18:35). 이것은 어느 여리고에 서서 바라보느냐에 따른 표현이라고 할 수 있다. 마태와 마가는 유대인이 사는 구약시대 여리고에서 예수님을 바라보았고, 누가는 삭개오가 살던 신약시대 여리고에서 바라본 것이다.

이스라엘이 여호수아의 지도 아래 여리고성을 정복했을 때 아간은 하나님께 바쳐진 물건을 훔침으로써 죽임을 당했다. 사울왕도 아멜렉을 멸절하여 하나님께 드리라는 명령을 범하여 여리고 근처 길갈에서 왕위가 폐위되었다. 예수님이 오셨을 때도 모든 것을 가난한 자에게 주고 예수님의 제자가 되라는 초청을 받은 부자 청년이 물질을 버리지 못하고 근심하며 떠나갔다. 이 일은 여리고가 그만큼 풍요로운 탐욕의 땅임을 알려 준다. 그러나 삭개오는 이런 욕심을 모두 버리고 자원하여 자기 재산의 반을 가난한 자에게 주겠다고 선언했고, 나머지는 타인에게 약탈한 세금이 있다면 율법대로 4배나 갚겠다고 했다(출 22:1). 예수님이 십자가의 길을 오르기 전 삭개오는 예수님의 마음을 시원케 했다.

여리고성, 여리고 시험산, 여리고 샘

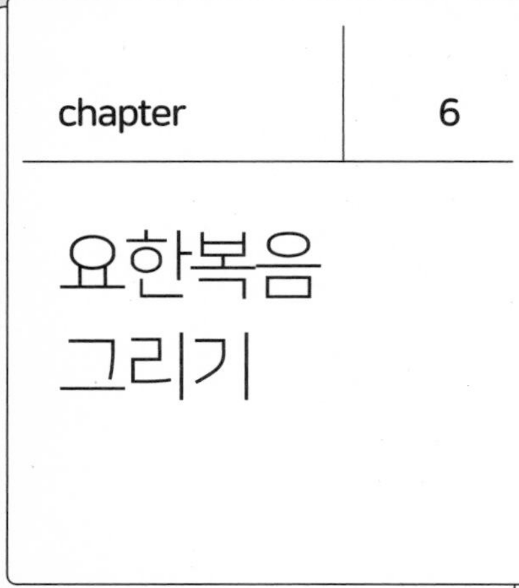

1. 요한복음의 전반기 사역

1 요한복음을 펴고 1-12장까지, 그리고 21장을 읽어 가며, 다음 표의 구절에 색칠한 지명들을 성경에서 찾아 형광펜으로 표시하고, 지도에도 해당 장소를 형광펜으로 칠하라. 반복되는 장소는 다시 표기할 필요가 없다.

성경 구절	성경과 지도에 표시할 부분	비고
1:28	세례 베풀던 곳 요단강 건너편 베다니에서	
1:43	갈릴리로 나가려 하시다가	
2:1	갈릴리 가나에 혼례가 있어	
2:13	예루살렘으로 올라가셨더니	
3:23	요한도 살렘 가까운 애논에서 세례를 베푸니	

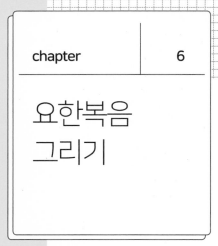

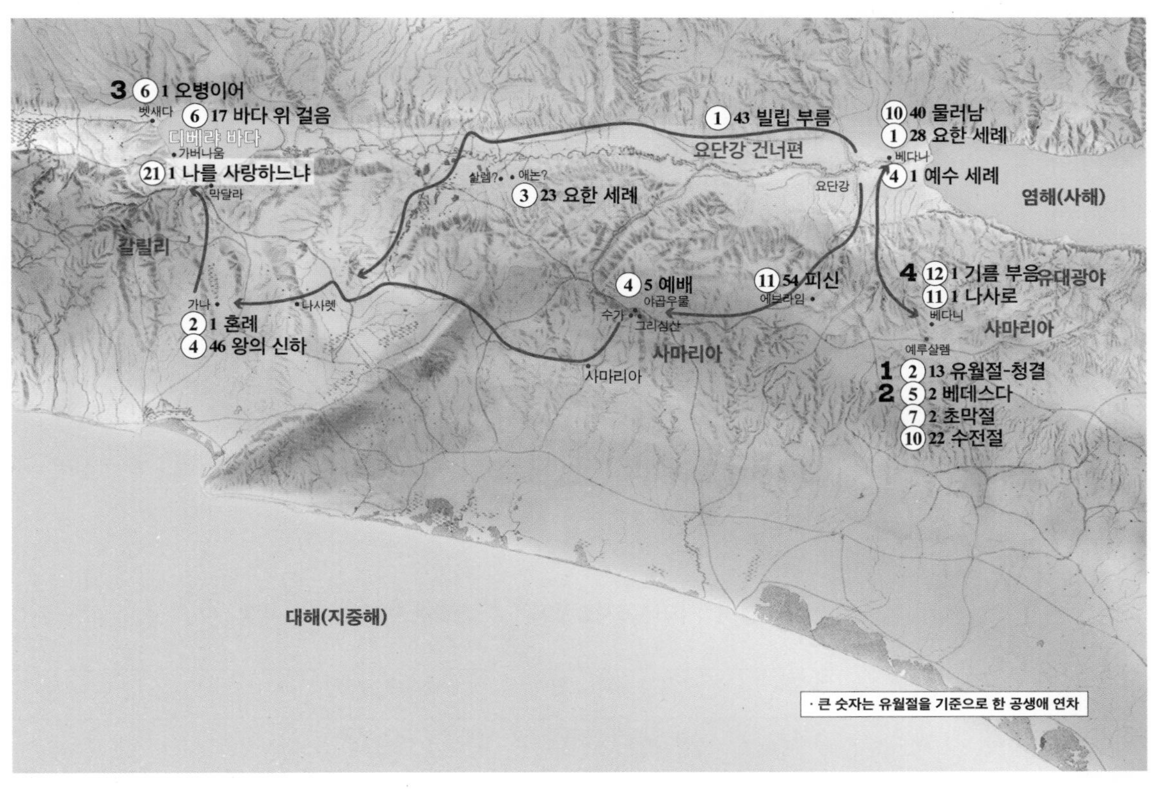

4:1	예수께서 제자를 삼고 세례를 베푸시는 것이	세례를 베푼 곳은 요단강 서쪽으로 추정
4:5	사마리아에 있는 수가라 하는 동네에 이르시니	6절 “야곱의 우물이 있더라”
4:46	갈릴리 가나에 이르시니	
5:2	예루살렘에 있는 양문 곁에 히브리 말로 베데스다라 하는 못이 있는데	
6:1	디베랴의 갈릴리 바다 건너편으로	건너편 장소는 벳새다 들녘
6:17	배를 타고 바다를 건너 가버나움으로 가는데	
7:2	유대인의 명절인 초막절이 가까운지라	예루살렘으로 가셨다. 14절 “명절 의 중간이 되어 예수께서 성전에 올라가사”
10:22	예루살렘에 수전절이 이르니	23절 “성전 안 솔로몬 행각에서 거니시니”
10:40	다시 요단강 저편 요한이 처음으로 세례 베풀던 곳에 가사	(요단강)베다니

11:1	베다니에 사는 나사로라	(예루살렘)베다니
11:54	빈 들 가까운 곳인 에브라임이라는 동네에 가서	
12:1	베다니에 이르시니	(예루살렘)베다니
21:1	예수께서 디베랴 호수에서	

❷ 성경과 지도를 펴고 형광펜으로 덧칠한 지역을 보면서 성경 장은 동그라미 숫자로, 구절은 동그라미 옆에 숫자로 적는다. 또한 그 옆에 그 구절 전후 주요 사건을 간단한 키워드로 기록한다(예, '④13 예언 성취' → 4장 13절, 예언이 성취되었다는 의미다).

성경 구절	지도에 표시할 위치	장절과 키워드	비고
1:28	요단강 베다니 위	①28 요한 세례	
1:43	요단강 건너편 위	①43 빌립 부름	
2:1	갈릴리 가나 아래	②1 혼례	
2:13	예루살렘 아래	1②13 유월절-청결	②앞에 큰 글씨로 '1'을 써서 공생애 첫 번째 유월절임을 표시하라.
3:23	애논? 아래	③23 요한 세례	
4:1	(요단강)베다니 아래	④1 예수 세례	요단강 아래 파랑선 밑에 기록
4:5	사마리아 야곱 우물 위	④5 예배	
4:46	가나 아래	④46 왕의 신하	②1 기록
5:2	예루살렘 아래	2⑤2 베데스다	②13 아래 기록 ⑤앞에 큰 글씨로 '2'를 써서 공생애 두 번째 유월절임을 표시하라. '명절'(5:1)이 되어 예루살렘에 오심
6:1	디베랴 바다 왼쪽 벳새다 위	3⑥1 오병이어	⑥앞에 큰 글씨로 '3'을 써서 공생애 세 번째 유월절임을 표시하라.
6:17	디베랴 바다 글자 위	⑥17 바다 위 걸음	

7:2	예루살렘 아래	⑦2 초막절	⑤2 아래 기록 초막절은 유월절 6개월 후에 있다.
10:22	예루살렘 아래	⑩22 수전절	⑦2 아래 기록
10:40	(요단강)베다니 위	⑩40 물러남	①28 위 기록
11:1	(예루살렘)베다니 위	⑪1 나사로	
11:54	에브라임 위	⑪54 피신	
12:1	(예루살렘)베다니	4⑫1 기름 부음	⑪1 위 기록 ⑫ 앞에 큰 글씨로 '4'를 써서 공생애 네 번째 유월절임을 표시하라.
21:1	갈릴리 가버나움 아래	㉑1 나를 사랑하느냐	

3 요한복음에 의하면 예수님은 명절마다 예루살렘에 올라갔으므로 모든 활동을 표기할 수 없어 초록 화살표로만 주요 활동을 역동성 있게 표시한다.

01 세례: 베다니에서 갈릴리로 나가려 할 때 요단강 건너편 베레아 길을 이용한다. 베다니에서 요단강 건너편 검정 길을 따라 살렘 사거리까지 와서 아래로 향하여 나사렛까지 향하라.

02 사마리아행: '예수 세례'라는 글자에서 에브라임을 거쳐 수가성이 있는 '야곱 우물' 방향으로 화살표를 그려라.

03 갈릴리행: '수가'에서 사마리아를 거쳐 검정 길을 따라 나사렛을 거쳐 가나까지 가라.

04 갈릴리 바다로: 가나에서 가버나움을 향하라.

05 베레아 길: (예루살렘)베다니와 (요단강)베다니를 검정 길을 따라 왕복 화살표(↕)를 하라.

06 지도 오른쪽 아래에 '큰 숫자는 유월절을 기준으로 한 공생애 연차'라고 기록하고 박스로 둘러 글상자를 그리라.

4 지도의 의미와 교훈

요한의 기록은 마태-마가-누가복음과는 관점 자체가 다르다. 공관복음은 전반부 갈릴리, 후반부 예루살렘 사역을 기술하는데, 요한은 6장에서 잠시 갈릴리 사역을 언급할 뿐 예루살렘 사역에 집중한다. 반면, 세례 요한이 세례를 베푼 곳이 요단강 건너편 베다니와 살렘 가까운 애논이라는 점을 알려 주고, 사마리아의 수가성 방문을 언급함으로써 예수님의 전반기 사역이 전방위적이었음을 말한다. 요한은 오병이어 기적 외에는 대개 공관복음에서 다루지 않은 사건들을 기술했는데 이것으로 보아, 공관복음을 모두 읽어 보고 빠진 부분을 기록한 듯하다.

그런데 이렇게 중요한 사건들을 왜 공관복음에서는 기록하지 않았을까? 학자들에 의하면 요한이 요한복음을 생애 마지막에 기록했다고 한다. 요한은 AD 100년에 죽었을 것으로 추정하는데 이는 사도들 중에서 가장 늦게까지 생존한 것이다. 예수님의 의도를 몸으로 느꼈던 사도들이 살아 있는 동안에 기록한 것만 성경으로 인정받았는데, 그런 면에서 요한은 성경의 마지막 검수자였다. 그는 에베소에서 생을 마감하면서 예수님에 대하여 못다 한 이야기를 기록해야겠다는 사명감을 느꼈다. 사마리아 수가성 이야기와 왕의 신하, 나사로의 부활 등 중요한 사건은 유대 기독교인들과 당사자들이 살아 있을 때 기록하는 것이 적절하지 않았다.

먼저 유대 기독교인들은 사도행전 15장에서 구원 문제를 논의하면서 믿음으로 구원 받음을 인정했지만, 바리새파 유대인과 이방인 간의 화합을 위해 피와 목매어 죽은 것, 음행을 멀리할 것을 결의했다. 그러나 예루살렘이 AD 70년에 멸망하면서 바리새파 유대인의 세력이 약해졌고, 이에 따라 예수님이 초창기에 사마리아 수가성에 가서 '세상의 구주'로 인정받은 이야기를 할 수 있게 되었다. 다음, 성경 사건의 당사자였던 '나사로' 등은 유대인이 죽이려던 사람이었으나 이즈음에는 죽었기에 기록을 남길 수 있었을 것이다. 왕의 신하 역시 위협 받는 상황이 종료되었기에 기록할 수 있었다. 요한은 이방인의 땅 에베소에서 오래 살았기 때문에 객관

적으로 예수님의 모습을 돌아볼 수 있었다.

요한이 요한복음에서 갈릴리 사역 중 유일하게 오병이어 기적을 기록한 이유는 이 기적이 군중에게 베푼 최후의 만찬이었기 때문이다. 요한은 오병이어 사건이 최후의 만찬 1년 전 유월절에 일어난 사건임을 밝히고 있으며(요 6:4), 오병이어 기적 후 예수님이 가버나움에 갔다는 것과 그곳에서 오병이어 기적이 어떤 의미인지를 알려 주신 일을 기록하고 있다.

마태와 마가는 모두 오병이어 기적 이후 벳새다 들녘에서 게네사렛으로 갔다고 했지만(마 14:34, 막 6:53) 요한은 가버나움에 들러 오병이어의 의미를 해석하셨다고 말하고 있다(요 6:17-59). 자칫 기적이 기적으로만 끝나서 그 의도를 잊어버릴까 하여 오병이어는 예수님이 생명의 떡 되심을 밝히는 기적이었음을 알려 준다. 요한은 "내가 곧 생명의 떡이니라"(요 6:48) 다음에 이어지는 예루살렘 사역에서 마가 다락방의 최후 만찬을 중요하게 다뤘는데 이보다 1년 앞서 있던 유월절 기록도 중요하게 다룬 것이다.

지도에서 큰 숫자 1~4는 예수님의 공생애 중에 있었던 유월절을 의미한다. 유월절은 유대 음력 1월 14일로 우리나라의 설날 같은 명절이다. 예수님은 세례를 받은 후 약 6개월간 갈릴리에 계시다가 첫 번째 유월절에 성전에 오셔서 성전 청결을 행하시고, 두 번째 유월절에는 베데스다 연못에서 38년 된 병자를 고치신다. 물론 이 명절은 유월절인지 오순절인지 명확하지 않지만 초반기임에는 분명하다. 세 번째 유월절에는 벳새다에서 오병이어의 기적을 행하신다. 그러다 6개월 후에 있은 7월 15일부터 일주일간 지키는 초막절에 예수님이 예루살렘을 방문하신다. 음력 9월 25일부터 8일간 지키는 수전절에도 예루살렘에 계시다가 베레아로 물러났다가 다시 예루살렘으로 올라와 에브라임에 머무신다. 3년 차 하반기 사역이 거의 유대 지역에서 이뤄졌음을 알 수 있다.

참고로 유대력은 음력으로 우리나라가 한 달 빠르다. 예를 들면, 유대 초막절 7월 15일은 우리나라 8월 15일로 추석이다. 요한복음을 이해하기 위해서는 출애굽기 23장, 레위기 23장, 민수기 28장, 신명기 16장 등에 나오는 유대 명절을 정확히 알아야 한다. 예수님은 유월절을 부활절로, 오순절을 성령강림절로 완성하셨고, 우리는 초막절을 추수감사절로 지키고 있다.

더 깊은 묵상

예배의 역사-지리적 성취가 수가성에서 이루어지다

갈릴리와 예루살렘의 왕래는 일반적으로 요단강 건너편, 베레아 지역을 통해 이루어진다. 그러나 딱 한 번 요단강에서 세례를 베풀던 예수님 일행이 사마리아를 관통하여 갈릴리로 간 사건이 수가성 여인을 만나는 4장에서 일어난다.

유대 역사가 요세푸스에 의하면, 유대인과 사마리아인 간에 사이가 나빠서 갈릴리 사람들은 예루살렘으로 가기 위해 사마리아를 관통하는 가까운 길을 두고 요단강 건너편으로 돌아갔다고 한다. 하지만 명절에는 군중의 힘을 앞세워 사마리아를 관통하는 일도 있었다고 한다. 이때도 분쟁이 일어나곤 했다. 예수님은 이를 너무나 잘 알고 있으면서도 사마리아 여인을 만나 예배에 대하여 말씀하시고자 이곳을 통과하셨다. 수가성은 구약의 세겜으로 아브라함의 예배, 야곱의 제단, 모세의 예언에 이어 여호수아의 축복과 저주 등 기념비적인 첫 예배가 드려졌던 곳이다. 이곳에 오신 예수님은 예배에 대하여 말씀하시고 세상의 구주로 인정되심으로 세겜 곧 수가성에서 예배에 대한 지리-역사적인 성취를 이루셨다.

2. 요한복음의 후반기 사역

1 요한복음을 펴고 1-20장까지 읽어 가며, 다음 표의 구절에 색칠한 지명들을 성경에서 찾아 형광펜으로 표시하고, 지도에도 해당 장소를 형광펜으로 칠하라. 반복되는 장소는 다시 표기할 필요가 없다.

성경 구절	성경과 지도에 표시할 부분	비고
1:28	세례 베풀던 곳 요단강 건너편 베다니에서	요단강 건너편은 베레아
2:14	성전 안에서	
3:1	니고데모라 하는 사람이 있으니	전통에 의하면 감람산에서 만남.
4:1	세례를 베푸시는 것이	요단강 서쪽으로 추정
5:2	예루살렘에 있는 양문 곁에 히브리 말로 베데스다라 하는 못이 있는데	
7:28	예수께서 성전에서 가르치시며 외쳐	
8:2	다시 성전으로 들어오시니	
9:7	실로암 못에 가서 씻으라	
10:23	성전 안 솔로몬 행각에서 거니시니	
10:40	다시 요단강 저편 요한이 처음으로 세례 베풀던 곳에 가사	1:28에 의하면 요단강 베다니
11:1	마리아와 그 자매 마르다의 마을 베다니에 사는 나사로라	예루살렘 베다니를 의미한다.
12:1	유월절 엿새 전에 예수께서 베다니에 이르시니	
12:12	예루살렘으로 오신다는 것을 듣고	현재 벳바게에 계심
13:3	저녁 먹는 중	최후 만찬은 마가 다락방에서 있었다.
18:1	기드론 시내 건너편으로 나가시니 그곳에 동산이 있는데	동산은 겟세마네
18:13	먼저 안나스에게로 끌고 가니	안나스 집
18:24	대제사장 가야바에게 보내니라	가야바 집
18:28	가야바에게서 관정으로 끌고 가니	관정은 안토니아 요새
19:17	해골(히브리 말로 골고다)이라 하는 곳에 나가시니	
19:41	장사한 일이 없는 새 무덤이 있는지라	골고다

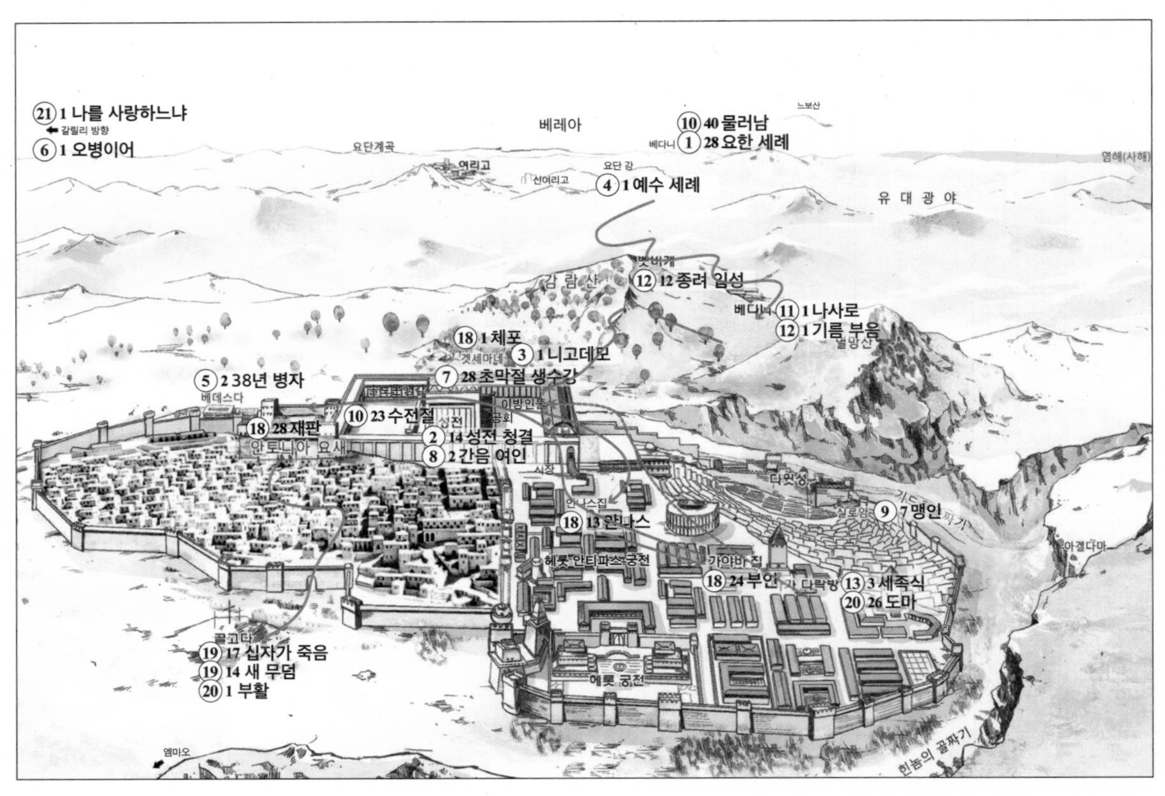

20:1	막달라 마리아가 무덤에 와서	골고다
20:26	제자들이 다시 집 안에 있을 때에 도마도 함께 있고	마가 다락방

❷ 성경과 지도를 펴고 형광펜으로 덧칠한 지역을 보면서 성경 장은 동그라미 숫자로, 구절은 동그라미 옆에 숫자로 적는다. 또한 그 옆에 그 구절 전후 주요 사건을 간단한 키워드로 기록한다(예, '④13 예언 성취' → 4장 13절, 예언이 성취되었다는 의미다).

성경 구절	지도에 표시할 위치	장절과 키워드	비고
1:28	(요단강)베다니 오른쪽	①28 요한 세례	

2:14	성전 아래	②14 성전 청결	
3:1	겟세마네 오른쪽	③1 니고데모	
4:1	요단강 아래	④1 예수 세례	
5:2	베데스다 위	⑤2 38년 병자	
7:28	공회 위	⑦28 초막절 생수 강	
8:2	성전 아래	⑧2 간음 여인	②14 아래
9:7	실로암 오른쪽	⑨7 맹인	
10:23	솔로몬 행각 아래	⑩23 수전절	
10:40	(요단강)베다니 오른쪽	⑩40 물러남	①28 위
11:1	(예루살렘)베다니 오른쪽	⑪1 나사로	
12:1	(예루살렘)베다니 오른쪽	⑫1 기름 부음	⑪1 아래
12:12	감람산 벳바게 아래	⑫12 종려 입성	
13:3	마가 다락방 오른쪽	⑬3 세족식	최후 만찬, 긴 설교
18:1	겟세마네 위	⑱1 체포	
18:13	안나스 집 아래	⑱13 안나스	가야바의 장인이다.
18:24	가야바 집 아래	⑱24 부인	
18:28	안토니아 요새 위	⑱28 재판	
19:17	골고다 아래	⑲17 십자가 죽음	
19:41	골고다 아래	⑲41 새 무덤	⑲17 아래
20:1	골고다 아래	⑳1 부활	⑲41 아래
20:26	마가 다락방 아래	⑳26 도마	⑬3 아래

❸ 요한복음에 의하면 예수님은 명절마다 예루살렘에 올라갔으므로 모든 활동을 표기할 수 없어 빨강 화살표로만 주요 활동을 역동성 있게 표시한다.

01 요단강 도하: (요단강)베다니에서 꼬불꼬불 3번 휘어진 곡선 화살표를 그린 후 (예루살렘)베다니에 도착하게 하라.

02 예루살렘 오르는 길: (예루살렘)베다니에서 벳바게로 향하라.

03 종려주일 길: 벳바게에서 산 그림자를 따라 아래로 내려오는 화살표를 그려라.

04 겟세마네 길: 마가 다락방에서 겟세마네로 향하는 점선 화살표를 그려라(원형극장 오른쪽을 지나 밖으로 나간다).

05 체포: 위 화살표를 따라 다시 돌아오는 화살표를 안나스 집까지 그려라.

06 대제사장 집: 안나스 집에서 가야바 집으로 직선 화살표를 그려라.

07 재판 길: 가야바 집에서 성전 들어가는 시장 위 문과 공회를 지나 빌라도 공관이 있는 안토니아 요새로 향하라.

08 비아 돌로로사: 안토니아 요새 문에서 나온 화살표가 아래로 내려와 성문을 나온 후 골고다를 향하라.

4 지도의 의미와 교훈

요한의 예루살렘 사역은 타 복음서에 비해 탁월하고 방대하다. 위 지도에서 보듯 오병이어 기적을 기록한 6장 외의 모든 장이 예루살렘에서 일어난 사건을 다루고 있다. 요한복음은 성전을 청결하게 하신 일이 첫 번째 유월절에 일어났다고 기록했지만, 다른 복음서에는 마지막 유월절에 일어난 것으로 기록하고 있다. 둘이 같은 사건인지 다른 사건인지는 확실치 않으나 1년 차에 있던 성전 청결 후에도 사람들이 옛 모습으로 돌아감으로써 마지막 네 번째 유월절에 다시 일어났을 가능성도 있다.

두 번째 유월절에 일어난 베데스다 연못 사건은 성전 북쪽에서 일어났고 물과 관련 있는 사건이다. 그런데 3년 차 하반기 초막절에 예수님은 다시 물과 관계된 생수의 강을 선언하시고, 맹인을 고치시며 실로암 물가로 가라 명하신다. 물은 정결 예식에서 매우 중요한 요소였다. 샘은 히브리 원어로 '아인'으로 신체기관의 '눈'을 의미하기도 한다. 요한복음 2장에 의하면 첫 기적이 가나의 물을 변화시키는 기적인데 이 물은 정결 예식에 사용되던 것이었다.

초막절 마지막 날에 불의 축제가 있는데 이때 유대인들은 용서를 노래한다. 이때 예수님은 성전에 들어갔다가 간음한 여인 처리 문제로 함정에 빠뜨리려는 무리를 만나게 된다. 예수님은 땅에 글씨를 쓰셨는데, 그들이 노래한 내용, 용서의 노래를 기억나게 했을 가능성이 크다. 또한 초막절은 명절 후 비를 내려 농사를 가능하게 해달라는 물의 축제 기간으로 7일 동안 매일 실로암에서 물을 떠서 제단에 붓는다. 예수님은 물을 떠 오던 곳에 맹인을 보내어 그의 눈을 뜨게 하신다. 보냄을 받는 곳이라는 실로암에서 보냄 받으신 이의 능력이 나타났다.

요한복음의 특징 중 하나는 13장부터 17장에 이르도록 마가 다락방을 배경으로 한다는 것이다. 짧은 시간에 일어난 사건을 무려 5개 장에 기록한 것이다. 요한은 성령의 도움으로 이때 말씀하신 예수님의 말씀과 기도를 낱낱이 기록했다.

더 깊은 묵상

에스겔의 예언이 이루어지다

에스겔은 47장에서 성전에서 흘러나온 생수의 강이 동쪽으로 스며 나오다 남쪽으로 흘러간다고 했다. 이는 기드론 골짜기로 흘러가는 기혼샘을 연상하게 한다. 에스겔의 생수는 기드론 시내를 흘러 광야로 흘러가 광야를 살리고 생명나무가 자라게 한다. 이어 사해(염해)로 흘러간 생수는 죽은 바다, 사해를 살린다. 그야말로 생수의 강이다.

예수님은 당신을 믿는 자는 그 배에서 생수의 강이 흘러나오는데 이는 성령님이라고 하신다. 마가의 다락방에서 성찬을 행하신 예수님은 베다니 앞에서 승천하시면서 성령님을 마가 다락방에서 기다리라고 명령하셨고, 120문도가 10일을 기다린 후 오순절에 성령님이 임하셨다. 이후로 이 성령님의 물결은 광야 같은 이방으로 흐르고, 지중해를 넘어 세상을 살리는 생수의 강이 되었다.

기드론 골짜기의 마르사바 수도원
에스겔이 본 환상처럼 생수의 강이 이곳을 흘러 죽은 것들을 살릴 것이다.

두 베다니: 가난한 동네에 임한 빛

수전절 이후 요단강 건너편 베다니로 물러나셨던 예수님은 예루살렘 근처 베다니에 살던 나사로의 중병 소식을 듣는다. 두 베다니에서 소식이 오간다. 베다니는 '빈민촌'이라는 뜻이다. 모두 가난한 동네다. 예수님은 무시 받는 이방인의 땅, 사망의 그늘진 장소인 갈릴리에서 활동하시고 유대에서도 가난한 동네, 두 베다니에 머무셨다.

이런 빈민촌에서 마리아는 1년 연봉에 해당하는 300데나리온의 향유 옥합을 깨뜨림으로 최고의 헌신을 했다. 요한은 이를 비난하는 사람이 가룟 유다임을 밝히고, 그가 지속적으로 도적질해 왔음을 폭로한다. 이런 헌신이 부자 동네인 마가 다락방에서 이루어졌으면 덜 감동적이었을 것이다. 이 기름 부음은 예수님을 메시아로 인정하는 겸손한 섬김의 예식이었다. 기름 부음 받은 예수님은 솔로몬처럼 나귀를 타고 예루살렘에 왕으로 입성하신다.

요한복음
핫 플레이스

베다니

예루살렘 베다니

요단강 베다니

chapter 7

사복음서의 지도 비교

1. 갈릴리 사역 비교

지도를 비교하면서 예수님의 갈릴리 사역의 특징을 살펴보자. 복음서별로 강조하는 부분과 의미 등을 알아보자.

표면상으로 마태와 마가의 활동 동선에는 그리 큰 차이가 없다. 다만 마태는 산상수훈(마 5-7장) 등 설교를 길게 언급하고 지명들은 확실히 밝히지 않아 마가복음을 참고해야 하는 경우가 많다. 마가는 데가볼리 기록을 확실히 한다. 군대귀신 사건 후에 고침 받은 사람이 데가볼리로 간 것과, 수로보니게 여인의 딸을 고친 후 예수님이 시돈을 거쳐 데가볼리로 갔다고 기록한다. 마가는 이방인을 지칭할 때 수리아의 베니게 여인, '수로보니게 여인' 같은 중립적인 용어를 사용하는 반면, 마태는 '가나안 여인'이라는 유대인이 꺼리는 이름을 사용함으로써 복음서의 대상이 누구인지를 알 수 있게 한다.

가장 크게 눈에 띄는 것은 누가복음의 갈릴리 지도에서 보듯이, 누가는 두로와 시돈을 거쳐 갈릴리 바다를 건너 막달라까지 온 긴 여정을 생략한다. 그렇다 보니 누가복음은 지리적으로 나사렛, 가버나움, 거라사, 빌립보 가이사랴를 중심으로 움직이는 간단한 여정을 보여 준다.

공관복음은 예수님의 전반기 사역의 초점을 모두 갈릴리에 맞추고 있다. 그중에서도 단연 '가버나움'이 중심지가 되었기 때문에 마태는 가버나움을 예수님의 '본 동네'라고 칭한다(마 9:1).

한편, 요한의 갈릴리 기록은 공관복음과 확실히 다르다. 6장의 오병이어 기적 외에는 갈릴리 바다 주변에서 일어난 사건이 없다. 다만 갈릴리 산지의 가나 혼인 잔치, 왕의 신하 사건을 기록함으로써 공관복음에서 빠진 사건을 보충했다. 오병이어가 유월절 기간에 있었음을 기록한 요한은 공관복음의 3D에 시간 축을 더하여 4D를 완성시켰다.

2. 유대 사역 비교

지도를 비교하면서 예수님의 유대와 예루살렘 사역의 특징을 살펴보자. 복음서별로 강조하는 부분과 의미 등을 알아보자.

누가가 예수님의 유년기를 기록한 것을 제외하고는 마태-마가-누가는 예수님의 예루살렘 사역 중 공생애 마지막 9일에 집중하고 있다. 반면에 요한은 공생애 첫해부터 예수님이 예루살렘에서 얼마나 활발하게 활동하셨는지를 기록했다. 특히 명절 중심으로 기록했다.

네 복음서 모두가 동일하게 이야기한 것은, 예수님이 요단강 건너편 베레아에서 여리고로 오시고, 유대 광야를 지나 베다니를 거쳐 벳바게로 오셨다는 점이다. 마태만 베다니를 거쳐 온 것을 말하지 않았다. 요한은 아예 베다니에서 하룻밤을 지냈다고 소개한다. 특히 이날 예수님이 마리아에게 기름 부음을 받았다고 기록한다.

고난주간 여정을 예루살렘의 베다니에 도착한 유월절 엿새 전부터 부활의 날까지 일차를 계산하고, 그 날짜가 무슨 요일인가를 기록하여 각 복음서에 어떤 사건이 기록되었는지 비교해 보자.

일차	요일	사건	마태	마가	누가	요한	비고
1	토	향유 기름 부음	o	o	x	o	요한이 날짜를 밝혔다.
2	일	승리 입성	o	o	o	o	
3	월	성전 청결	o	o	o	△	요한은 초창기 청결 사건에 기록
4	화	성전 안에서 논쟁	o	o	o	x	
	화	감람산 심판	o	o	o	x	

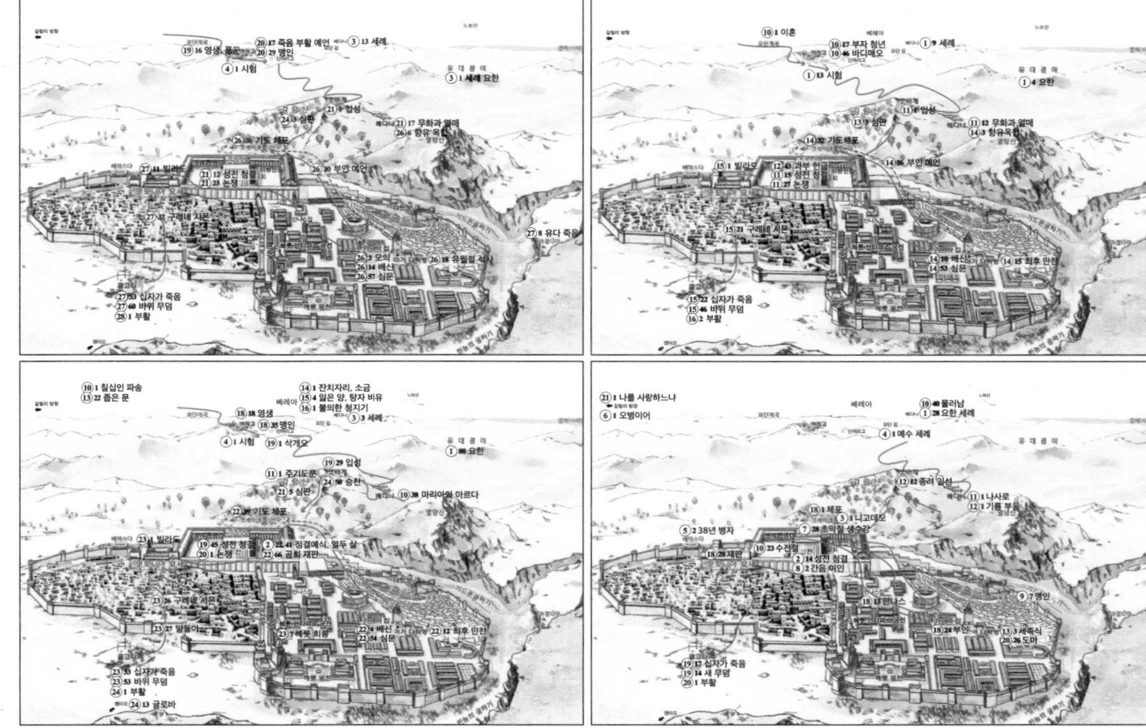

5	수	가룟 유다 배신	o	o	x	x	
6	목	최후의 만찬	o	o	o	o	
	목	겟세마네 기도	o	o	o	o	마태와 마가복음에서만 겟세마네라고 지칭, 요한은 기도하는 모습을 기록하지 않음
	목	안나스 집 심문	x	x	x	o	
	목	가야바 집 심문	o	o	o	o	
7	금	공회 재판	x	x	o	x	
	금	빌라도의 재판	o	o	o	o	
	금	헤롯의 희롱	x	x	o	x	
	금	십자가 죽음	o	o	o	o	

8	토	무덤에 계심	o	o	o	o	
9	일	부활	o	o	o	o	부활 후 누가는 엠마오 사건, 요한은 도마와 갈릴리 사건을 기록

위 표에서 보듯이, 누가는 절차를 중요시 여기는 경향을 보여 공회 소집이나 헤롯에게 갔다 온 기록을 말하고 있다. 반면에 요한은 의미를 더 강조해야 했던 예루살렘 입성과 십자가 죽음에서 부활까지 외에는 중복되는 것이 별로 없도록 대부분의 사건을 생략하고 마가 다락방에서 일어난 이야기를 가장 길게 언급하고 있다.

요한은 13장에서 17장에 걸쳐 예수님이 제자들의 발을 씻는 세족식과 새 계명, 길과 진리와 생명 되심, 보혜사 성령님, 포도나무와 가지, 대제사장적인 기도 등 긴 담화를 기록했다.

부활 후의 기록도 다양하다. 마태는 가룟 유다의 죽음이 아겔다마에서 있었으며 예수님이 제자들에게 갈릴리에서 사명을 주는 장면으로 끝맺고, 마가는 부활 소식을 듣고 여인들이 두려워하는 장면으로 끝을 맺으며, 누가는 엠마오로 가는 두 제자가 부활한 예수님을 만난 것과 예수님의 승천 사건으로 마무리하고, 요한은 의심 많은 도마에 이어 갈릴리로 제자들을 불러 베드로를 회복시키시는 일로 마무리한다.

이를 통해 각 복음서를 누가 쓰고, 누구를 대상으로 하였는지에 따라 그 초점과 마무리가 달라짐을 알 수 있다. 복음서 개관에서 복음서 저자들에 대한 소개를 다시 읽어 보라.

더 깊은 묵상

마리아의 기름 부음은 언제 일어난 사건인가?

베다니에서 마리아가 향유 옥합을 깨서 예수님께 부은 사건은 마태와 마가, 그리고 요한이 기록했다.

마태와 마가는 성전에서 논쟁이 있던 고난주간인 화요일 다음에 이 사건을 위치시킨다. 그러나 요한은 12장에서 이 사건이 유월절 엿새 전에 일어났으며 유월절은 금요일이니 토요일에 일어났음을 밝힌다.

왜 이렇게 다를까? 무엇이 옳을까? 마태와 마가의 기록 정황을 보면 그 답이 나온다. 앞의 지도를 보면 알 수 있듯이, 마태와 마가는 향유 옥합 사건 후에 가룟 유다가 배신하는 장면을 기록한다. 주제를 중요시했던 마태와 마가는 빈민촌으로 불리던 베다니에서 자신의 전 재산과 같은 300데나리온의 향유를 부은 여인과 은 30, 즉 120데나리온, 당시 노예의 몸값에 예수님을 팔아 버린 가룟 유다를 비교하고 있다.

두 복음서를 읽어 본 요한은 시간의 축을 바로 세우고자 마리아의 일은 유월절 엿새 전에 일어났으며, 이를 더 확실히 하고자 마태와 마가가 말한 한 여자는 마르다의 동생 마리아요, 그때 마리아를 비난했던 사람은 가룟 유다임을 밝힌다. 예수님에 대한 마리아의 섬김과 가룟 유다의 배신이 극명하게 비교된다.

이스라엘의 먹거리 1

갈릴리의 음식, 오병이어

현대 이스라엘의 먹거리는 중동에서 흔히 볼 수 있는 팔라펠(Falafel)과 샤와르마(Shawarma)다. 팔라펠은 후무스라는 병아리콩 또는 누에콩을 고수씨, 샐러리, 양파 등과 함께 으깨어 작고 동그랗게 뭉쳐서 튀긴 크로켓이다. 중동의 많은 지역에서 친숙한 음식이지만 특히 이스라엘의 대표 음식이다. 팔라펠은 피타 빵에 채소와 함께 넣어 먹는 것이고, 샤와르마는 각종 고기를 세로로 된 바비큐로 익힌 후 잘게 잘라 채소와 함께 피타 빵에 넣어 먹는 음식이다. 두 음식의 재료는 달라도 피타 빵에 넣어 먹는다는 점은 같다. 피타 빵은 우리가 일명 '공갈빵'이라 부르는 가운데가 빈 주머니 모양의 성인 손바닥만 한 둥근 빵이다. 이 빵은 고대로부터 내려오는 양식으로 분명히 오병이어 때도 이런 빵 5개가 동원되었을 것이다.

갈릴리에는 게네사렛과 아르벨산 위에 넓은 들판이 있어 밀 농사를 지을 수 있었다. 보리는 밀보다 못하여 야생으로도 많이 자라지만 수확량이 워낙 적어 들판이 있으면 주로 밀을 키운다. 갈릴리 바다는 당연히 물고기를 잡을 수 있는 환경이다. 유대 전체에서 율법에서 지정한 대로 비늘이 있고, 지느러미가 있는 물고기를 다량으로 얻을 수 있는 곳이다. 특히 갈릴리 바다 북쪽에서 고기가 많이 잡혀 대부분의 마을이 이곳에 집중되었다. 막달라는 생선 산업의 중심지 역할을 했고, 생선을 오랫동안 보존하기 위해 소금에 절였다. 염해에서 가져온 소금은 불순물이 많아 그냥 먹으면 탈이 나서 녹여 사용해야 했다. 마지막 남은 고체 소금은 주로 불순물이었기 때문에 버렸다.

예수님께 드린 피타 빵 다섯 개와 생선 두 마리는 그 양으로 볼 때, 한 가족의 한끼 음식이라고 보는 것이 낫다. 한 가족의 헌신으로 5천 가족이 먹은 셈이다. 지금도 빵과 물고기는 갈릴리 최고의 먹거리이자 순례자들의 먹거리로 맛으로나 그 의미로도 뛰어난 음식이다.

피타 빵
후무스
팔라펠

예루살렘의 음식, 올리브

피타 빵은 '빵집'이라는 의미가 있는 베들레헴과 예루살렘에서 소렉 골짜기로 내려가는 르바임 골짜기 같은 곳에서 생산된 밀과 보리로 만들었다. 그런데 유다 산지의 계단식 농지 어느 곳에나 심어 놓은 올리브(감람)나무를 보면 예루살렘의 최고 먹거리가 무엇인지 알 수 있다.

올리브는 올리브 기름으로 유명하다. 올리브를 망태기에 넣고 압력을 가하면 기름이 나오는데 처음 나오는 기름이 Virgin Oil(처녀유)로 의식용이나 식용으로 사용한다. 기름 외에도 우리나라 김치처럼 다양하게 발효시켜 먹는다. 장기간의 여행을 떠날 때, 특히 항해할 때 비타민 C를 섭취할 수 있는 유일한 음식이 올리브다. 고고학 발굴 현장에서 어김없이 발견되는 올리브 씨앗은 일상생활뿐 아니라 성벽을 쌓을 때, 전쟁할 때 전 국민의 음식으로 사용되었음을 알 수 있다.

올리브 기름 짜는 기구들

기름 짜는 틀(겟세마네)

쉐펠라의 음식, 포도

아얄론, 소렉, 엘라, 스바다, 라기스 골짜기가 있는 쉐펠라에는 포도원이 많다. 삼손이 소렉 골짜기 포도원에서 어린 사자를 만나 죽인 이야기에서 알 수 있듯, 소렉 골짜기의 소렉은 '극상품 포도'라는 뜻이 있고 포도원이 많았다. 쉐펠라 가장 남쪽에 라기스가 있다. 히스기야왕 때 앗수르의 산헤립이 이곳을 점령했는데, 그가 돌아간 후 자신의 궁전에 라기스 포도원을 그려 놓을 정도였다. 지금도 사방이 포도원으로 둘러싸인 라기스는 고대로부터 포도가 유명하다.

이스라엘은 여름 동안 비가 한 방울도 내리지 않아 포도의 당도가 엄청나게 높다. 그래서 이스라엘 포도는 유럽까지 최고가로 판매되고 있다. 너무 익거나 여분의 포도는 건포도로 만든다. 포도를 바위 위에 하루 이틀만 널어놓아도 강렬한 햇살에 바로 건포도가 되어 비상식량으로 사용할 수 있다.

유대인은 안식일과 명절 식사 때 반드시 포도주 한 잔을 한다. 그래서 포도를 재배하는 곳에는 반드시 포도주를 짜는 바위 틀이 있었다. 포도주 생산은 포도 농사의 주요 이유이기도 했다. 엘라 골짜기 엠마오 근처 라트룬 수도원은 극상품 포도주 재배지로도 유명하다.

포도주의 유혹이 심한 쉐펠라에서 삼손은 나실인이 되었다. 결국 그는 잔치를 벌이고 포도주를 마심으로써 나실의 법을 어겨 험한 말년을 보냈다. 포도주는 석회암이 많은 이스라엘 지역에서 필수적인 음료다. 강한 알카리성 석회수를 많이 마시게 되는 유대인에게 포도주의 알코올이 중화제가 되기 때문이다. 바울은 디모데에게 석회암으로 된 땅에서 나오는 물만 마시지 말고 포도주를 조금씩 마셔 자주 나는 위장병을 치료하라고 권했다(딤전 5:23).

라기스 전투 부조
산헤립 궁전에서 발견된 것으로 라기스 전투의 배경이 포도원이다.

유다 산지의 포도

포도주 짜는 틀

포도주 틀과 손잡이

MAPPING
BIBLE

PART 2 사도행전

chapter 1

사도행전 개관

승천 이후의 로마 정치 상황

사도행전부터 성경의 배경이 점차 확대된다. 예수님이 승천하시면서 예루살렘에서 유대, 사마리아, 땅 끝까지 복음을 전파하라고 명령하신 대로 복음의 지경이 확대된다. 배경이 확대될수록 자세한 역사와 정치 배경보다는 그 지역을 둘러싸고 있는 로마제국의 정치 변화를 알아 두는 것이 요긴하다.

먼저, 예루살렘과 유대는 여전히 로마가 임명한 총독과 자치정부 격인 분봉왕이 세 지역으로 나누어 통치했다. 갈릴리와 베레아는 헤롯 안티파스가, 북쪽 골란 고원 쪽은 헤롯 빌립이, 유대 산지와 사마리아는 행정장관에 해당하는 로마 총독이 통치했다. 이렇듯 헤롯 왕가는 예전의 명성만 못하지만 분봉왕으로서 위임 통치를 했다. 뒤를 이은 헤롯 아그립바 1세는 로마 황제와 좋은 관계를 가지면서 유대 전역을 통치하는 분봉왕이 되었다. 그러나 AD 44년 그가 벌레에게 먹혀 죽자(행 12:23), 모든 지역

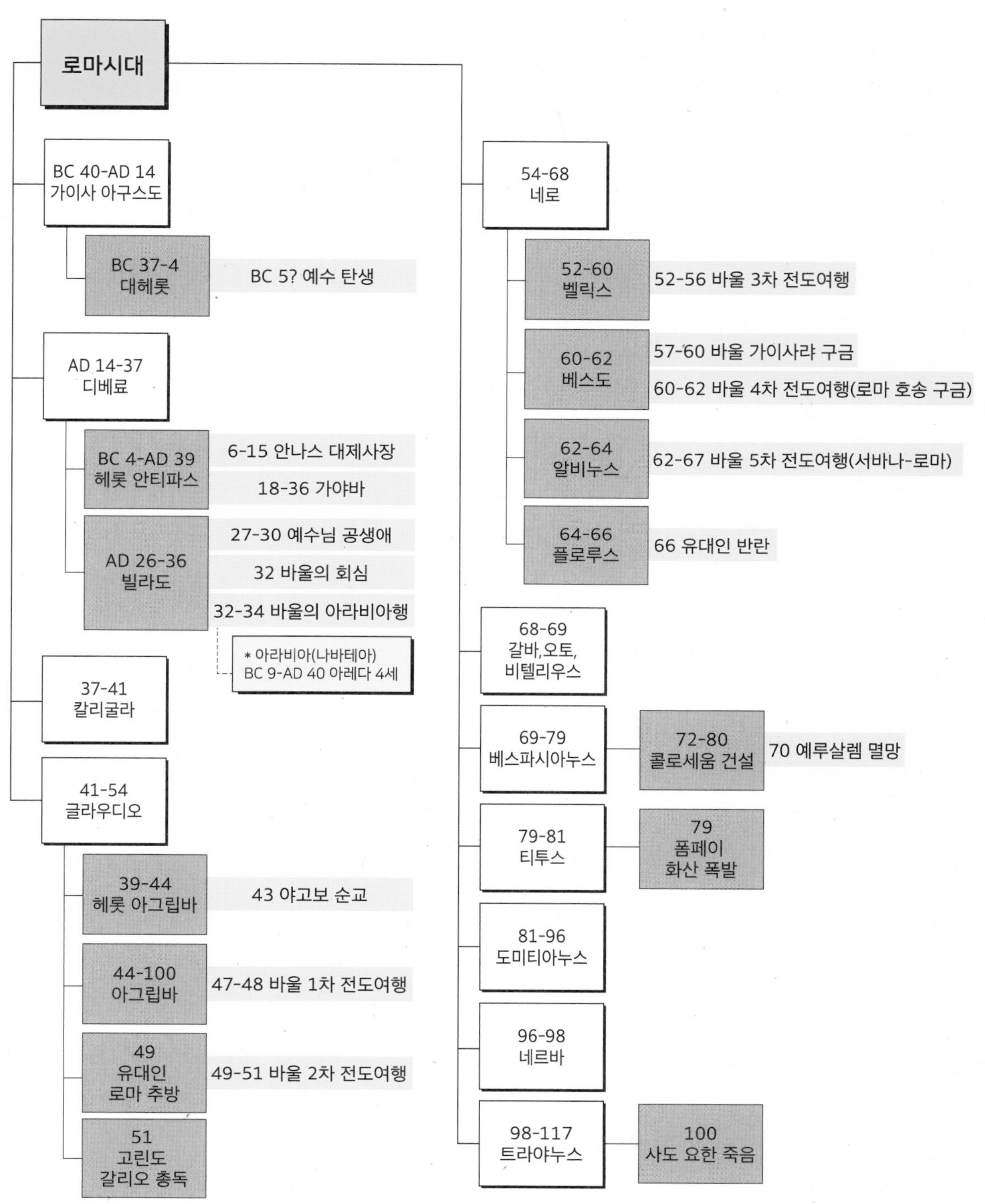
로마시대
BC 40-AD 14
가이사 아구스도
BC 37-4
대헤롯
BC 5? 예수 탄생
AD 14-37
디베료
BC 4-AD 39
헤롯 안티파스
6-15 안나스 대제사장
18-36 가야바
AD 26-36
빌라도
27-30 예수님 공생애
32 바울의 회심
32-34 바울의 아라비아행
* 아라비아(나바테아)
BC 9-AD 40 아레다 4세
37-41
칼리굴라
41-54
글라우디오
39-44
헤롯 아그립바
43 야고보 순교
44-100
아그립바
47-48 바울 1차 전도여행
49
유대인
로마 추방
49-51 바울 2차 전도여행
51
고린도
갈리오 총독
54-68
네로
52-60
벨릭스
52-56 바울 3차 전도여행
60-62
베스도
57-60 바울 가이사랴 구금
60-62 바울 4차 전도여행(로마 호송 구금)
62-64
알비누스
62-67 바울 5차 전도여행(서바나-로마)
64-66
플로루스
66 유대인 반란
68-69
갈바,오토,
비텔리우스
69-79
베스파시아누스
72-80
콜로세움 건설
70 예루살렘 멸망
79-81
티투스
79
폼페이
화산 폭발
81-96
도미티아누스
96-98
네르바
98-117
트라야누스
100
사도 요한 죽음

이 로마 총독권 아래 들어갔다.

성경 사건과 관련해 확실시되는 연대는 빌라도의 총독 기간인 AD 26~36년과 누가복음 3:1의 디베료 황제 15년인 AD 28년, 사도행전 12:20-23의 헤롯 아그립바가 충 먹어 죽은 AD 44년, 갈리오가 고린도 총독으로 부임한 AD 51년 봄(행 18:12-17) 등이 있지만 학자들에 따라 앞뒤로 1년 정도 차이가 난다.

사도행전의 지리적 구조

사도행전의 지리적 구조는 예수님이 승천하면서 주신 사도행전 1:8의 말씀에서 나타난다.

> 오직 성령이 너희에게 임하시면 너희가 권능을 받고 예루살렘과 온 유대와 사마리아와 땅끝까지 이르러 내 증인이 되리라 하시니라
>
> 행 1:8

사도들이 전한 복음은 먼저 예루살렘의 마가 다락방에서부터 시작되었다. 마가 다락방에 임한 성령 강림으로 자극을 받은 사도들은 예루살렘과 그 주변인 유대 지역에 복음을 전하고 다녔다. 그리고 유대인에게만 머물러 있던 복음은 스데반 순교를 계기로 사마리아 지역으로 확장된다. 이때 선봉장이 된 빌립 집사가 사마리아에 복음을 전하고 세례를 베풀자, 베드로와 요한이 안수를 주어 성령의 불씨를 일으킨다. 빌립이 전도해 개종한 에티오피아의 내시도 큰 틀에서는 사마리아인 범주에 든다고 할 수 있다. 이제 남은 땅 끝은 사람으로 생각하면 이방인을 지칭한다. 이방인 중에는 가이사랴의 고넬료가 베드로를 초청하여 말씀을 들을 때 처음으로 성령을 받았다. 땅 끝이 시작된 것이다.

그리고 그 불씨를 확장한 사람은 사도 바울이다. 그는 안디옥 교회를

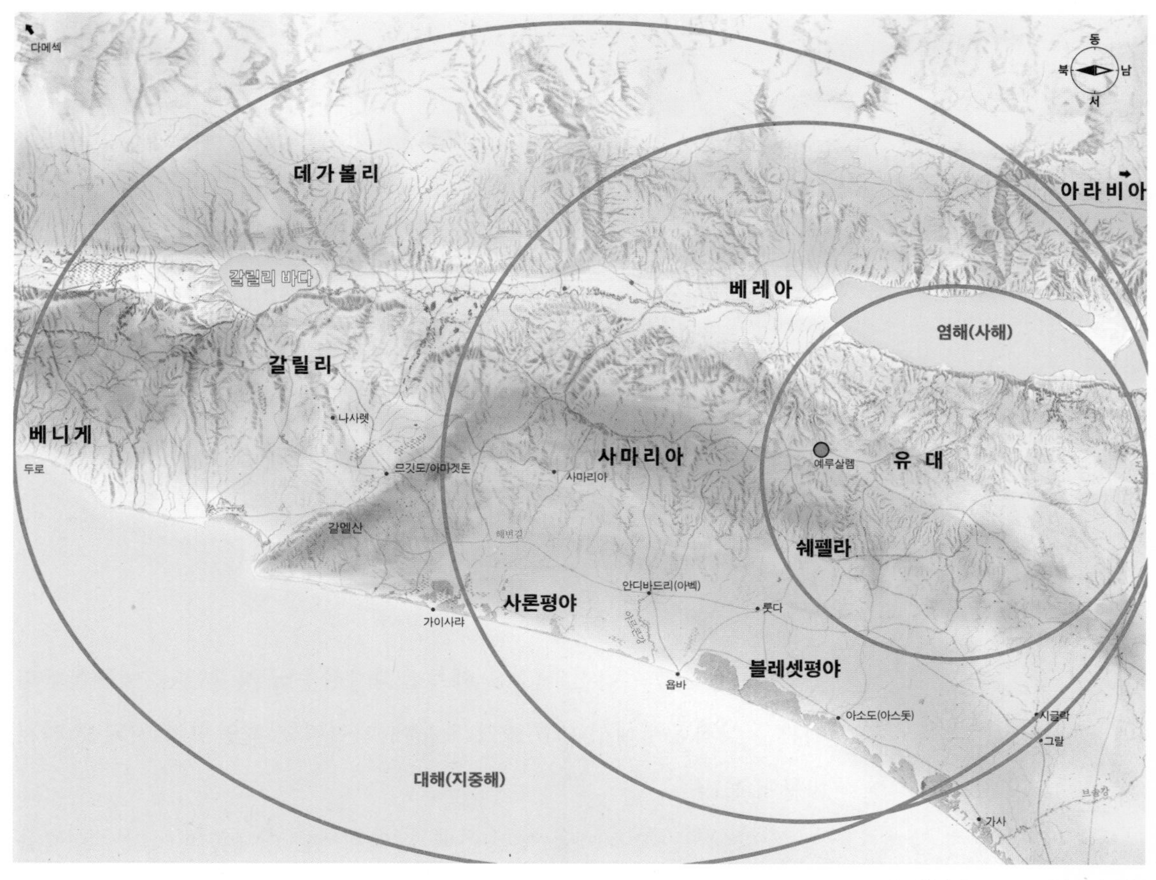

사도행전의 구조는 성령님이 임한 순서대로 확장된다.

부흥시키고 전도여행을 통해 아시아, 유럽으로 복음을 들고 나갔다. 한때 예루살렘에 억류되기도 했으나 죄인의 신분으로 로마로 압송돼 그곳에서 로마는 물론 서바나(스페인)까지 복음을 전했다.

사도행전 28장 중 12장까지의 배경은 이스라엘 땅을 벗어나지 않는다. 예수님이 사역하던 예루살렘을 중심으로 예루살렘 교회의 역사를 기록하고 있다. 이어서 복음은 엠마오 제자들이 가던 방향인 서쪽을 향한다. 말씀의 배경이 예루살렘의 서북쪽 사마리아 도시와 서쪽 룻다, 항구도시인 욥바와 가이사랴로 향하는 것이다. 장별로 요약하면 다음과 같다.

1-7장: 예루살렘에 초점을 맞춘다. 복음의 대상이 유대인이다.

8장: 사마리아인과 유대교로 개종한 이방인도 포함한다.

9-28장: 땅끝에 사는 이방인에게 복음이 전해지고 확장된다.

예루살렘 마가의 다락방에서 시작된 성령 사역이 사마리아와 가이사랴의 고넬료 집을 징검다리 삼아 세계로 향하고 있다. 1-12장까지 예루살렘 중심이던 복음은 안디옥으로 넘어가고 안디옥 교회가 주도한 선교는 전도여행을 따라 갈라디아, 그리스, 아시아를 거쳐 로마로 퍼져 나간다. 지도를 보면 복음은 안디옥부터 서진한다. 사도행전은 '이미' 완성된 행전이지만 우리가 나머지를 이루어야 하는 '아직'의 책이다.

해안평야

사도행전의 지리적 배경은 예루살렘에서부터 시작한다. 예루살렘의 개관은 사복음서에서 다루었기 때문에 이어지는 해안평야 지역을 먼저 다루어 보자.

구약에서는 언약궤를 빼긴 아벡, 신약에서는 대헤롯의 아버지 이름을 따라 부른 안디바드리의 남쪽을 블레셋평야라 부르고, 북쪽 갈멜산까지를 사론평야라고 부른다.

1 블 레 셋 평 야

블레셋 평야는 신약에 한 번도 언급된 적이 없지만 블레셋(팔레스타인) 사람들이 거주하였다고 하여 일반적으로 블레셋 평야라고 부른다. 넓이는 65x25km, 경계는 북쪽 야르콘강에서 남쪽 브솔강, 동서는 쉐펠라에서 지중해까지다. 지질은 충적토로 이루어져 있으며 사론평야보다 배수가 잘되어 늪지대가 없다. 우리나라 제주도처럼 해안가에서 샘이 솟아 나와 가사, 아스글론, 아스돗, 욥바 등의 해변 도시가 발달했다. 연간 강우량은 250~500mm이지만 유다 산지에서 내린 빗물이 스며들어 해안가에서 솟아 나와 우물물로 살아갈 수 있었다. 대부분의 해안이 완만한 백사장으로 되어 있어 큰 선박이 육지에 닿기 위한 항구가 되기는 힘들다.

그래서 BC 12세기경, 구(舊)블레셋이 있던 곳에 해양 민족이던 신(新)블레셋이 들어올 때 항구로 오지 않고 이집트 쪽을 공격한 뒤 해안을 따라 올라와 정착했다. 신블레셋이 가져온 발전된 철기문화로 블레셋은 정착한 지 얼마 안 된 청동기 문명의 이스라엘을 수백 년 동안 괴롭혔다. 이 역사를 아는 로마의 하드리안 황제는 유대 바르코크바 반란을 진압한 후 AD 135년, 당시 블레셋 민족은 없었는데도 유대를 팔레스타인(블레셋)이라 칭했다. 이 명칭이 2천 년이 지난 지금까지 유대의 공식 명칭이 되었다.

2 사 론 평 야

사론평야는 사론의 백합으로 유명하다. 그 이유는 흰색 백합은 건조한 다른 이스라엘 지역에서 자라기 힘든데 늪지대로 이루어진 사론평야에서는 자주 볼 수 있었기 때문이다. 사론의 어원은 히브리어로 '앞으로, 바른(right)'의 의미를 가진 '야샤르'로 사론은 '평지'를 의미하는 듯하다. 이름처럼 지형이 남쪽 야르콘강에서 북쪽 갈멜산 근처 악어강까지, 서쪽은 지중해에서 동쪽 사마리아 산지까지 50x16km에 이르는 지역이 평평하게 펼쳐져 있다. 위치상으로는 주로 사마리아 산지 서쪽을 말하며, 남

블레셋평야의 아스글론
블레셋은 물이 솟아 나오는 해안가에 자리 잡았지만 항구로는 적합하지 않았다.

북으로 길게 늘어진 세 개의 사암 능선은 습지를 만들어 물이 바다로 빠지지 못하게 하는 까닭에 늪지대가 형성되어 있다. 이런 지형적인 특성 때문에 사론평야 가운데는 마을이 자리 잡지 못하고 사마리아 산지 쪽으로 해변길이 지나고, 해변 쪽으로는 조그만 항구들이 자리 잡았다.

대헤롯은 상대적으로 사람들이 적게 사는 작은 항구를 12년간 인공적인 거대한 항구로 만들어 로마제국과 교통할 수 있게 한 뒤 황제의 명칭을 따라 가이사랴 항구라 칭했다. 후에 이곳은 로마 총독이 머무는 행정 중심지가 되었으며, 그리스도인들에게는 복음이 로마제국과 땅끝까지 나가는 교두보가 되었다.

해안평야의 도로는 갈멜산을 넘어온 북쪽의 도로가 사마리아 산지 쪽에 붙어 남쪽으로 향하다 안디바드리(아벡)에서 갈라져 하나는 욥바 쪽으로 가다 해안을 따라 애굽까지 향하고, 다른 하나는 내륙 쪽으로 붙어 게셀과 에그론-가드를 지나 애굽으로 향한다. 주로 블레셋 도시를 지나는데 고대 블레셋이 해변길을 따라 번영을 꾀했음을 알 수 있다. 빌립이 전도한 아소도(행 8:40)는 구약의 아스돗으로 아벡에서 빼앗긴 언약궤가 잠시 머물던 곳이다. 빌립은 해변길을 따라 전도했고, 베드로도 해변길이던 욥바에서 가이사랴까지 전도했다.

사론평야의 가이사랴나 돌 해안은 모래로 된 사암 지대가 있어, 배가 정박하기 좋은 조건을 만들었다.

chapter 2

사도행전의 주요 무대

1. 1차 전도여행지, 갈라디아

사도 바울의 1차 전도여행에서 중점 지역은 갈라디아 지방이다. 원래 구브로 섬으로 출발했지만 내륙 깊은 갈라디아 지역인 비시디아 안디옥에서 복음의 문이 열리기 시작했다. 이어지는 이고니온, 루스드라, 더베도 갈라디아 지역이다. 갈라디아에 사는 민족을 로마인이 골(Gaul)족이라고 불러 지역 이름이 갈라디아(Galatia)가 되었다. 때로 지리적으로 소아시아의 중앙 고원 북부 지방을 지칭하지만, 정치적으로 로마제국의 통치를 받은 비시디아, 브루기아, 루가오니아, 갑바도기아 등을 포함하는 남쪽 내륙 영토를 말하기도 한다. 갈라디아로 들어올 때 로마가 산적 소탕 작전을 위해 만들어 놓은 세바스테 길(via Sebaste)이 요긴하게 사용되었다. 이 길은 지중해변에서 남갈라디아를 이어 주는 도로다(행 13:14).

BC 25년 갈라디아주를 만든 로마는 밤빌리아와 비시디아 사이의 토루스산맥(Taurus Mountains)이 높고 험해서 도적들이 계속 출현하자 이를

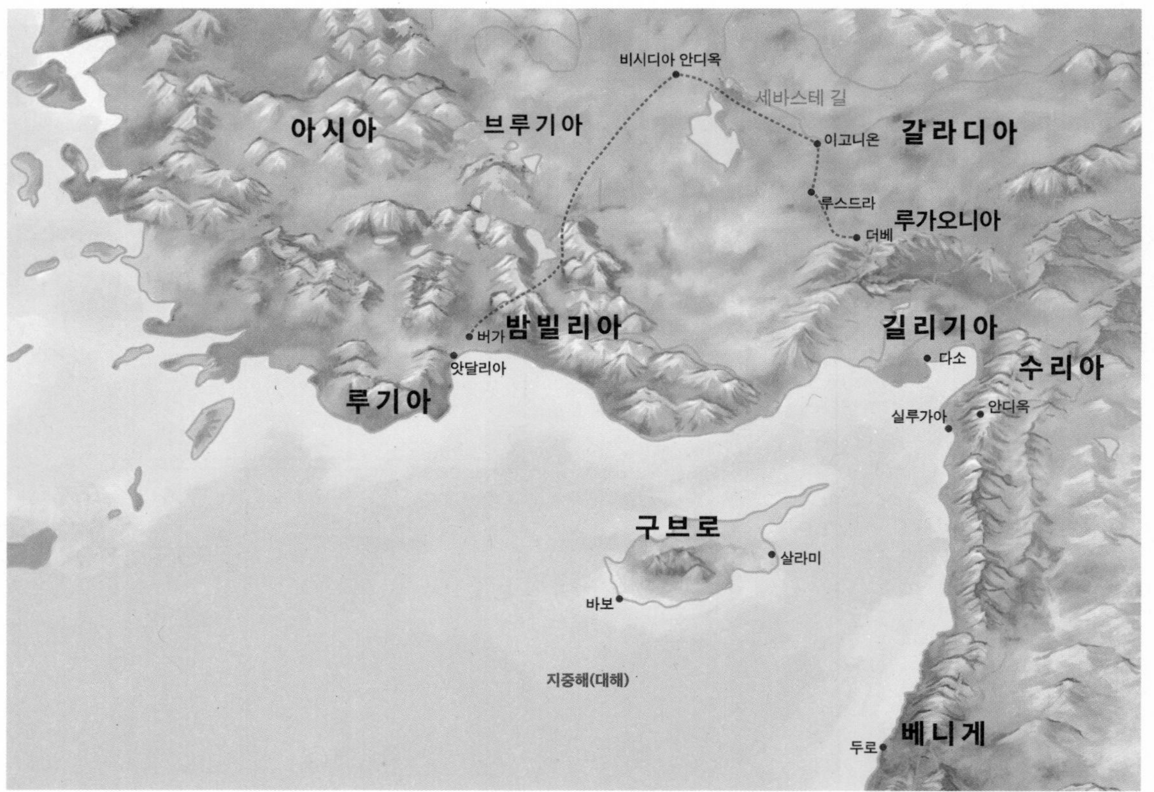

1차 전도여행지

격퇴하기 위해 세바스테 길을 건설했다. 바울 일행이 해안에 있는 밤빌리아 버가에서 올라와 처음 만난 비시디아 안디옥은 로마 시민권을 가진 퇴역군인들이 거주하는 로마 식민지로 그들은 이 길을 관리하고 통제하는 역할을 했을 것이다. 이 길 덕분에 로마는 BC 3년 산적을 소탕할 수 있었으나 여전히 남아 있던 잔당이 바울 시대까지 강도짓을 했다. 이로 인해 바울은 수시로 강도의 위협에 노출되었다(고후 11:26).

> 여러 번 여행하면서 강의 위험과 강도의 위험과… 고후 11:26

풍요로운 고원지대, 이고니온

비시디아 안디옥의 부흥은 바로 박해를 가져왔다. 바울 일행은 박해를 피해 이고니온으로 이동했다. 이후 박해는 성령의 인도함과도 같았다. 피신한 이고니온에서 다시 더 큰 교회가 세워졌기 때문이다. 헬라어 Eikon(이미지)에서 유래한 이고니온을 발굴한 람세이는 이고니온을 소아시아의 다메섹이라고 불렀다. 왜냐하면, 이곳은 다메섹처럼 물이 풍부하고 기후가 온화하며 초목이 무성하고 크게 번영을 누렸기 때문이다.

비시디아 안디옥에서 동쪽으로 125km에 위치한 이고니온은 고대 루가오니아의 수도다. 남갈라디아 한복판에 있는 이 도시의 남서쪽은 비옥한 평야가 있고 북쪽과 동쪽에는 높은 산들이 솟아 있다. 비옥한 땅은 곡물과 과일 산출의 중심지가 되게 했고, 수리아에서 에베소와 로마로 통하는 대로 때문에 교통의 요지가 되었다. 현재는 코냐(Konya)라고 부르는 이고니온은 이 같은 중요성 때문에 지금도 크게 번성하고 있다. 도시화와 이슬람화 때문에 교회 흔적을 찾기 힘들지만, 이고니온의 근교, 실레라는 곳에 헬레나 교회가 복원되어 기독교 신앙의 뿌리를 알게 해준다. 콘스탄틴 대제의 어머니 헬레나가 예루살렘 순례길에 들러 이곳에 교회를 세웠다. 그녀의 아름다운 마음이 땅에 전달되었을까, 교회 앞에 흐르는 평온하고 아름다운 냇가가 사람들을 쉼의 자리로, 충전의 자리로 인도한다.

디모데의 고향, 루스드라

바울은 이고니온에서도 박해를 받자, 35km 떨어진 루스드라로 피신했다. 바울 일행은 당시 브루기아에 속했던 이고니온에서 루가오니아인

이고니온 실레의 헬레나 기념교회

루스드라 지역 주거지

의 루스드라로 피신해 지방 경계를 넘었기 때문에 안전을 확보했으리라 본다. 바울은 이곳에서 나면서부터 걸어 본 적이 없는 자를 일으켜 걷게 하는 기적을 행하였다. 그러나 그 대가는 참혹했다.

갈라디아의 두 교회가 세워졌던 비시디아 안디옥과 이고니온에서 원정 박해단이 따라와 예전에 바울이 했던 그 일을 바울에게 하려 했다. 그들은 루스드라에서 바울을 돌로 쳐 죽이려고 했다. 바울은 돌에 맞으면서 자기가 돌 던져 죽였던 스데반을 생각했을 것이다. 그러나 이때 디모데는 바울의 복음의 열정에 매료되어 그의 제자가 되었다(딤후 3:11). 기적보다 고난을 통해 사람을 얻는다.

더 깊은 묵상

다니엘서의 큰 신상 환상과 복음

바울은 하나님이 미리 준비해 두신 문화와 도로를 따라 복음을 전했다. 느브갓네살왕이 보았던 큰 신상은 바로 이때를 위해 준비한 환상이었다. 큰 우상의 순금 머리는 바벨론이고, 은으로 된 가슴과 팔은 바사, 놋으로 된 배와 넓적다리는 헬라, 쇠 종아리는 로마였다. 그런데 손대지 않은 돌이 이 신상을 쳐서 부서뜨렸다(단 2:32-35). 사실상 바벨론부터 로마까지 복음을 위한 중요한 일들이 준비됐다.

갈라디아 전도는 그 준비하에 이루어진 하나님의 일이었다. 바벨론 포로 시기에 흩어진 유대인들로 인해 생긴 회당은 복음의 징검다리 역할을 했다. 바사(페르시아)의 고레스는 종교의 자유를 선포했고, 그 전통이 헬라와 로마로 이어진 덕에 종교적 발언이 자유로웠다. 헬라의 알렉산더는 점령지에 토론할 수 있는 아고라와 연극장을 만들어 복음 전파의 장을 마련했고, 헬라어가 지중해 주변 지역의 공용어가 되게 해 어디를 가든지 한 언어로 복음을 전할 수 있게 되었다. 또한, 히브리어 성경이 헬라어로 번역되어 이방인들도 성경을 들을 수 있게 되었다. 로마는 법령을 제정하고 도로를 닦았는데 특히, 아구스도(옥타비아누스) 황제가 버가에서 비시디아 안디옥에 이르는 산길에 이어 이고니온과 더베에 이르는 '비아 세바스테'(Via Sebaste) 길을 닦아 놓았다. 이 도로를 따라 바울 일행은 갈라디아를 선교할 수 있었다. 그러나 이단들도 복음이 전파된 길을 따라 들어왔다. 이에 바울은 바이러스처럼 들어온 거짓 교사를 대적하기 위해 편지를 보냈고, 2차와 3차 전도여행 중에 다시 심방해 갈라디아 지역을 든든히 세웠다.

2. 2차 전도여행지, 그리스

2차 전도여행의 중점 지역은 마게도냐와 아가야를 통칭하는 현대 그리스 지역이다. 이번에도 바울은 갈라디아에 이어 서남쪽에 위치한 아시아를 전도하려 하였으나 예수의 영이 바다 넘어 마게도냐로 인도했다. 로마는 BC 146년에 그리스를 정복했고, 아구스도가 BC 31년 악티움 전투에서 안토니우스를 이기고 전체 로마제국을 손에 넣은 뒤 BC 27년에 그리스의 북은 마게도냐, 남은 아가야로 구분했다.

마게도냐는 그리스의 북쪽에 위치하며, 현재는 크기가 그리스의 데살로니가 지방과 마게도냐 왕국을 포함한 약 6만 6천 km^2로 지형은 거의 구릉이나 산악이다. 구약에는 '야반'(Javan)으로 불렸고 신약 때 '마게도냐'로 불렸다. 고도시는 빌립보이고 그 위성항구는 네압볼리다. 신도시이자 총독이 머문 곳은 알렉산더의 누이 이름을 따라 명명한 데살로니가다. 이 두 도시는 에그나티아 길로 이어진다.

2차 전도여행지

그리스의 남부는 형제라는 뜻을 가진 '아가야' 혹은 '헬라'라고 불렸는데 그리스의 전설적 영웅 헬렌이 건설한 도시에 사는 사람을 헬레네스라고 칭한 데서 유래한다. 즉 헬라는 '그리스인이 사는 곳'이라는 뜻이다. 아가야는 백두대간처럼 핀두스산맥이 남북으로 뻗어 있으면서 동서로 갈라져 나오는 많은 산지를 품은 본토와 본토의 1/3 정도 크기인 펠로폰네소스반도로 이루어졌다. 대륙과 펠로폰네소스반도를 잇는 지점에 특별한 도로를 놓아 로마에서 아시아로 가는 방향의 무역을 연결했고, 고린도가 이 지역을 관장하여 큰 부를 누렸다. 현대에 와서 고린도 운하를 건설했다.

에그나티아 길

BC 146년에 로마가 마게도냐를 정복한 뒤 로마와 소아시아를 잇는 에

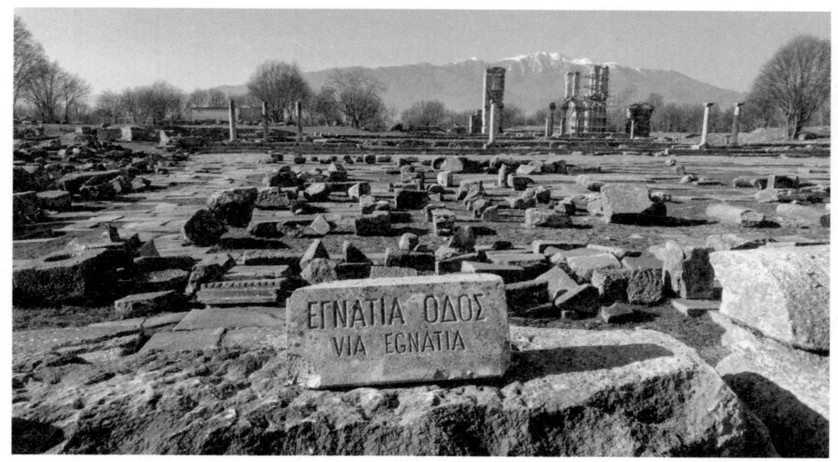

빌립보에 있는 에그나티아 길
비아 에그나티아는 현 이스탄불에서 그리스 북부인 마게도냐를 관통하여 디르하키음으로 이어져 로마로 연결하는 도로로 사도 바울이 2차 전도 여행 중 사용하기도 했다.

그나티아 길(Via Egnatian)을 건설했다. 이 도로는 동쪽 비잔티움에서 출발하여 네압볼리, 빌립보, 아볼로니아, 에게해 항구인 데살로니가와 베뢰아 근처를 지나 아드리아해의 디르하키움까지 이어진다. 빌립보에는 아직도 이 길이 남아 있고 이 길을 따라 사도 바울의 2차 전도여행 일부가 이루어졌다.

고린도(Corinth)

고린도는 고린도 지협의 바로 외곽에 자리 잡고 있어서 여행자들과 상인들의 교차로였다. 고린도에는 두 개의 항구가 있는데, 하나는 겐그레아로 사로니코스만(Saronic Gulf) 동쪽으로 고린도에서 7.2km 떨어진 곳에 있고, 다른 하나는 레기움으로 2.4km 떨어진 고린도만에 위치한다. 사람들은 두 항구를 이용했을지 모르지만, 각지에서 짐을 실은 선박들은 이스트미아 협곡의 디올코스(Diolkos) 지협을 드나들었는데, 현재는 고린도 운하가 위치한다.

이 운하는 로마로 향하는 이오니아해와 아시아를 향하는 에게해를 이어 주는 바닷길이다. 로마에서 아시아로 항해할 때 바다로만 가려면 펠로폰네소스반도를 둘러 가면 되지만 가는 길에 험한 해협들을 지나기 때

고린도 운하는 아시아와 로마를 이어 주는 수로다. 로마시대에는 운하가 없어서 5.8km의 육지에 하선하여 육로로 짐을 옮겨야 했다.

문에 위험하다. 반면에 고린도로 가면 잔잔한 바다와 빠른 길이 보장된다. 다만 고린도에서 5.8km의 육지를 만난다. 고대에는 운하가 없었기에 육지에 하선하여 걸어가거나 화물을 육로로 이동해야 했지만, 이 방법이 더 안전하고 빨랐기에 고린도는 무역의 중심지가 되었다. 고린도의 지리적인 면이 바울의 선교를 수리아의 안디옥에서 아시아의 에베소, 아가야의 고린도, 그리고 로마로 잇는 세계 선교로 완성시켜 주었다. 고린도 운하 위 교량에 오르면 이오니아해와 에게해를 이어 주는 운하가 시원하게 보이면서 복음의 물길이 뚫린 듯이 보인다. 고린도 운하가 위치한 이스트미아 협곡에서는 무역뿐 아니라 2년에 한 번씩 체육대회가 열리기도 했다.

고린도 운하에서 11km를 서쪽으로 향하면 고대 고린도가 나온다. 로마는 BC 196년에 고린도를 정복했다. 그러나 BC 146년에 로마에 대항했다가 멸망당해 폐허가 되고 말았다. 그러다 고린도의 중요성을 알았던 카이사르(가이사)가 BC 46년에 도시를 재건하고 로마에서 자유민이 된 사람들을 이주시켰다. 지리적인 이점 때문에 무역으로 번창하던 고린도는 BC 27년에 아가야 지방의 행정수도가 되었다. 바울이 방문한 당시의 고린도 인구는 20만 명이 넘어 아테네보다 훨씬 컸을 것으로 추정된다.

1 음란한 고린도 문화

로마제국의 중요한 교량 역할을 한 항구도시 고린도는 부유했지만 음란한 문화가 넘치던 곳이었다. 고린도에 들어서면 아고라 뒤에 보이는 높은 산, 아크로폴리스가 눈에 들어온다. 이곳에서 로마에서는 비너스 신이라 불리는 아프로디테를 섬겼다. 수천 명의 신녀들이 고린도 남자들을 유혹해 신전으로 끌어들인 후 음란한 예식을 행하고 제사를 지냈다. 고린도가 얼마나 음란했던지 아테네 사람들은 '고린도 사람 같은 놈'이라는 용어를 음란한 사람으로 사용할 정도였다. 바울이 고린도전서를 기록할 때 이 음란한 문화에 대하여 경고하며, 우리 몸이 '성령의 전'임을 인식시키면서 성전 된 몸을 거룩하게 유지할 것을 호소했다.

고린도 유적에 들어서면 왼쪽에 고린도 문화를 볼 수 있는 박물관이 있다. 눈뜨고 보기엔 민망한 그림과 조각이 많지만, 유대인의 회당이라고 쓴 글과 성전 촛대 모양인 메노라 문양 기둥이 바울이 방문한 회당을 연상하기에 충분하다. 현재 전시된 청동거울은 닦아 주지 않아 거울 역할을 전혀 못 하지만, 아무리 닦아도 희미한 청동거울은 '우리가 거울로 보는 것같이 희미하나'(고전 13:12)라는 구절을 생각나게 한다.

고린도 박물관의 유대인 회당 흔적
비문에 새겨진 '시나고게 히브리'는 유대인 회당을 의미한다. 아래 성전 촛대인 메노라는 유대인 공동체가 있었음을 말해 준다.

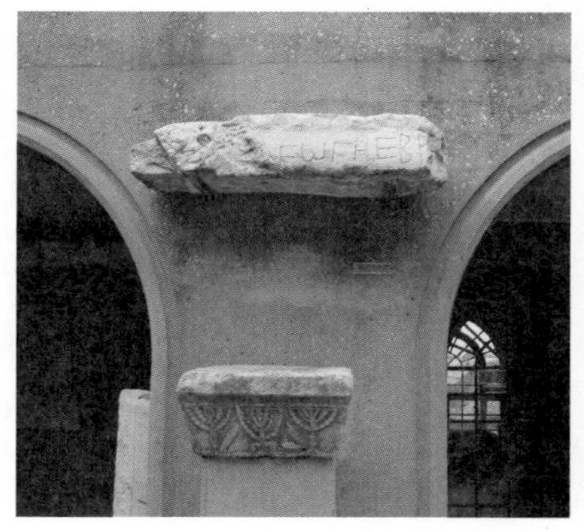

고린도를 중심으로 로마로 가는 레기움 항구 길과 높은 산, 아크로폴리스가 보인다. 이 길 좌우에서 바울과 아굴라는 천막 만드는 일을 했을 것이다.

바울이 갈리오 총독에게 재판 받았던
베마라 불리는 아고라의 재판정

고린도 극장 앞 광장에 새겨진 글자
ERASUS는 로마서 16:23의 '이 성의 재무관 에라스도'를 연상하게 한다.

2 세계 선교의 다리가 된 고린도 교회

박물관을 지나면 아고라가 나오고 그 앞에 베마라 불리는 높은 강단이 나온다. 로마 총독이 재판했던 곳으로 바울은 유대인에게 끌려가 세네카(로마의 철학자)의 형제인 갈리오 총독에게 재판을 받았다. 그러나 이 사건이 전화위복이 되어 바울이 복음을 전하는 정당성을 인정받는다. 주님이 그에게 보여 주신 환상처럼 그를 해할 사람이 없었다.

아고라의 서쪽 부근에는 사람들이 달리기할 때 출발지로 사용한 두 발을 놓는 홈이 지금도 선명하게 남아 있다. "나는 달음질하기를 향방 없는 것같이 아니하고"(고전 9:26)라는 말씀은 이곳에서 일어난 달리기를 보면서 기록한 것이 아닐까. 북쪽 바다로 향하는 넓은 길 좌우에는 많은 상점이 보인다. 심지어 공중 수세식 화장실도 있다. 이런 상점 중 하나에서 바울이 아굴라와 브리스길라 부부와 함께 천막 만드는 일을 하면서 선교했으리라.

아고라를 나와 원형극장이 있던 곳으로 내려가 보면 돌로 깔아 놓은 광장 한 곳에 '에라스도'라는 선명한 글자가 써 있다. 사도 바울은 고린도에서 로마서를 쓰면서 "이 성의 재무관 에라스도에게 문안하느니라"(롬 16:23)라며 에라스도를 언급했다. 그때 그 이름이 지금도 이렇게 선명하게 우리에게 전해지고 있다.

아덴(Athens, 아테네)

에게해의 지류 사로니코스만에 위치한 아덴은 피레아 항구에서 약 8km 떨어진 내륙 도시다. 북쪽으로는 파르네스산, 동쪽으로는 펜텔리쿠스산, 남동쪽으로는 히메토스산이 둘러싸고 있는 좁은 평지에 자리 잡은 이 도시는 아티카의 영웅 테세우스에 의해 건설되었으며 아테네 여신을 기념하기 위해 '아덴'이라는 이름이 붙었다. BC 490년 바사왕 다리오(다리우스)와의 마라톤 전투를 이기고 한참 고무된 아테네는 마라톤 경기가 생길 정도로 번성했다. 이후 BC 480년 아하수에로(크세르크세스) 전쟁 때 정복되었으나 페리클레스(BC 495-429)에 의해 전성기를 맞아 파르테논 신전을 비롯해 수많은 사원과 건축물이 건축되었다. 아울러 문학, 철학, 과학, 수사학 등이 꽃을 피웠으며 민주주의의 기초가 세워지기도 했다. 펠로폰네소스 전쟁(BC 431~404) 이후 도시가 쇠락해 갔으나 문학적, 역사적 명성만큼은 수세기 동안 지속되었다. 바울이 아덴을 방문했을 때는 이미 찬란하던 옛 영광이 빛바랜 뒤였다. 하지만 도시민들의 자부심만큼은 여전했다.

아크로폴리스에서 본 아레오바고 언덕
사도 바울은 이 바위 위에서 복음을 증거했다.

더 깊은 묵상

바울의 의분

당시 법정이던 아레오바고 언덕에 서면 지식의 최고봉인 헬라 철학이 만들어진 아테네 아고라가 보이고 눈을 들어 보면 유네스코 보물 1호가 있는 아테네 아크로폴리스가 보인다. 당시 5만 개 정도의 우상은 바울을 의분케 했다. 그는 아크로폴리스에 있는 거대하고 화려한 아테나 신전이나 파르테논 신전 등에 주눅 들지 않았다. 아고라 주변의 헤파이토스 신전 같은 여러 신전을 보고 작아진 것이 아니라 오히려 의분했다.

나는 세상에 주눅 들지 않고 주님이 성전청결 때 가졌던 그 마음처럼 의분할 수 있을까? 바울은 어떤 철학보다 뛰어난 생명의 말씀, 진리의 복음을 이곳에서 전했다. 하나님이 어떤 분이신지 그리고 예수님이 누구신지를 알렸다. 처음 듣는 복음에 그들은 바로 반응하지 못했지만 예수님이 고향을 지속적으로 방문하여 복음화하였듯이 후에 아테네도 복음화되었다. 예수님을 아는 지식이 최고봉이요, 주님만이 전능자임을 증명했다.

아테네 아크로폴리스의 파르테논 신전
아테네의 수많은 신전은 바울을 의분에 가득 차게 했다.

아크로폴리스에서 바라본 아테네 항구 피라에우스 항구와 바다

3. 3차 전도여행지, 아시아

3차 전도여행의 중심지는 에베소다. 아시아 지역의 중심 도시인 에베소는 아시아 지역 전도의 출발점이 되었다. 아시아는 후에 아시아 대륙의 이름이 되었기에 고대 아시아를 포함한 지역을 현대에는 소아시아라고 부른다. 성경의 아시아 지역은 현 터키 지역의 남서쪽 1/3 지역을 지칭한다. 아시아는 갈라디아의 남쪽이자 지중해변에 위치한다. 아시아 대륙의 서쪽 종착지다.

주요 도로는 해변 쪽으로 흘러내리는 헤르무스강 서북쪽으로 형성된 계곡을 따라 나 있고, 이 도로상에 히에라볼리, 라오디게아, 골로새, 빌라델비아, 사데 등이 위치한다. 사데에서 서쪽으로 난 계곡을 따라가면 서머나 항구가 나오고 북서쪽으로 향하면 두아디라와 버가모가 나온다. 헤르무스강 줄기가 서쪽으로 흘러 만든 강이 메안더강인데 이 강 끝에 밀

3차 전도여행지

레도가 위치한다. 밀레도의 북쪽에 있는 에베소는 카이스터강 하구에 위치한다. 아시아는 해안에서 내륙으로 흘러 들어간 헬라 문명에 이어 로마 문명의 경계 지점이라고 할 수 있다.

에베소(Ephesus)

에베소에는 두 개의 에베소가 있다. 첫 번째는 피온산과 파나질산 사이의 계곡을 따라 형성된 바울 시대의 에베소이고[바울의 에베소], 다음은 요한 교회가 있는 아야솔루크산 에베소가 있다[요한의 에베소]. 항구였던 에베소로 향하는 카이스터강의 토사로 항구가 마비되고 늪지대로 변해 버렸다. 거기다 습지로 인해 말라리아 질병이 창궐하여 현대까지 버려진 도시였다.

1 요한의 에베소

사도 요한과 마리아는 이곳에서 말년을 보냈다. 바울이 로마에서 순교하자 사도 요한은 그를 대신하여 에베소의 지도자가 되었고, 주변을 다니며 선교하다가 박해 받아 밧모섬으로 유배되어 요한계시록을 썼다. 로마 황제 도미티안이 암살되자 요한도 유배에서 풀려나 에베소로 돌아와 요한복음을 썼다. 요한은 자신의 뜻에 따라 에베소에 묻혔으며, 비잔틴 시대에 그의 무덤이 있는 자리에 '사도 요한 교회'가 세워졌다.

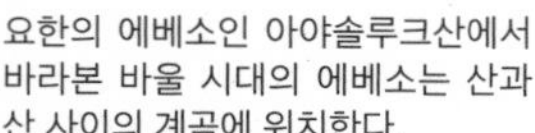

요한의 에베소인 아야솔루크산에서 바라본 바울 시대의 에베소는 산과 산 사이의 계곡에 위치한다.

요한이 머물렀던 에베소에는 요한의 네 번째 복음서를 기념해 기둥을 네 개씩 쌍을 이루어 만들었다.

❷ 바울의 에베소

버려졌다가 다시 발굴된 바울의 에베소는 성경의 유적 중 가장 웅장하고 많이 보존되어 있어서 밟는 곳마다 2천 년 전으로 돌아간 것 같은 느낌이 든다. 바울이 걸었을 도로와 그가 말씀을 전했을 원형극장 그리고 곳곳의 만남의 장소, 당시 음란한 문화까지도 고스란히 남아 있다.

❸ 두란노 서원의 부흥운동

내리막길에서 지형상 우회전하는 길에서 큰 셀수스 도서관을 만난다. 에베소에서 발견된 유일한 서원이다. 그래서인지 대부분의 사람들은 이곳이 두란노 서원이라고 한다. 지금은 텅 비어 있는 이 공간에서 바울과 그 제자들이 2년간 매일 말씀을 들었다.

라틴어 사본에 보면 그들은 식사 후 잠자는 오침을 포기하면서까지 함께 모여 말씀을 배웠다. 이런 희생의 결과로 세워진 에베소 교회는 믿음의 행위가 있는 교회가 되었다. 그들은 자신의 집에 몰래 두고 있던 부적 같은 신령하고 비싼 책을 모두 가지고 나와 태움으로 말씀대로 살기로 다짐했다. 이 부흥운동은 에베소를 넘어 아시아주에 퍼졌다. 요한계시록의 7교회와 골로새, 히에라볼리 교회 등도 바로 이 부흥운동의 열매다.

4 두란노가 아데미를 누르다

두란노 서원에서 왼쪽 계단 쪽으로 내려가면 오른쪽 지하에 아데미 신상 모형이 있다. 두란노 서원 부흥운동의 여파로 아데미 신앙은 타격을 받았다. 당시 세계 7대 불가사의 중 하나였던 아데미 신상 모형을 만들어 파는 은장색들이 생계에 위협을 받아 폭동을 일으킬 정도였다(행 19:23-41). 두란노가 아데미를 누른 것이다. 두란노 서원에서 조금 더 걸어가면 2만 5000명은 들어갈 수 있는 원형극장이 나온다. 은장색 데메드리오가 주동해서 폭동을 일으킨 장소다. 연극장에서 말하면 작은 소리도 관중석에서 또렷이 들리는 이곳에서 "크다 에베소 사람의 아데미여!"라고 두 시간을 외쳤던 그 함성이 지금도 들리는 듯하다.

에베소서: 교회를 향한 하나님의 뜻

예수님이 복음의 근거지로 가버나움을 삼으셨다면 서신서의 중심지는 에베소였다. 에베소에서 받은 서신서는 에베소서, 디모데전서와 후서, 요한계시록, 베드로전서, 야고보서 등이고, 에베소에서 보낸 서신은 고린도전서와 후서, 요한1서, 2서, 3서, 요한복음과 사도행전이다. 바울서신 13개 중에 5개가 에베소와 관련이 있다. 물론 고린도후서는 마게도냐에서 완성되었지만 에베소에서 쓰기 시작했고, 사도행전도 에베소에 대한 기록을 하고 있으므로 에베소와 관련이 있다. 에베소서는 다른 편지와는

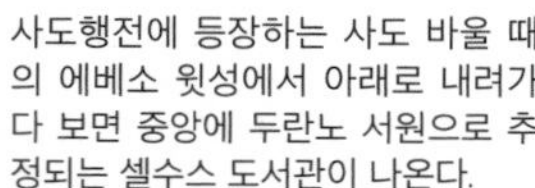

사도행전에 등장하는 사도 바울 때의 에베소 윗성에서 아래로 내려가다 보면 중앙에 두란노 서원으로 추정되는 셀수스 도서관이 나온다.

달리 바울이 옥중에 있으면서 에베소를 포함한 아시아 지역 등 많은 일반 독자를 위해 쓴 편지다. 특히 교회를 향한 하나님의 뜻에 초점을 맞추고 있다. 성부, 성자, 성령 하나님을 먼저 찬양한 후 보편적인 교회와 그 은사를 언급한다. 다른 서신서와 같이 뒷부분은 윤리적인 면을 강조하면서 성도의 전신갑주를 가르친다.

4. 4차 전도여행지, 로마

일명 로마 호송이라 불리는 이 여정도 복음 전파 관점에서 보면 전도여행이라 할 수 있다. 로마 호송 중에 들른 멜리데섬은 전도여행의 한 장소가 되고, 그레데 같은 지역은 후에 바울의 5차 전도지가 된다. 3차 전도여행을 마칠 즈음 고린도에서 로마서를 기록하였기에 최종적으로 도착한 로마는 이미 복음으로 소통되고 있었고, 브리스길라와 아굴라 같은 사람이 가정교회를 이루고 있었기에 복음의 동역자가 많았다.

로마는 이탈리아반도의 중부에 있는 도시를 말하나 제국이 되면서 나라 이름으로도 불렸다. 고대 로마는 테베레강이 흐르는 동쪽에 위치한 일곱 언덕 중 팔라티노 언덕 위에 건설되었다. 이 때문에 계시록에서 로

로마 교황청 미술관에 수집된 에베소의 아데미 신상. 아데미는 소 고환을 가슴에 단 풍요의 여신이다.

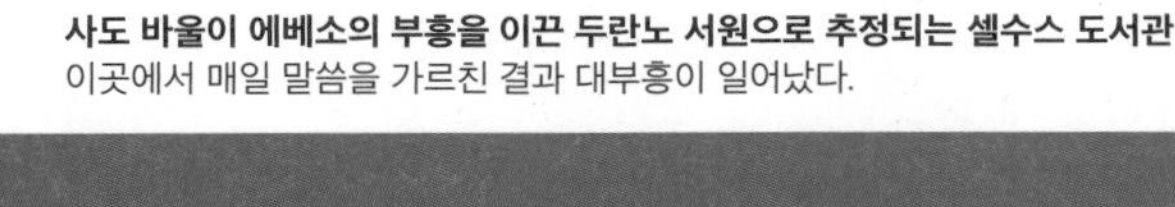

사도 바울이 에베소의 부흥을 이끈 두란노 서원으로 추정되는 셀수스 도서관
이곳에서 매일 말씀을 가르친 결과 대부흥이 일어났다.

마제국을 지칭할 때 일곱 머리라는 표현을 사용했던 것 같다.

"모든 길은 로마로 통한다"는 말처럼 로마는 도로를 중시했다. 그중 성경에 언급된 보디올에서 로마로 이어지는 압비오 길(아피아 가도)은 로마에서 남쪽으로 향하다 이탈리아반도를 서쪽으로 횡단하는 도로다. 호송되던 사도 바울이 '압비오 광장'을 언급한 것으로 보아 압비오 길을 이용했음을 알 수 있다. 이 도로는 BC 312년 당시 집정관 아피우스가 착공하여 완공까지 70년이 걸린 540km의 도로다. 후에 로마 남쪽 카푸아까지 길이 연장되어 아드리아해가 있는 브린디시까지 이어졌다.

브린디시에서 아드리아해를 건너면 마게도냐의 디르하키움이라는 항구에서 에그나티아 길과 만난다. 이곳에서 마게도냐를 횡단하여 데살로니가, 빌립보, 네압볼리로 연결된다. 이외에도 로마의 서쪽 해안을 따라

로마로 향하는 압비오 길
이 길을 따라 사도 바울이 로마로 입성하였다.

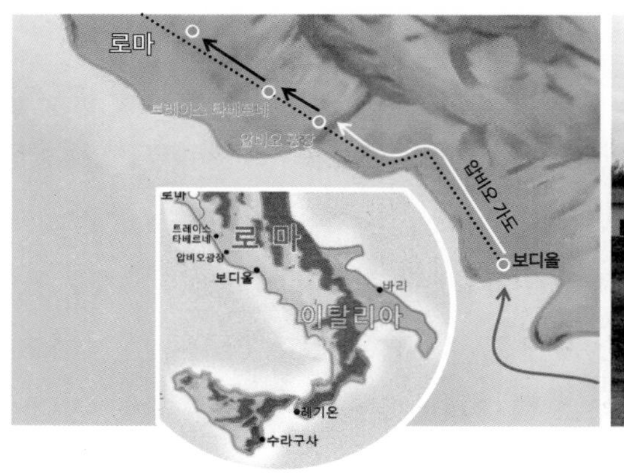

북쪽으로 이어진 아우렐리아 길은 1차 포에니 전쟁 직후인 BC 241년에 착공되어 로마에서 제노바까지 이르는 501km 길이다. 이밖에 로마와 프랑스를 연결하는 카시아 길도 있다.

바울은 압비오 길을 사용해 로마 복음 정복에 나섰다. 이후 로마의 이름 모를 전도자들은 서쪽, 북쪽으로 난 길을 따라 유럽으로 복음을 전하여 복음의 세계화를 이루었다. 예수님이 천국에 이르는 길을 닦았다면, 로마는 천국 복음의 길을 닦았다.

천 년의 역사를 쓴 로마

이탈리아반도 중부에 있는 로마는 테베레강을 끼고 있다. 연중 강우량은 약 840mm로 여름은 24℃로 무덥고 건조한 날씨이지만, 겨울은 7℃ 정도로 대체로 온화하다. 전설에 따르면, 로마는 고대 그리스의 트로이 영웅인 아이네아스의 후예이자, 전쟁의 신 마르스의 쌍둥이 아들인 로물루스와 레무스 형제(BC 753)에 의해 테베레강 동쪽에 있는 일곱 언덕 중 하나인 팔라티노 언덕 위에 건설되었다.

왕국은 왕정으로 시작했지만, BC 509년 공화정 체제로 운영되었다. 로마는 북쪽의 에트루리아인의 건축 문화와 남쪽의 헬라 철학을 받아들여 자신의 문화로 만들어 갔다. 결국 세 차례에 걸친 포에니 전쟁(페니키아 전쟁, BC 264-146)과 마케도니아 전쟁(마게도냐 전쟁, BC 214-148)으로

로마 건국 신화, 로물루스

지중해를 장악했다. 이후 권력투쟁이 계속되다 카이사르(가이사)와 폼페이우스, 크라수스가 제1차 삼두정치를 이끌었다. 후에 카이사르가 권력을 잡았으나 BC 44년 공화정 지지파인 브루투스 등에 의해 암살당했다. 그의 아들 옥타비아누스(가이사 아구스도)와 안토니우스 장군이 마케도니아의 빌립보에서 브루투스 연합군을 이기고 공화정 지지자를 몰아내고 레피두스와 함께 제2차 삼두정치를 이끌었다. 그러나 이 체제도 잠시, BC 31년 악티움 해전을 통해 옥타비아누스는 로마 유일의 권력자이자 가이사 아구스도, 즉 황제가 되었다(BC 27-AD 14).

이후 티베리우스(디베료, 14-37), 칼리굴라(37-41), 클라우디우스(글라우디오, 41-54) 황제로 이어지다, 네로(54-68) 황제의 자살로 율리우스 왕조가 막을 내렸다. 이후 네 명의 황제의 해라 불린 AD 68년 내전의 승자인 베스파시아누스에 의해 플라비우스 왕조(69-96)가 열린다. 이 왕조는 베스파시아누스(69-79), 예루살렘을 정복한 티투스(79-81)로 이어지다 도미티아누스(81-96) 황제가 암살된 후, 로마제국의 황금기인 오현제 시대(96-169)라 불리는 네르바-안토니우스 왕조가 뒤따랐다.

트라야누스 황제(98-117) 때 로마제국의 영토는 최대가 되었다. 이 시기 도시 로마의 인구는 100만여 명이었다가 2세기 말, 줄어들기 시작하여 마르쿠스 아우렐리우스 시대에 발생한 전염병으로 하루에 2천 명이 죽기도 했다. 3세기경에는 정치 경제적으로 커다란 어려움에 직면해 293년 디오클레티아누스 황제가 사두 정치를 창안하여 위기를 모면하려 하였으나, 결국 사두 정치의 한 명인 콘스탄티누스가 정권을 잡은 후 제국의 수도를 로마에서 비잔티움으로 옮겨 비잔틴 시대를 연다. 비잔티움은 콘스탄티노플로 바뀌고, 현재는 이스탄불이 되었다.

로마의 콜로세움과 콘스탄틴 개선문

플라비우스 가문인 베스파시아누스가 시작하여 티투스가 완성한 콜로세움은 유대인의 멸망과 그들의 고역을 기억하게 하는 산물이다. 이 어마어마한 규모의 건축물은 예루살렘을 무너뜨리고 노예로 잡아 온 유대인들에 의해 세워졌다. 그리고 유대인은 이 건축물을 세우자마자 몰살되었다. 건축 기술의 유출을 걱정한 로마가 부역한 모든 사람을 죽이기로 했기 때문이다. 콜로세움 옆에는 기독교를 공인한 콘스탄티누스 황제의 개선문이 있다. 헤롯이 교회를 핍박하여 베드로를 죽이려다가 정작 본인이 충 먹어 죽음으로 말씀이 번성했듯이, 기독교의 승리를 상징하는 개선문은 로마가 수많은 목숨을 앗아 감으로 자신을 저주했음을 드러내고 있다. 하나님의 말씀은 흥왕하여 더하더라(행 12:24).

콘스탄틴 개선문과 로마 콜로세움

chapter 3

사도행전 그리기

1. 예루살렘

1 사도행전을 펴고 1-7장까지 읽어 가며, 다음 표의 구절에 색칠한 지명들을 성경에서 찾아 형광펜으로 표시하고, 지도에도 해당 장소를 형광펜으로 칠하라. 반복되는 장소는 다시 표기할 필요가 없다.

성경 구절	성경과 지도에 표시할 부분	비고
1:12	감람원이라 하는 산으로부터 예루살렘에 들어오니	감람산
1:13	그들이 유하는 다락방으로 올라가니	마가 다락방으로 추정
1:19	아겔다마라 하니	
2:1	다 같이 한곳에 모였더니	마가 다락방에 모임
3:1	성전에 올라갈새	2절 "미문이라는 성전 문에 두는 자라"
3:11	솔로몬의 행각이라 불리우는 행각에 모이거늘	솔로몬 행각

4:5	예루살렘에 모였는데	15절에서 '공회'라고 함
5:2	사도들의 발 앞에 두니	마가 다락방에서 일어난 일
5:12	솔로몬 행각에 모이고	
5:18	옥에 가두었더니	"공회 앞에 세우니"(27절). 공회에 있는 옥
6:9	회당에서	"공회에 이르러"(12절)
7:58	성 밖으로 내치고	기드론 시내에 버려둔 것임

2 성경과 지도를 펴고 형광펜으로 덧칠한 지역을 보면서 성경 장은 동그라미 숫자로, 구절은 동그라미 옆에 숫자로 적는다. 또한 그 옆에 그 구절 전후 주요 사건을 간단한 키워드로 기록한다(예, '④13 예언 성취' → 4장 13절, 예언이 성취되었다는 의미다).

성경 구절	지도에 표시할 위치	장절과 키워드	비고
1:12	감람산 위	①12 승천	
1:13	마가 다락방 위	①13 기도	
1:19	아겔다마 위	①19 가룟 유다	
2:1	마가 다락방 위	②1 성령 강림	①13 위에 기록
3:1	성전 아래	③1 일어나	성전 앞 문(미문) 위에 기록
3:11	솔로몬 행각 위	③11 베드로 설교	'행각'글자 위에 기록
4:5	공회 위	④5 감금 위협	
5:2	마가 다락방 위	⑤2 아나니아 삽비라	②1 위에 기록
5:12	솔로몬 행각 위	⑤12 표적	③11 위에 기록
5:18	공회 위	⑤18 가말리엘	④5 위에 기록
6:9	공회 위	⑥9 스데반 설교	⑤18 위에 기록
7:58	기드론 시내 위	⑦58 스데반 순교	기념교회 위치함

3 빨강 화살표를 통해 주요 활동을 역동성 있게 표시해 보자.

01 예루살렘 귀환: 감람산에서 기드론 시내(기드론 골짜기)를 따라 왼쪽으로 가다 성전 담장 왼쪽으로 올라가 마가 다락방 쪽으로 향하라.

02 성령 강림 후 전도: 마가 다락방에서 빨간 지붕 로열스토어로 들어와 공회 쪽으로 오는 왕복 화살표(↔)를 하라. 제자들이 오갔던 경로다.

03 스데반 순교: 성전에서 안토니아 요새 쪽으로 가다 기드론 시내(기드론 골짜기)로 향하라. 스데반은 공회에서 잡혀 성 밖으로 던져졌다. 나가는 사자문을 스데반 순교문이라고 하며, 기드론 시내에는 스데반 순교 기념교회가 있다.

4 지도의 의미와 교훈

승천하는 장면으로 시작된 사도행전에서 제자들은 감람산 정상 부근에서 사명을 받은 후 기드론 시내를 건너 마가 다락방으로 갔다. 안식일에 가기 알맞은 길(행 1:12)이라는 표현은 2000규빗, 즉 1.1km 내에 마가 다락방이 있음을 알려 준다. 베드로가 가룟 유다의 죽음을 언급하면서 그가 아겔다마에서 스스로 목매어 죽었으며 떨어져 창자가 터졌다고 전했다. 떨어진 곳은 헬라어로 '게헨나' 즉 지옥으로 부르는 '힌놈의 골짜기'다. 그는 육신도 영혼도 지옥으로 떨어졌다.

베드로의 사역에서 지속적으로 등장하는 솔로몬 행각은 성전 앞 행각들로 이스라엘의 따가운 햇볕을 피해 그늘진 장소에서 말씀을 전하는 곳으로 사용되었다. 예수님도 이곳에서 가르치셨다(요 10:23). 예수님에 이어 그의 제자들이 그 장소를 사용했다. 예루살렘 성전의 남쪽 샘문 부근에 있던 공회는 예수님이 사형선고를 받은 곳이다. 이곳에 사도들은 두 번, 스데반은 한 번 끌려가 재판을 받았다. 특히 스데반은 예수님과 같이 사형선고를 받고 영문 밖에 나가 죽음을 맞는다. 진정 십자가의 길이었다. 스데반의 순교는 이후 에스겔의 환상처럼 성령의 물결이 흘러가는 시작이 되었다.

더 깊은 묵상

성부-성자-성령의 사역이 예루살렘에서 완성되다

큰 그림으로 보면 성령님이 임한 곳, 성부 하나님의 지성소가 있는 곳, 성자 예수님이 기도한 겟세마네 근처에 초점이 맞추어진다. 즉 예루살렘의 마지막 사역은 성부, 성자, 성령의 기념비적인 장소에서 일어났다. 마가 다락방에서 성령의 사역이 확장되다가 스데반이 감람산 아래 기드론 골짜기에서 순교한다. 순교의 장소 바로 옆에 겟세마네가 위치함은 의미심장하다.

에스겔서 47장의 생수의 강 환상처럼 스데반은 성 밖 기드론 시내로 내려온다. 그리고 그의 죽음은 십자가에서 기도한 예수님의 처음과 마지막 기도 내용과 일치한다. 겟세마네 기도에 이은 십자가의 기도, 스데반의 기도는 사울이라는 청년을 세워 복음을 세계화하게 한다. 이것이 생수의 강이었다. 겟세마네에서 예수님의 피땀 기도와 스데반의 순교의 피가 기드론 시내에 흘러 광야 같은 세상으로 흘러갔다. 이때 복음의 통로로 사울이 사용되었다.

예루살렘의 골짜기와 산

예루살렘은 유다 산지 능선에 위치한 그리 크지 않은 도시다. 동쪽으로는 유다 광야가, 서쪽으로는 숲이 우거진 소렉 골짜기와 아얄론 골짜기가 발달했다. 두 방향 모두 가파른 언덕으로 이루어져 있다. 남북으로는 다니기 편리한 능선길(족장의 도로)이 뻗어 있다. 예루살렘성은 남쪽 여부스족에게서 뺏은 다윗성에서 시작하여 북쪽의 성전산, 다윗성 서쪽의 신도시인 제2구역으로 확장되었다. 다윗성은 솔로몬이 성전을 세운 성전산과 연결된 채 확장되었는데 양자 간 고도차를 줄이기 위해 선왕들은 오벨을 높이 쌓았다(대하 33:14).

예루살렘 성전 전체는 북쪽을 제외하고 가파른 세 골짜기가 에워싸고 있다.

1) 기드론 골짜기: 동쪽에 기드론 골짜기가 놓였고 그 너머로 광야와 예루살렘의 경계가 되는 감람산(올리브산)이 있다. 감람산 위에서 예수님이 승천하셨다. 감람산 기슭, 기드론 골짜기와 만나는 지점에는 겟세마네가 있고 기드론 골짜기 맨 아래에는 스데반 순교교회가 위치한다. 스데반은 순교의 순간 겟세마네의 예수님을 바라보았다.

예루살렘에서 본 기드론 골짜기와 감람산의 겟세마네 동산 교회

2) 힌놈의 골짜기: 남쪽과 서쪽은 보기에도 음침한 힌놈의 골짜기가 에워싸고 있다. 계속 쓰레기장으로 사용되어 깊은 계곡이 많이 메워졌지만, 그 경사도는 옛 지형이 어떠했는지 짐작하게 한다. 힌놈의 골짜기가 끝나고 기드론 골짜기가 만나는 지점에는 가룟 유다가 자살한 아겔다마가 있다. 스가랴는 예수님이 배반당하여 죽임 당하시는 상황을 눈으로 보듯 묘사했다.

> 여호와께서 내게 이르시되 그들이 나를 헤아린 바 그 삯을 토기장이에게 던지라 하시기로 내가 곧 그 은 삼십 개를 여호와의 전에서 토기장이에게 던지고(슥 11:13)

3) 중앙 골짜기(막데스): 그리 깊지는 않지만 힌놈의 골짜기와 기드론 골짜기 가운데 막데스라 불리는 중앙 골짜기가 위치한다. 다윗과 솔로몬 시대에는 이곳이 성을 가르는 지점이었지만 히스기야 때 이 골짜기를 품는 성을 만들어 골짜기 하구에 실로암이라는 연못이 만들어졌다.

도로는 남북으로 나 있는 족장의 도로가 예루살렘에 접근하기 가장 편리한 도로이고, 동서로는 가파르고 국한된 도로를 통해서만 접근이 가능하다. 시편과 역사서, 예언서에는 예루살렘의 지형이 자주 언급된다.

> 터가 높고 아름다워 온 세계가 즐거워함이여 큰 왕의 성 곧 북방에 있는 시온산이 그러하도다(시 48:2)
> 예루살렘아 너는 잘 짜여진 성읍과 같이 건설되었도다(시 122:3)
> 산들이 예루살렘을 두름과 같이 여호와께서 그의 백성을 지금부터 영원까지 두르시리로다(시 125:2)

감람산에서 본 예루살렘 골짜기
아래 중앙 푸른 숲이 있는 곳이 기드론 골짜기이고, 왼쪽 빈 공간 아래가 힌놈의 골짜기다. 그 중간 주거지 가운데가 막데스라 부르는 중앙 골짜기다.

감람산 서쪽으로 수많은 무덤군이 펼쳐져 있는데, 유대인들의 무덤이며 북쪽은 기독교인의 무덤들로 스가랴서와 관련이 있다. 그는 마지막 때 메시아가 감람산을 가르고 오신다고 예언했다(슥 14:4). 많은 이들이 메시아가 오면 처음으로 부활할 것을 기대하며 감람산에 매장되었다. 무덤군은 기드론 골짜기까지 이어지다가, 다시 경사지를 오르면서 예루살렘 성벽을 만난다. 성벽 위 모리아산에는 예루살렘 성전이 있고, 모리아산 남쪽에는 옛 예루살렘인 다윗성이 있다.

스가랴 선지자는 만왕의 왕으로 예루살렘에 입성하실 예수님을 예언했다(슥 9:9). 또한 그는 예수님이 승천하시고 재림할 장소를 그가 묻힌 감람산으로 지명했다(슥 14:4). 그의 예언대로 예수님은 감람산에서 승천하시면서 지상명령을 주셨다.

> 오직 성령이 너희에게 임하시면 너희가 권능을 받고 예루살렘과 온 유대와 사마리아와 땅끝까지 이르러 내 증인이 되리라 하시니라(행 1:8)

감람산에서 본 아겔다마(왼쪽)와 힌놈의 골짜기(오른쪽)

감람산에서 본 무덤군과 중앙의 다윗성

2. 유대와 사마리아

1 사도행전을 펴고 1-12장까지 읽어 가며, 다음 표의 구절에 색칠한 지명들을 성경에서 찾아 형광펜으로 표시하고, 지도에도 해당 장소를 형광펜으로 칠하라. 반복되는 장소는 다시 표기할 필요가 없다.

성경 구절	성경과 지도에 표시할 부분	비고
1:8	예루살렘과 온 유대와 사마리아와 땅끝까지 이르러	땅끝은 가이사랴의 이방인 선교부터 시작된다.
2:1	다 같이 한곳에 모였더니	예루살렘 마가 다락방
8:5	사마리아성에 내려가	
8:15	(사마리아에) 내려가서	
8:26	예루살렘에서 가사로 내려가는 길까지	가사 위 그랄 근처
8:40	아소도에 나타나	
8:40	가이사랴에 이르니라	
9:3	다메섹에 가까이 이르더니	
갈 1:17	아라비아로 갔다가 다시 다메섹으로 돌아갔노라	바울은 다메섹에서 아라비아로 갔는데, 이 기록은 갈라디아서에 있다.
9:25	광주리에 담아 성벽에서 달아 내리니라	다메섹
9:26	예루살렘에 가서	
9:30	가이사랴로 데리고 내려가서 다소로 보내니라	
9:32	룻다에 사는 성도들에게도 내려갔더니	
9:36	욥바에 다비다라 하는 여제자가 있으니	
10:1	가이사랴에 고넬료라 하는 사람이 있으니	
10:9	베드로가 기도하려고 지붕에 올라가니	욥바의 무두장이 집에서
10:24	이튿날 가이사랴에 들어가니	
11:22	바나바를 안디옥까지 보내니	예루살렘에서 보냄
12:5	베드로는 옥에 갇혔고	예루살렘
12:19	헤롯이 유대를 떠나 가이사랴로 내려가서	

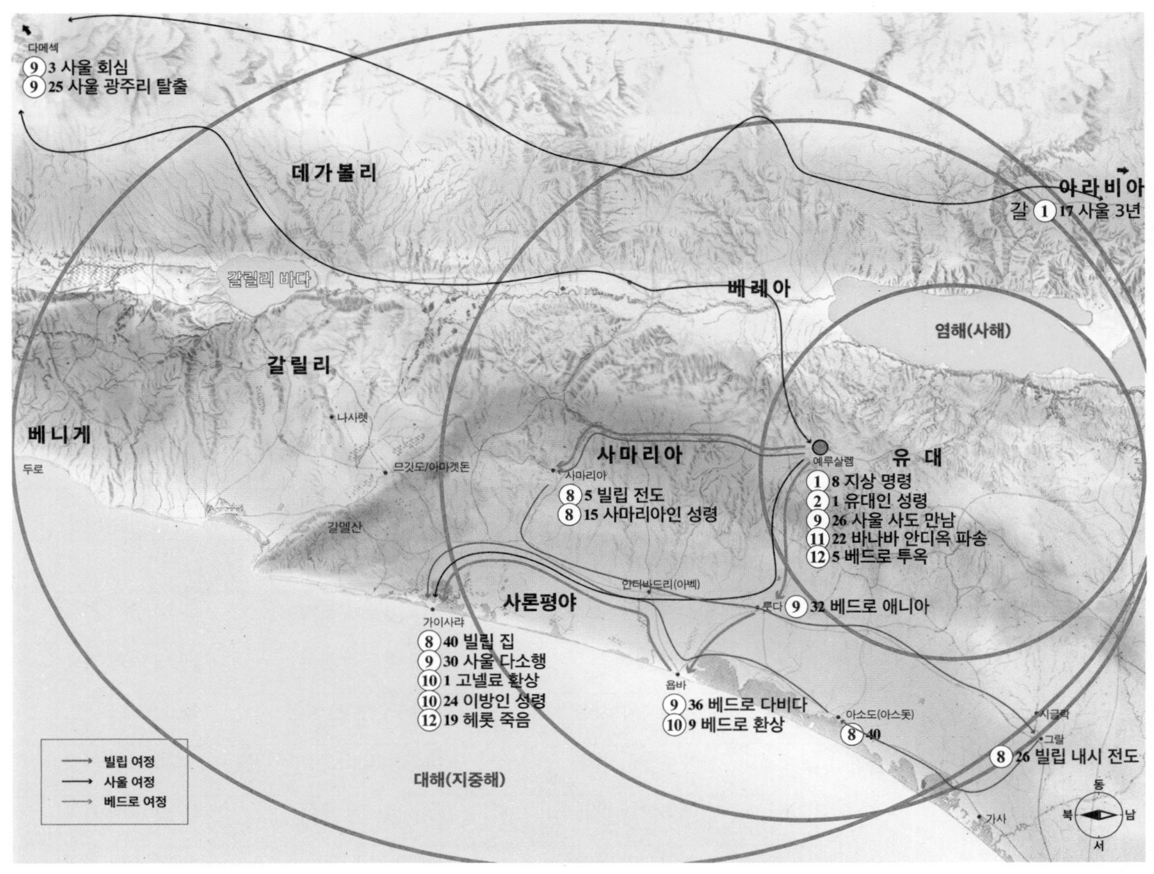

❷ 성경과 지도를 펴고 형광펜으로 덧칠한 지역을 보면서 성경 장은 동그라미 숫자로, 구절은 동그라미 옆에 숫자로 적는다. 또한 그 옆에 그 구절 전후 주요 사건을 간단한 키워드로 기록한다(예, '④13 예언 성취' → 4장 13절, 예언이 성취되었다는 의미다).

성경 구절	지도에 표시할 위치	장절과 키워드	비고
1:8	예루살렘 아래	①8 지상 명령	
2:1	예루살렘 아래	②1 유대인 성령	①8 아래 기록
8:5	사마리아 아래	⑧5 빌립 전도	

8:15	사마리아 아래	⑧15 사마리아인 성령	⑧5 아래 기록
8:26	그랄 아래	⑧26 빌립 내시 전도	
8:40	아소도 아래	⑧40	전도 후 빌립은 아소도에 나타났다.
8:40	가이사랴 아래	⑧40 빌립 집	
9:3	다메섹 아래	⑨3 사울 회심	
갈 1:17	아라비아 아래	갈①17 사울 3년	
9:25	다메섹 아래	⑨25 사울 광주리 탈출	⑨3 아래 기록
9:26	예루살렘 아래	⑨26 사울 사도 만남	②1 아래 기록
9:30	가이사랴 아래	⑨30 사울 다소행	⑧40 아래 기록
9:32	룻다 오른쪽	⑨32 베드로 애니아	
9:36	욥바 아래	⑨36 베드로 다비다	
10:1	가이사랴 아래	⑩1 고넬료 환상	⑨30 아래 기록
10:9	욥바 아래	⑩9 베드로 환상	⑨36 아래 기록
10:24	가이사랴 아래	⑩24 이방인 성령	⑩1 아래 기록
11:22	예루살렘 아래	⑪22 바나바 안디옥 파송	⑨26 아래 기록
12:5	예루살렘 아래	⑫5 베드로 투옥	⑪22 아래 기록
12:19	가이사랴 아래	⑫19 헤롯 죽음	⑩24 아래 기록

3 원과 화살표를 사용하여 주요 활동을 역동성 있게 표시해 보자.

01 예루살렘과 유대 복음화: 빨강 펜으로 사도행전 1:8대로 말씀이 퍼져 가는 모습을 그려 보자. 먼저 예루살렘, 유대, 염해를 포함하고 룻다는 포함하지 않는 동그란 원을 그려라.

02 사마리아 복음화: 이어 사마리아 지역을 표현하기 위하여 앞에 그린 선을 품는 원으로 베레아와 사마리아를 포함하고, 아래 그랄과 아소도, 욥바를 포함하되 가이사랴를 포함하지 않는 동그라미를 빨강 펜으로 그려라.

03 땅끝 복음화 시작: 마지막으로 땅끝을 표현하기 위하여 전체 사방에 접촉하는 타원을 빨강 펜으로 그려라. 베니게, 대해도 포함한다.

04 빌립의 사마리아 전도: 빌립의 전도 여정을 표현하기 위하여 초록 화살표를 한다. 예루살렘에서 사마리아로 검정길을 따라 화살표를 한다.

05 빌립의 광야 전도: 초록 화살표가 사마리아에서 아래로 내려와 빨강 선인 해변길을 따라 안디바드리와 룻다를 지나 그랄로 향한다.

06 빌립의 귀환: 초록 화살표가 그랄 부근에서 아래로 내려와 아소도를 향한다. 아소도에서 빨강 선을 따라 가이사랴까지 향한다.

07 바울의 다메섹 도상: 검정 펜으로 사울(바울)의 초창기 여정을 그려 보자. 예루살렘에서 위 베레아 쪽으로 향하는 화살표가 왼쪽으로 검정길을 따라 계속 가다가 데가볼리 왼쪽 길을 지나 빨강 선과 만나 위쪽 다메섹으로 화살표(↔)를 하라.

08 바울의 아라비아행: 다메섹 화살표에서 오른쪽 빨강 선(왕의 대로)을 따라 아라비아까지 화살표(↔)를 하라.

09 베드로의 사론평야 전도: 베드로의 사역을 빨강 색으로 그려 보자. 먼저 예루살렘에서 사마리아로 향한 빌립의 화살표와 동일하지만 빨간색으로 화살표를 하라. 요한과 함께 가서 성령의 불을 지핀 곳이다.

10 베드로의 이방인 전도: 빨강으로 예루살렘에서 룻다로 향하고, 룻다에서 욥바까지 향하라. 욥바에서 가이사랴까지 빨강 선 길을 따라 화살표를 하라.

11 지도의 왼쪽 아래 모서리에

⟶ **빌립 여정**
⟶ **사울 여정**
⟶ **베드로 여정**

이라고 기록하라.

4 지도의 의미와 교훈

'사도행전 지도' 하면 흔히 바울의 전도여행을 떠올리는데, 이미 예루살렘 사건뿐 아니라 앞장의 지도에서 보듯 다양한 사건이 유대와 사마리아에서 일어났다. 큰 특징은 사도행전 사건들이 예수님이 사역하던 갈릴리나 유대 동편 여리고나 베레아 지역 외에서 일어났다는 것이다. 모두 예수님의 사역과 겹치지 않는 지역이다. 다만, 요단 동편의 다메섹 지역은 예수님이 두로와 시돈을 거쳐 데가볼리로 갈 때 거쳤을 가능성도 있고 사마리아는 수가성을 지나서 들렀을 가능성도 있다. 그런데 왜 사건들이 서쪽에 치우쳐서 일어났을까?

사실 이 흐름은 누가복음 24장에서 예수님이 부활 후 엠마오를 들를 때부터 일어난다. 엠마오는 예수님이 예루살렘 서쪽으로 움직인 유일한 곳이기 때문이다. 부활 후 시작된 서쪽 사역은 빌립 집사와 베드로를 통해 릴레이처럼 이어지고 활성화된다. 사도의 대표로서 베드로와 요한이 사마리아를 방문했고, 안수하는 자들마다 성령님이 임했다. 베드로는 외국인이 많이 사는 욥바 쪽으로 향하다 결국 고넬료의 초대를 받고 이방인에게 복음을 전했는데 그때 성령님이 임했다. 성령의 불길은 예루살렘에서 사마리아, 가이사랴로 향한다. 이는 사도행전 1:8 말씀대로 예루살렘에서 유대, 사마리아를 거쳐, 이방인 지역인 땅끝으로 향하고 있다. 지도를 보면 12장까지의 사역은 예루살렘과 가이사랴에 집중된다.

가이사랴는 해변길에서 약간 벗어난 위치에 있던 항구이지만 신약에서는 헬라와 로마가 해양 문명을 발달시켜 바닷길이 해변길만큼 중요하게 되었다. 가이사랴는 신약의 해로와 고대 해변길을 연결하는 중요한 통로로 복음 사역에서 중요하게 사용되었다. 헤롯이 만들었지만 그리스도인들은 이를 사용하여 땅끝까지 복음을 전했다.

에스겔이 보았던 생수의 강 환상이 동쪽으로 흐르는 기혼샘을 의미했다면, 예수님이 요한복음 7장에서 선포한 초막절 생수의 강은 오순절 마가 다락방에서 생수의 강이 되어 서쪽으로 흘러 동해인 염해가 아닌 서해 대해인 지중해를 향해 흘러가 죽은 이방인 지역을 살렸다.

더 깊은 묵상

성령의 불길의 확산은 가이사랴로부터

가이사랴는 유대의 국제 항구로 대헤롯이 12년에 걸쳐 만들었다. 로마의 힘을 끌어들여 자신의 권력을 안정시키고자 함이었다. 빌립 집사의 집은 이곳에 있어 전도자들이 항구를 오갈 때 센터 역할을 했다. 바울도 이 집에 들렀다(행 21:8). 성령을 받은 이달리야 백부장 고넬료는 그의 고향 로마로 돌아가서 로마에 교회를 세웠을 것이다. 바울은 2차, 3차, 4차 전도여행 때 이곳을 들러 예루살렘으로 올라갔고, 다시 이방 선교를 위해 이곳에서 출발했다. 부름 받아 나선 몸들이 떠났던 곳이다.

가이사랴는 또한 로마 총독부가 위치한 곳이었다. 인구가 늘어나면서 물이 부족하여 북서쪽 갈멜산에서 물을 끌어 올 수 있는 수로교를 만들었는데 지금까지도 남아 있다. 수로교가 시작된 갈멜산에는 엘리야가 바알 선지자들을 물리친 장소가 있다. 바알 선지자에 맞서 불을 떨어뜨리고, 이후 지중해를 향해 일곱 번 간절한 기도를 드려 비가 내리게 한 장소다. 자신을 잡으러 온 오십 부장들에게 불을 내리기도 했다. 불의 선지자 엘리야가 기도했던 그곳의 물을 가이사랴에서 마신 것이다. 베드로는 엘리야 같은 역할을 하여 성령의 불과 단비를 내렸고, 고넬료는 생수의 통로가 되어 로마까지 복음을 전했다.

가이사랴
왼쪽이 궁전으로 바울이 재판 받은 곳이며, 오른쪽 해안은 원형극장이다. 멀리 바다 위 건물 있는 곳은 가이사랴 항구로 복음을 전하러 출발한 장소다.

3. 1차 전도: 갈라디아

1 사도행전을 펴고 11-14장까지 읽어 가며, 다음 표의 구절에 색칠한 지명들을 성경에서 찾아 형광펜으로 표시하고, 지도에도 해당 장소를 형광펜으로 칠하라. 반복되는 장소는 다시 표기할 필요가 없다.

성경 구절	성경과 지도에 표시할 부분	비고
11:22	바나바를 안디옥까지 보내니	
11:25	사울을 찾으러 다소에 가서	이후 1년 내에 그리스도인이라는 칭호를 얻음.
13:4	보내심을 받아 실루기아에 내려가 거기서 배 타고 구브로에 가서	실루기아는 안디옥의 위성항구다. 25km
13:5	살라미에 이르러	210km
13:6	온 섬 가운데로 지나서 바보에 이르러	155km
13:13	바보에서 배 타고 밤빌리아에 있는 버가에 이르니	300km
13:14	버가에서 더 나아가 비시디아 안디옥에 이르러	195km
13:51	이고니온으로 가거늘	150km
14:8	루스드라에	"루가오니아의 두 성 루스드라와 더베"(6절) 35km
14:20	더베로 가서	70km
14:21	루스드라와 이고니온과 (비시디아) 안디옥으로 돌아가서	전도여행 중 교회가 세워진 모든 곳을 들러 심방한다.
14:25	버가에서 전하고 앗달리아로 내려가서	앗달리아는 버가의 위성항구다. 이후 구브로에 가지는 않는다. 540km
14:26	(수리아) 안디옥에 이르니	처음 출발한 수리아 안디옥이다.

2 성경과 지도를 펴고 형광펜으로 덧칠한 지역을 보면서 성경 장은 동그라미 숫자로, 구절은 동그라미 옆에 숫자로 적는다. 또한 그 옆에 그 구절 전후 주요 사건을 간단한 키워드로 기록한다(예, '④13 예언 성취' → 4장 13절, 예언이 성취되었다는 의미다).

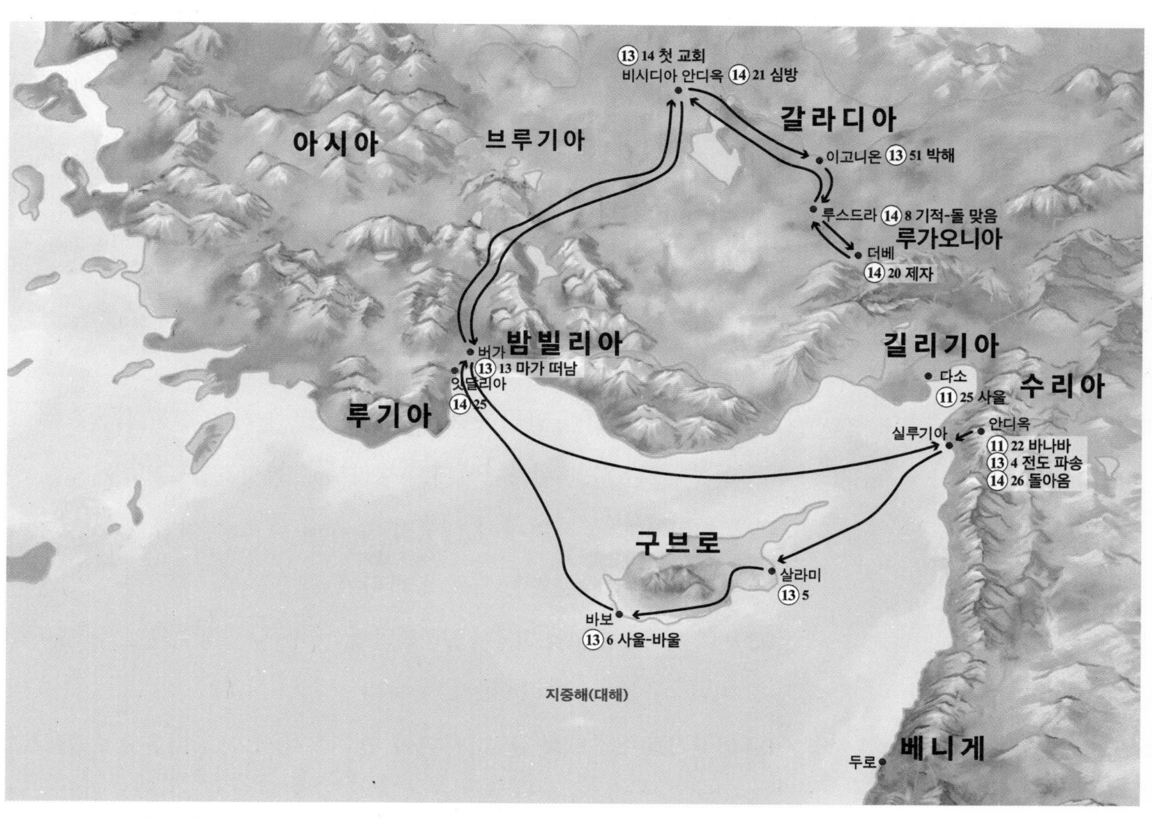

성경 구절	지도에 표시할 위치	장절과 키워드	비고
11:22	수리아 안디옥 아래	⑪22 바나바	
11:25	다소 아래	⑪25 사울	
13:4	안디옥 아래	⑬4 전도 파송	⑪22 아래 기록
13:5	살라미 아래	⑬5	방문한 곳
13:6	바보 아래	⑬6 사울-바울	서기오 바울 전도 후 사울이 바울로 바뀜.
13:13	버가 아래	⑬13 마가 떠남	
13:14	비시디아 안디옥 위	⑬14 첫 교회	
13:51	이고니온 오른쪽	⑬51 박해	
14:8	루스드라 오른쪽	⑭8 기적-돌 맞음	

14:20	더베 아래	⑭20 제자	
14:21	비시디아 안디옥 오른쪽	⑭21 심방	
14:25	앗달리아 아래	⑭25	
14:26	수리아 안디옥 아래	⑭26 돌아옴	⑬4 아래

❸ 검정 화살표를 통해 주요 활동을 역동성 있게 표시해 보자.

01 구브로행: 수리아 안디옥에서 실루기아로 향하는 직선 화살표를 그려라. 그런 다음 실루기아에서 살라미로 화살표를 그려라.

02 밤빌리아행: 살라미에서 내륙을 통과에 바보로 향한다. 바보에서 출발해 밤빌리아의 버가로 향하라.

03 비아 세바스테 길을 이용한 갈라디아행: 버가에서 호수와 호수 사이를 지나 비시디아 안디옥으로 향하라.

04 비아 세바스테 내륙 길: 비시디아 안디옥에서 이고니온으로 화살표 하라. 이고니온에서 루스드라로, 루스드라에서 더베로 화살표를 하라.

05 귀환 심방: 심방하며 돌아가는 화살표를 그려라. 더베로 향하는 화살표 아래로 더베에서 루스드라, 루스드라에서 이고니온, 이고니온에서 비시디아 안디옥으로 향하라. 그리고 다시 버가로 향하는 화살표를 하라. 버가에서 앗달리아를 거쳐 구브로 위 바다를 지나 실루기아로 향하라.

❹ 지도의 의미와 교훈

안디옥 교회가 금식기도를 할 때 성령님은 바울과 바나바를 따로 세워 파송할 것을 명했다. 먼저 택한 전도 지역은 구브로였다. 구브로는 바나바의 고향이었고, 함께한 마가의 고향이기도 했다. 이는 예수님이 공생애 사역을 시작하실 때 고향 나사렛을 먼저 방문한 것과 무관하지 않다.

그러나 예수님이 그러했듯이 구브로섬의 살라미에서 바보에 이르는 전도여행은 큰 소득 없이 끝났다. 바울과 바나바가 전도여행이 끝난 뒤 돌아오는 길에 개척한 교회들을 들렀을 때 구브로섬이 제외된 것을 보면 알 수 있다.

그러나 구브로섬 바보(Paphos)에서 바예수라 하는 유대인 거짓 선지자인 마술사의 방해에도 불구하고 총독 서기오 바울을 전도했다.

이후 사울이 바울이라는 이름으로 바뀌고, 바나바와 사울에서(행 11:30, 12:25, 13:2, 7) 바울과 및 동행하는 사람들 혹은 바울과 바나바라는 말로 바뀐다(행 13:13, 13:43). 바보 사건 이후로 선교여행의 지도력이 전환된 것이다. 그리고 사울도 서기오 바울의 영향을 받아 그의 이름을 로마 시민권을 받을 때 받았던 바울이라는 이름으로 바꾸고 이방인 사역에 전력하기로 한 듯하다. 그동안 부끄럽고, 별 가치 없다고 여겼던 로마 시민권과 로마식 이름이 복음 전파를 위해서는 요긴하게 사용됨을 알았으리라 추정된다.

1차 전도여행의 통로, 세바스테 길

바울 일행은 구브로에서 밤빌리아 버가로 간 후 비시디아 안디옥으로 가려 했다. 버가는 앗달리아라는 위성항구를 가진 큰 성이었다. 이곳에서 해발 1천 m가 넘는 비시디아 안디옥으로 올라가려면 험한 산을 지나야 한다. 산적이 출몰하는 지역이었으나 로마가 산적 소탕 작전을 한 후 비아 세바스테(세바스테 길)를 건설했다. 지금도 그 일부가 남아 있을 정도로 잘 정돈된 길이다. 이 길은 버가에서 비시디아 안디옥-이고니온-루스드라-더베로 이어진다. 바울은 이 길을 따라 전도여행을 했다. 로마가 만든 길은 복음의 통로가 되었다.

안팎으로 고난이 많았던 1차 전도여행

마가는 리더십이 자신의 친척인 바나바에서 바울로 바뀌고, 계속되는 전도여행에서 뚜렷한 열매가 없는 것에 실망했던 듯하다. 거기다 산적의 위협이 있는 세바스테 길로 간다고 하자 전도를 포기하고 예루살렘으로 돌아갔다. 이것은 마가의 씻을 수 없는 실수였다. 후에 바나바와 바울이 다투어 갈라지는 원인이 되기도 했다. 마가의 포기는 사도 바울에게 큰 상처를 주었던 듯하다. 힘들수록 함께함으로 힘이 되어야 할 동지가 이탈하면서 이름처럼 '비실비실' 비시디아 안디옥을 향했다.

비시디아 안디옥에서 전도여행 중 첫 교회가 세워졌으나 곧이어 박해를 받았다. 부흥에는 사탄의 방해 공작이 따르게 마련이다. 피신한 이고니온에서도 교회가 세워졌고, 다시 도망한 루스드라에서는 나면서부터 걷지 못하던 사람이 일어나는 기적이 일어났다. 자신을 신으로 대접하려는 사람들을 거절하고 복음을 전했더니 그들은 얼마 후 달려온 유대인 원정 박해단과 함께 바울에게 돌을 던져 거의 죽게 만들었다. 그들은 바울이 죽은 줄 알고 성 밖으로 던졌지만 바울은 다시 살아나 더베로 향했다.

바울의 사역 중 눈에 띄는 것은 더베를 전도한 후 수리아 안디옥으로 돌아가는 가까운 육로를 뒤로하고, 자신을 죽이려 했던 성 루스드라, 이고니온, 비시디아 안디옥을 거쳐 밤빌리아 지역으로 다시 갔다는 점이다. 통신 수단이 발달되지 않던 시기에 바울은 심방이야말로 복음이 변질되지 않는 중요한 일임을 깨닫고 심방을 하면서 돌아간 셈이다. 이후도 갈라디아서를 쓰면서 복음의 변질을 막으려 했고, 2차, 3차 전도여행 때도 갈라디아를 지나면서 점검하고 또 점검했다.

더 깊은 묵상

바울과 바나바가 비시디아 안디옥으로 간 이유

먼저 비시디아 안디옥은 로마가 전략적으로 건설한 도시임을 알아야 한다. 아시아 쪽에서 오는 도로와 세바스테 길을 보호하기 위해 로마 직할 식민지로 세워진 까닭에 로마 퇴역군인 출신의 주민이 많았다. 로마 출신의 주민들은 로마 정치에도 영향을 미쳤다. 비시디아 안디옥에서 발견된 비문에 '서기오 바울'이라는 글자가 나왔다. 이로 보건대 구브로 총독 서기오 바울은 비시디아 안디옥 출신일 가능성이 크다. 그는 바울의 전도를 받고 분명히 그의 고향을 소개했을 것이고, 비시디아 안디옥은 소개장을 가지고 간 바울 일행을 열린 마음으로 받아들였을 가능성이 크다. 예나 지금이나 전도는 관계 전도가 가장 효과적이다. 바울이 비시디아 안디옥에서 첫 교회를 세울 수 있던 것은 구브로에서의 고생이 있었기에 가능했다.

비시디아 안디옥에서 발견된 비문 'PAUL SERG…'에 의해 비시디아 안디옥이 서기오 바울의 고향이었을 것으로 추정할 수 있다.

사도행전 핫 플레이스

비시디아 안디옥

전도여행의 첫 열매, 비시디아 안디옥

BC 350년경 셀류쿠스 왕조(북방왕)에 의해 브루기아 신 멘(Men)에 헌증된 지역에 비시디아 안디옥이 세워졌다. 주민은 브루기아인과 헬라인뿐 아니라 BC 200년경 바벨론에서 브루기아로 이주한 2천 유대인 가정도 있었다. BC 25년 로마 황제 가이사 아구스도(옥타비아누스)는 갈라디아주를 만들고 비시디아 안디옥을 퇴역 군인들이 거주하는 로마 식민지로 만들었다. 이곳은 수리아에서 에베소까지 이르는 동서 고속도로에 자리 잡고 있어 상인들에게 매우 매력적인 도시였다. 그런데 BC 6년 아구스도가 지중해변 버가에서 이곳에 이르는 도로인 비아 세바스테(Via Sebaste)를 건설하면서 이곳은 경제, 군사적으로 더욱 중요한 거점이 되었다. 2.2㎢에 달하는 안디옥 지역은 계속 번성해 3세기 비시디아주의 수도가 되었다.

바울은 마가가 전도팀에서 이탈한 후, 비실거리면서 세바스테 길을 따라 강도의 위협을 감수하면서 비시디아 안디옥에 왔다. 1차 전도여행의 길은 힘들었다. 구브로섬의 살라미에서 바보까지 이르는 동안 복음의 열매가 없다가 총독 서기오 바울만이 믿게 되었다. 그의 요청으로 바울 일행은 멀고 험한 길을 갔지만, 마침내 관계 전도의 위력이 나타났다. 주님이 준비해 놓으신 로마의 길인 세바스테 길과 함께 헬라어로 성경이 번역되고 대화가 가능했던 회당은 복음 전파의 큰 바탕이 되었다.

바울은 유대인 회당에서 사도행전 13장을 길게 수놓은 복음적인 설교를 했다. 예수님이 구세주이며 그를 믿음으로 구원 얻음을 구약의 말씀에 근거하여 담대히 천명한 것이다. 이때 주님은 그들의 마음을 열어 작정 된 자는 모두 예수님을 믿는 기적의 열매를 주셨다. 때가 이르러 전도의 문이 열렸고, 전도여행의 첫 교회가 탄생했다.

비시디아 안디옥 박물관 중심에 '서기오 바울'이라는 글자가 선명하게 보인다. 한 사람이 믿고, 그가 소개하여 온 비시디아 안디옥은 전도여행의 첫 열매이자 이방인 선교 관문이 되었다.

비시디아 안디옥에서 발견된 달 신의 일종인 '멘'신 문양

바울은 어떻게 생겼을까?

초대교회의 전통에 의하면 이고니온 출신의 저자에 의하여 바울행전(The Acts of Paul)이라는 외경이 기록되었다. 외경에서 복음 전파와 가르침에 열심인 바울과 우정을 나눈 테클라(Thecla)라는 한 여인을 소개하고 있다. 또한 바울의 모습을 이렇게 묘사하고 있다.

"바울을 보았을 때 그는 작고 대머리였으며 다리를 절름거렸지만, 당당한 자세를 취하였다. 일자 눈썹에 다소 매부리코인 그는 호의로 가득 차 있었다. 지극히 인간적으로 보이는 그는 바로 천사의 얼굴을 가졌다."

빌립보 루디아 교회의 바울 초상화

비시디아 안디옥의 바울 기념교회
바울의 1차 전도여행 중 첫 교회가 탄생한 곳이다.

4. 2차 전도: 그리스

1 사도행전을 펴고 15-18장까지 읽어 가며, 다음 표의 구절에 색칠한 지명들을 성경에서 찾아 형광펜으로 표시하고, 지도에도 해당 장소를 형광펜으로 칠하라. 반복되는 장소는 다시 표기할 필요가 없다.

성경 구절	성경과 지도에 표시할 부분	비고
15:2	예루살렘에 있는 사도와 장로들에게 보내기로	545km (안디옥에서 예루살렘까지 육로)
15:3	베니게와 사마리아로 다니며	베니게와 사마리아는 지역 이름
15:4	예루살렘에 이르러	
15:30	작별하고 안디옥에 내려가	바로 갔다면 배를 탔을 것. 446km(가이사랴에서 안디옥까지)
15:39	배 타고 구브로로 가고	225km
15:41	수리아와 길리기아로 다니며	지역 이름, 200km (안디옥에서 다소까지)
16:1	더베와 루스드라에도 이르매	300km(다소에서 루스드라까지)
16:6	아시아에서 말씀을 전하지 못하게 하시거늘 그들이 브루기아와 갈라디아 땅으로 다녀가	지역 이름
16:7	무시아 앞에 이르러 비두니아로 가고자 애쓰되	지역 이름
16:8	무시아를 지나 드로아로 내려갔는데	690km(이고니온에서 드로아까지)
16:11	드로아에서 배로 떠나 사모드라게로 직행하여 이튿날 네압볼리로 가고	네압볼리부터 유럽 210km(드로아에서 네압볼리까지)
16:12	빌립보에 이르니	15km
17:1	암비볼리와 아볼로니아로 다녀가	
17:1	데살로니가에 이르니	145km(빌립보에서 데살로니가까지)
17:10	베뢰아로 보내니	68km
17:15	아덴까지 이르러	베뢰아에서 아덴까지는 배로 이동 450km. 아덴을 가기 전에 마라톤에 들렀을 가능성이 있다.
18:1	아덴을 떠나 고린도에 이르러	육로인지 해로인지 불확실. 80km(육로)
18:18	배 타고 수리아로 떠나갈새… 겐그레아에서…	겐그레아는 고린도의 동쪽 항구. 11km

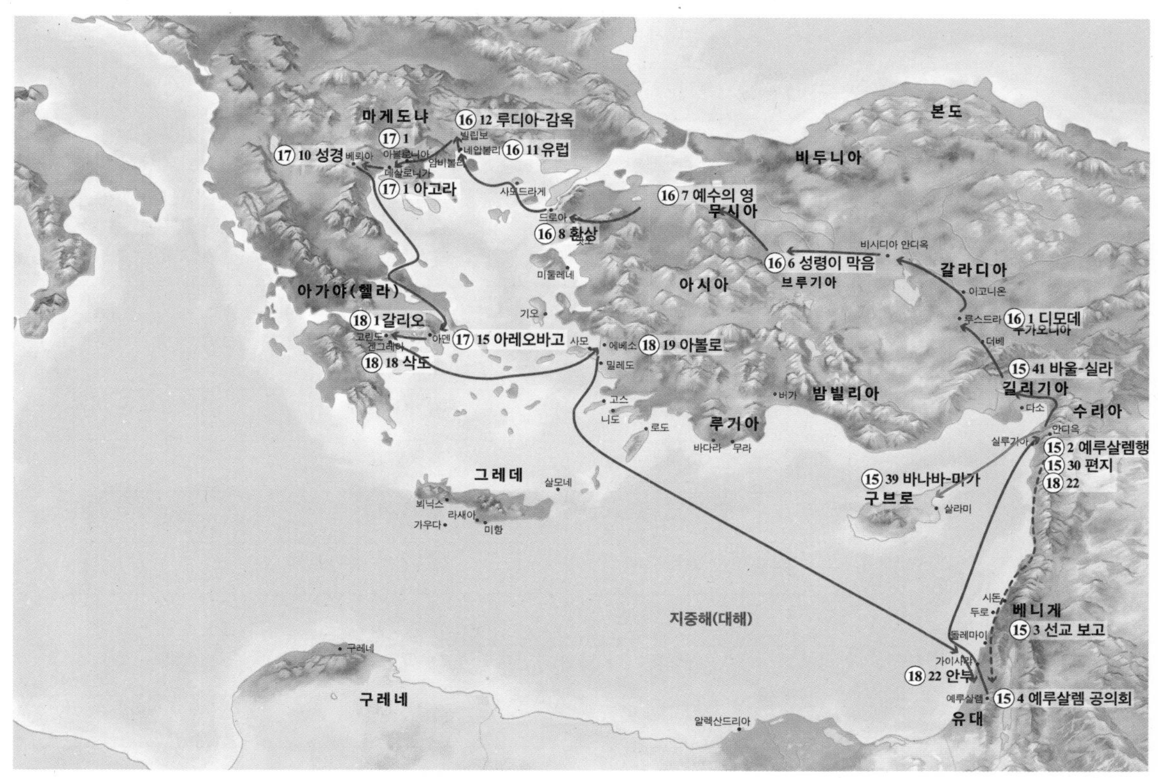

18:19	에베소에 와서	405km
18:22	가이사랴에 상륙하여 올라가	올라간 곳은 예루살렘이다. 1015km
18:22	안디옥으로 내려가서	다시 가이사랴(105km)로 내려와 안디옥으로 갔다(450km).

2 성경과 지도를 펴고 형광펜으로 덧칠한 지역을 보면서 성경 장은 동그라미 숫자로, 구절은 동그라미 옆에 숫자로 적는다. 또한 그 옆에 그 구절 전후 주요 사건을 간단한 키워드로 기록한다(예, '④13 예언 성취' → 4장 13절, 예언이 성취되었다는 의미다).

성경 구절	지도에 표시할 위치	장절과 키워드	비고
15:2	안디옥 아래	⑮2 예루살렘행	교회 파송

15:3	베니게 아래	⑮3 선교 보고	
15:4	예루살렘 점 오른쪽	⑮4 예루살렘 공의회	
15:30	안디옥 아래	⑮30 편지	⑮2 아래 기록 공의회 공문
15:39	구브로 위	⑮39 바나바-마가	바나바의 고향
15:41	길리기아 위	⑮41 바울-실라	바울의 고향
16:1	루스드라 오른쪽	⑯1 디모데	
16:6	브루기아 위	⑯6 성령이 막음	
16:7	무시아 위	⑯7 예수의 영	성령의 다른 이름
16:8	드로아 아래	⑯8 환상	
16:11	네압볼리 오른쪽	⑯11 유럽	
16:12	빌립보 위	⑯12 루디아-감옥	
17:1	아볼로니아 위	⑰1	
17:1	데살로니가 아래	⑰1 아고라	성경에는 '저자'
17:10	베뢰아 왼쪽	⑰10 성경	
17:15	아덴 오른쪽	⑰15 아레오바고	연설 장소
18:1	고린도 위	⑱1 갈리오	총독 이름
18:18	겐그레아 아래	⑱18 삭도	서원 예식
18:19	에베소 오른쪽	⑱19 아볼로	브리스길라 전도
18:22	가이사랴 아래	⑱22 안부	예루살렘 방문
18:22	안디옥 아래	⑱22	⑮30 아래 기록. 잠시 머뭄

3 화살표를 통해 주요 활동을 역동성 있게 표시해 보자.

01 예루살렘 공의회: 안디옥에서 파랑 점선 화살표를 그려 해안가 내륙을 따라 예루살렘까지 향하라. 베니게와 사마리아를 전도했다면 육로로 움직였을 가능성이 크다.

02 안디옥 귀환: 예루살렘에서 시작한 파랑 화살표가 가이사랴를 거쳐

안디옥으로 향하라.

03 바나바 구브로행: 안디옥에서 시작한 빨강 화살표가 구브로의 살라미를 향하라. 바나바와 마가의 움직임이며 이후는 기록되지 않았다.

04 2차 전도여행 시작: 안디옥에서 육로를 따라 길리기아까지 파랑 화살표를 하라. 바울과 실라가 바울의 고향인 다소 방향으로 움직였다. 길리기아에서 더베를 거쳐 루스드라로 화살표를 하라.

05 갈라디아 심방: 루스드라에서 이고니온을 거쳐 비시디아 안디옥까지 화살표를 하라. 여기까지가 1차 전도여행지 심방이다.

06 성령의 인도: 비시디아 안디옥에서 브루기아의 '브' 위까지 화살표를 하고, 다시 무시아의 '무' 아래까지 화살표 하라. 성령님이 두 번이나 바울의 계획을 무산시킨다.

07 마게도냐행: 무시아에서 드로아로 화살표하라. 드로아에서 사모드라게를 거쳐 네압볼리로 향하라.

08 비아 에그나티아 전도: 네압볼리에서 짧은 화살표를 빌립보까지 그려라. 빌립보에서 암비볼리, 아볼로니아를 거쳐 데살로니가까지 향하라.

09 마게도냐에서 아가야로 피신: 데살로니가에서 베뢰아까지, 베뢰아에서 바다로 나와 해안을 따라 아덴까지 화살표를 하라. 긴 섬 사이로 지나게 된다.

10 아가야 전도: 아덴에서 고린도로 향하라. 육로인지 해로인지 정확하지 않다.

11 2차 전도여행 귀환: 겐그레아에서 에베소로 화살표를 하고, 에베소에서 유대 가이사랴를 향하라. 가이사랴에서 예루살렘으로 향하라. 다시 안디옥으로 돌아갔으나 같은 화살표가 있으므로 생략한다.

4 지도의 의미와 교훈

안디옥 교회에서 은혜로운 선교 보고를 마치자 문제가 발생했다. 예루살렘에서 온 바리새파 유대인을 중심으로 이방인 교인도 모세의 법대로 세례를 받아야 한다고 주장하는 사람이 있었고, 이로 인해 다툼과 변론이 일어났다. 이방인 교회에 대한 원칙을 세우는 일이 중요하여 안디옥 교회는 예루살렘에 바나바와 바울을 파송했다.

이들은 가는 길에 베니게와 사마리아에 들렀다. 예수님이 수로보니게 여인, 수가성 여인 등에게 복음을 전한 후 흩어진 제자들과 빌립 집사 같은 이들이 이곳에 복음을 전했다. 이방인과 함께 사는 교회는 1차 전도여행의 결과를 적극 환영했다.

사도와 장로들은 바울 일행을 환영했지만 교회는 두 편으로 갈라져 이방인 교회를 그대로 인정할 것인지, 유대교화해야 하는지를 놓고 변론이 일어났다. 그리고 그 결과 그리스도인은 믿음으로 차별 없이 구원 받음을 선언했다. 다만 유대인과 이방인이 교제하기 위해 서로 꺼리는 것을 삼갈 것을 요청했다. 회의 의장격인 야고보는 유대인들이 가증하게 여기는 네 가지, 즉 우상의 제물, 음행, 피, 목매어 죽은 것을 멀리하라고 판결했다.

이런 결정 방식은 바울에게도 영향을 미쳤다. 바울은 고린도 교회에 보낸 편지에서 신전이 많은 시장(아고라)에서 고기를 사서 먹는 것이 우상숭배로 오해 받거나 믿음이 연약한 자를 넘어지게 한다면 자신은 영원히 고기를 먹지 않겠다고 했다(고전 8:13). 유대인 교회는 613개의 율법과 그에 따른 수천 개의 세부 전통을 포기했다. 당시에는 있을 수 없는 내려놓음, 엎드림이었다.

이후 바울은 자신이 세운 교회를 심방하고자 2차 전도여행을 제안한다. 그러나 수행원으로 다시 마가를 데려가려는 바나바와 부딪친다. 바나바는 사람을 세우는 일에 힘쓰는 관계 중심형이었던 반면, 바울은 일 중심형이었기에 한 번 실패한 마가를 거부했다. 디모데후서 4:11에서 마가가 나중에 바울에게 꼭 필요한 사람이 된 것을 보면, 이 판단에 바나바가 비교적 옳았을지 모르지만 교회 역사의 주류는 바울과 같이한다. 그 이유는 바나바가 마가를 데리고 그들의 고향인 구브로로 갔지만 바울은 '형제들에게 주의 은혜의 부탁함'을 받고 파송되었기 때문이다. 예수님의 몸인 교회의 파송을 받는 것은 바로 예수 그리스도의 파송을 받는 것이다. 1차 전도여행 때 바울과 바나바는 교회의 파송을 받았다. 그러면 두 번째도 교회의 파송을 받아야 했다.

2차 전도여행의 큰 흐름은 알렉산더의 아시아 원정길과 상당 부분 겹친다. 알렉산더가 열어 놓은 길리기아 관문을 통해 더베 지역으로 넘어간 바울은 루스드라에서 디모데를 제자로 삼는다. 디모데가 바울에게 얼마나 귀한 존재였는지는 그의 서신 중 7개의 서신 앞에 "내 사랑하고 신실한 아들"(고전 4:17), "자식이 아버지에게 함같이 나와 함께 복음을 위하여 수고"한 자(빌 2:22)라고 표현한 데서 알 수 있다.

바울은 1차 전도여행 지역을 돌아보며 교회를 굳건하게 한 후, 새로운 개척을 위하여 자연스럽게 갈라디아 서쪽에 위치한 아시아 지역으로 가려 했지만 성령님이 막으셨다. 그래서 상대적으로 인구가 적은 비두니아 쪽으로 가려 했더니 이번에도 예수의 영이 허락하지 않았다. 결국 무시아를 지나 드로아 항구에 도착한 바울은 '마게도냐로 건너와 도우라'는 환상을 본다. 아시아를 허락하지 않은 이유는 결과적으로 보면 마게도냐가 시급했기 때문이고, 에베소가 있는 아시아를 새로운 전도팀이 감당하기 힘들었기 때문이다.

새로운 개척지 마게도냐와 아가야 지역의 빌립보, 데살로니가, 고린도는 모두 바울서신을 가지고 있는 도시다. 바울 일행은 드로아에서 사모드라게섬을 거쳐 네압볼리에 도착했다. 네압볼리는 빌립보의 위성항구이자 유럽의

네압볼리 바울 도착 기념교회

첫 항구였다. 이 도항은 위대한 발자취다. 그리스 신화에 의하면 유럽이라는 이름이 베니게(페니키아)의 공주 유로페가 건너온 것으로 시작되었다고 한다. 이처럼 바울은 유럽의 체질을 바꾸어 놓는 첫걸음을 한 셈이다.

새로운 도시라는 뜻의 네압볼리(네아-폴리스)에서 서쪽으로 올라가면 빌립보가 나온다. 이곳으로 가는 길에 로마가 BC 146년부터 세운 1100km의 에그나티아 길 일부가 남아 있다. 로마가 그리스를 정복하기 위하여 마게도냐를 관통하는 도로를 만들어 비잔티움(현재 이스탄불)까지 연결한 도로는 다시 사도 바울의 전도 통로로 사용되었다.

마게도냐 지방의 첫 성인 빌립보는 헬라와 로마 권력의 근원 같다. 빌립보는 알렉산더의 고향이다. 아리스토텔레스에게 교육 받은 알렉산더는 헬라 철학을 가지고 세계를 정복했다. 또한 BC 42년 가이사 아구스도가 된 옥타비아누스가 이곳에서 전쟁을 치른 후 정권을 잡아 황제에 올랐다. 그는 황제가 된 후 BC 27년에 빌립보를 로마의 직할도시, 식민지로 삼았다. 이렇듯 빌립보는 두 정권이 탄생하여 세계를 제패한 도시다.

바울은 빌립보의 넓은 아고라에 들어서면서 아마도 '알렉산더여, 가이사 아구스도여, 당신들은 무력과 철학으로 세상을 정복했지만 나는 복음으로 이 땅을 정복하러 왔노라!'라는 마음이지 않았을까? 비전이 있는 사람은 절대 좌절하지 않는다.

암비볼리와 아볼로니아를 거쳐 마게도냐의 신도시 데살로니가에 도착한 바울 일행은 3주 만에 많은 무리를 얻지만 그와 동시에 심한 박해를 받는다. 결국 피신한 베뢰아에서 말씀을 사모하는 이들을 통해 위로를 얻는다.

이후 이동한 아덴(아테네)은 헬라 철학의 고향이었다. 소크라테스, 플라톤, 아리스토텔레스가 토론하던 그 아고라에서 복음을 전하던 바울은 아레오바고 언덕에서 복음을 설명할 기회를 얻었다. 유대인 회당처럼 하나님에 대한 기본 지식이 없는 이들에게 어떻게 복음을 전했는지 보여 주는 장면이다. 이곳에서는 새로운 교회가 세워졌다는 기록이 없다. 차라리

고린도에서 오랫동안 머물면서 복음의 확장이 일어났다.

그리스 지역에서 사도 바울의 전략을 보면, 구도시 빌립보를 공략하고 신도시 데살로니가로 간 마게도냐에서처럼 아가야도 구도시 아덴에선 전도하고 이어 신도시인 고린도로 향했다. 당시 지역의 총독은 신도시에 있었다. 고린도에서 만난 갈리오는 바울의 전도여행에 상당히 큰 영향을 미쳤다.

먼저 그가 취임하면서 델피 신전에 남긴 비문으로 추정하면 갈리오는 51년 7월 1일에 고린도에 부임했다. 이를 근거로 바울의 연대를 알아낼 수 있다. 또한 유력한 집안이던 갈리오가 바울의 문제를 종교적인 문제로 간주해서 자율권을 인정함으로써 바울이 자유롭게 복음을 전할 수 있도록 길을 열어 주었다.

갈리오를 통해 본 바울의 연대기

32	사울의 회심
32-34	아라비아행
35	예루살렘 1차 방문
45	안디옥 교회 사역
46	예루살렘 교회 구제
47-48	1차 전도여행
49	예루살렘 공회
49-51	2차 전도여행 (51. 7. 1. 갈리오 취임)
52-56	3차 전도여행
57-60	가이사랴 구금
60-62	4차 전도여행 (바울의 로마 호송)
62-67	5차 전도여행 (석방과 서바나 선교)
67	바울의 2차 체포와 순교

더 깊은 묵상

베니게의 여인들: 사렙다 과부, 수로보니게 여인, 루디아

유럽의 첫 교회는 루디아의 집에서 시작되었다. 회당이 없어 강가에서 만난 여인들에게 복음을 전했는데 주님이 루디아의 마음을 열어 주셨다. 루디아는 아시아 지역의 두아디라에서 자주 옷감을 팔던 여인이다. 자주 옷감은 베니게의 특산품이다. 베니게는 엘리야를 도운 사렙다 과부가 있던 곳이다. 예수님은 이곳에서 수로보니게 여인의 딸을 고쳤다. 바울은 사렙다 과부 같은 루디아를 만났고, 그녀는 바울 일행을 자신의 집에 강권하여 머물게 함으로써 유럽의 첫 교회를 세웠다. 베니게에서 아시아의 두아디라를 거쳐 마게도냐의 빌립보까지 복음은 여인들을 통해 연결되었다.

고난 위에 맺은 열매, 빌립보

빌립보에 들어서면 넓은 아고라가 보인다. 아고라의 북쪽 언덕에 바울 감옥이 있다. 바울과 실라는 아고라에서 한 처녀의 귀신을 쫓아낸 일로 감옥에 갇히고, 심한 매질을 당했음에도 힘차게 찬양을 불러 옥문을 열어젖혔다. 그때 간수는 모든 인생의 질문을 대신한다. "우리가 어떻게 하여야 구원을 얻을 수 있습니까?" 바울의 대답은 분명하고 또렷했다. "주 예수를 믿으라 그리하면 너와 네 집이 구원을 얻으리라." 바울이 귀신을 쫓아낸 곳과 재판을 받았다는 곳에는 교회가 세워져 그때 그 고난이 헛되지 않았음을 알려 준다.

모범생 교회, 데살로니가

마게도냐의 수도는 데살로니가에서 38km 북서쪽 평야에 있는 펠라였다. 알렉산더 사후 수도는 데살로니가로 옮겨졌다. 알렉산더와 밀접한 관계가 있는 데살로니가의 저자(아고라)에서 바울이 복음을 전하자 믿는 사람들이 많아져 교회가 세워졌다. 시기와 질투에 가득 찬 유대인들은 저자(아고라)에서 불량배를 동원해 소동을 일으켰다. 도시화된 데살로니가에 아고라만은 선명하게 남아 그때 일을 기억하게 한다. 이곳은 유대인 무리가 야손의 집을 찾아가 바울을 찾아내려 책동을 벌이고 재판을 하던 곳이다. 바울은 복음을 짧게 전한 곳에서 박해를 받아 베뢰아로 피신하고 거기까지 찾아온 데살로니가 유대인 핍박 원정대 때문에 아테네(아덴)까지 피신했다. 아직 복음을 잘 모르는 이들을 위하여 바울은 아덴에서 디모데를 데살로니가로 보냈다. 후에 그들이 복음 안에서 잘 서 있다는 말을 듣고 바울도 힘을 얻어 고린도에서 예수님이 그리스도임을 담대히 선포할 수 있었다.
데살로니가 교회는 믿음의 역사와 사랑의 수고와 소망의 인내를 실천하여 주변에 모범이 되었다. 그들은 재림의 신앙을 가지고 주님 오실 날을 갈망했다. 나아가 그날이 도적같이 임할 줄 알고 항상 기뻐하라, 쉬지 말고 기도하라, 범사에 감사하라는 명령을 받고 실천했다.
이후 데살로니가의 대표 성인인 데메트리우스는 기독교 공인 직전에 믿고 순교했다. 그로 인해 후대의 많은 이들이 용기를 얻었다. 그를 기념한 교회에 남아 있는 흔적은 당시 교회가 얼마나 많은 상처를 받았는지 보여 준다. 현대에 터키는 교회 인원을 100명 이하로 줄였기에 작은 교회가 되었지만, 차라리 작은 교회는 면역력을 높여 믿음을 굳게 유지했다. 우리의 3·1 만세운동이 있던 1919년, 데살로니가에 일어난 도시의 1/3을 태운 화재는 예외 없이 교회까지 태웠다. 그러나 데살로니가 교회는 다시 아름답고 의미 있는 교회를 세웠다. 지붕 꼭대기에는 예수님을 그리고 언제

데살로니가 해변에 있는 알렉산더 동상
바울은 알렉산더의 고향 지역을 복음으로 정복했다.

빌립보의 아고라
뒷산은 금이 나왔던 팡게오산이며, 중앙의 기둥은 빌립보 교회다. 앞문의 왼쪽 돌 무더기는 바울이 재판 받은 베마다.

빌립보 감옥
바울과 실라가 갇힌 곳이다.

든지 지켜봄을 강조했다.

데메트리우스 교회가 속한 그리스정교회가 이슬람을 이기고 정교회 신앙을 어떻게 유지할 수 있었을까? 그들의 강점은 기도, 언어, 교육, 솔선수범이었다. 그리스정교회는 이슬람화되는 기독교 사회에 이슬람 면역 백신이 되어, 말씀을 붙잡으면 희망이 있다. 실천하는 신앙인의 뒷모습을 보이면 신앙의 전통은 이어진다는 교훈을 준다.

데살로니가의 대표 교회인 순교자 데메트리우스 교회

데살로니가 아고라(저자)
유대인들이 소동을 일으켜 바울을 잡으려 했던 곳이다.

5. 3차 전도: 아시아

1 사도행전을 펴고 18-21장까지 읽어 가며, 다음 표의 구절에 색칠한 지명들을 성경에서 찾아 형광펜으로 표시하고, 지도에도 해당 장소를 형광펜으로 칠하라. 반복되는 장소는 다시 표기할 필요가 없다.

성경 구절	성경과 지도에 표시할 부분	비고
18:23	떠나 갈라디아와 브루기아 땅을 차례로 다니며	지역 이름
19:1	윗지방으로 다녀 에베소에 와서	1035km(안디옥에서 에베소까지)
19:22	마게도냐로 보내고 자기는 아시아에 얼마 동안 더 있으니라	지역 이름
20:1	떠나 마게도냐로	지역 이름, 480km(에베소에서 빌립보까지)
20:2	헬라에 이르러	아가야를 헬라라고 부른다.
20:3	수리아로 가고자 할 그때에… 마게도냐를 거쳐 돌아가기로	수리아는 최종 목적지. 신약시대에 수리아 주는 유대와 예루살렘을 포함했다.
20:6	빌립보에서 배로 떠나 닷새 만에 드로아에	
20:13	배를 타고 앗소에서 바울을 태우려고 그리로 가니 이는 바울이 걸어서 가고자 하여	바울은 그동안의 사역을 정리하기 위해 개인적으로 움직인다. 드로아에서 앗소까지 육로로 36km
20:14	배에 태우고 미둘레네로 가서	미둘레네는 섬이다.
20:15	기오 앞에 오고 그 이튿날 사모에 들르고	기오와 사모도 섬이다.
20:15	또 그다음 날 밀레도에 이르니라	
21:1	배를 타고 바로 고스로 가서 이튿날 로도에 이르러	고스와 로도는 섬이다.
21:1	거기서부터 바다라로 가서	
21:3	두로에서 상륙하니	633km(바다라에서 두로까지)
21:7	돌레마이에 이르러	돌레마이의 구약 이름은 악고, 42km
21:8	가이사랴에 이르러	57km
21:15	예루살렘으로 올라갈새	

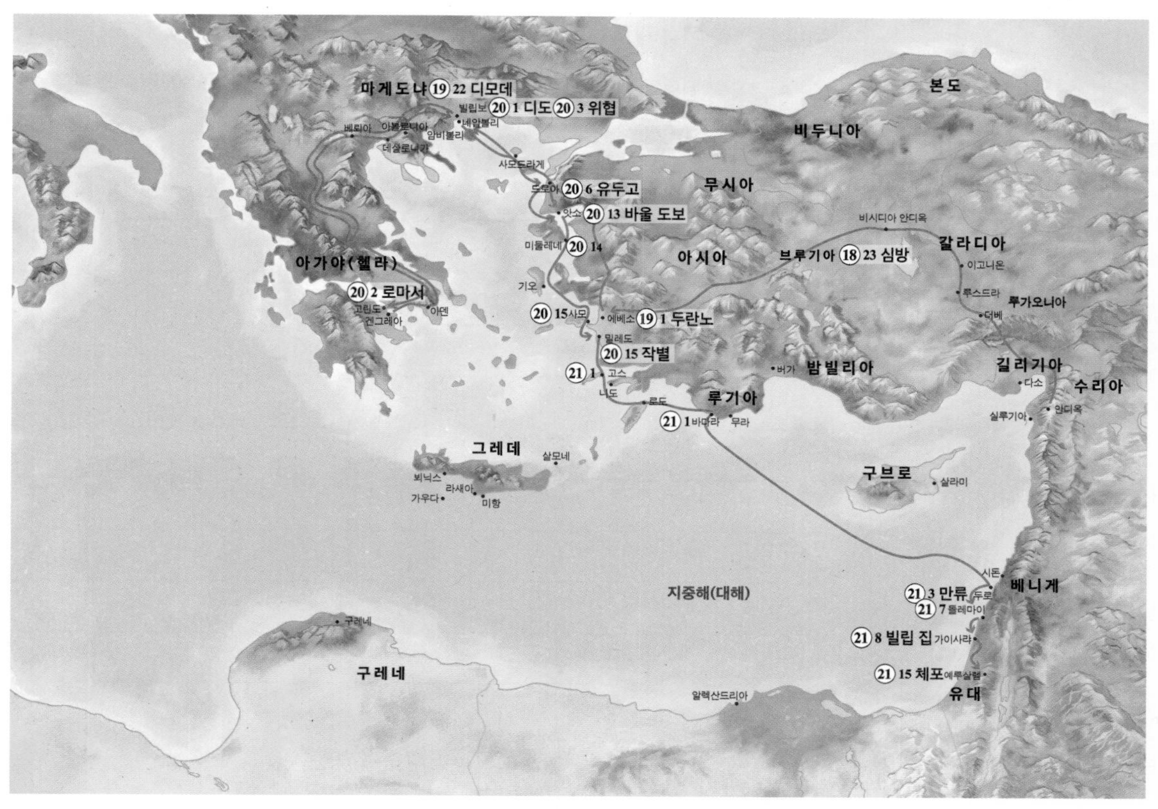

❷ 성경과 지도를 펴고 형광펜으로 덧칠한 지역을 보면서 성경 장은 동그라미 숫자로, 구절은 동그라미 옆에 숫자로 적는다. 또한 그 옆에 그 구절 전후 주요 사건을 간단한 키워드로 기록한다(예, '④13 예언 성취' → 4장 13절, 예언이 성취되었다는 의미다).

성경 구절	지도에 표시할 위치	장절과 키워드	비고
18:23	브루기아 오른쪽	⑱23 심방	
19:1	에베소 오른쪽	⑲1 두란노	
19:22	마게도냐 오른쪽	⑲22 디모데	
20:1	빌립보 오른쪽	⑳1 디도	

20:2	고린도 위	⑳2 로마서	
20:3	빌립보 오른쪽	⑳3 위협	⑳1 오른쪽에 기록
20:6	드로아 오른쪽	⑳6 유두고	
20:13	앗소 오른쪽	⑳13 바울 도보	
20:14	미둘레네 오른쪽	⑳14	
20:15	사모 왼쪽	⑳15	
20:15	밀레도 아래	⑳15 작별	
21:1	고스 왼쪽	㉑1	
21:1	바다라 왼쪽	㉑1	
21:3	두로 왼쪽	㉑3 만류	
21:7	돌레마이 왼쪽	㉑7	
21:8	가이사랴 왼쪽	㉑8 빌립 집	
21:15	예루살렘 왼쪽	㉑15 체포	

❸ 빨강 화살표를 통해 주요 활동을 역동성 있게 표시해 보자.

01 3차 전도, 에베소행: 안디옥에서 시작한 화살표가 길리기아, 더베, 루스드라, 이고니온, 비시디아 안디옥을 지나 브루기아를 관통하여 에베소로 향한다.

02 마게도냐행: 에베소에서 육로로 드로아까지 간 뒤 사모드라게를 거쳐 네압볼리로 향한다.

03 고린도행: 빌립보에서 데살로니가와 베뢰아를 지나 육로로 산맥 사이의 그리스 중심을 관통해 아덴을 거쳐 고린도로 향한다.

04 3차 전도 귀환 시 마게도냐행: 위 같은 화살표가 반대로 빌립보로 향한다.

05 앗소로 가는 길: 빌립보에서 드로아로 향한다. 드로아에서 한 화살표는 앗소로 직진하고, 다른 화살표는 해안을 따라 앗소로 향한다.

06 바닷길로 귀환 시 에베소의 장로 만남: 앗소에서 미둘레네와 기오를 거쳐 밀레도를 향한다.

07 수리아행: 밀레도에서 고스와 로도, 바다라를 거쳐 두로를 향한다.

08 예루살렘행: 두로에서 돌레마이로, 돌레마이에서 가이사랴로, 가이사랴에서 예루살렘으로 각각 화살표를 그려라.

4 지도의 의미와 교훈

3차 전도여행에서 가장 많은 시간을 소요한 곳은 에베소다. 에베소는 아시아의 중심지로 후대에 서신서의 중심지가 된다. 에베소에서 기록한 성경만 해도 고린도전서와 고린도후서, 요한복음, 요한일이삼서 등이고 에베소서, 디모데전후서, 베드로전서, 요한계시록 등 많은 성경이 에베소와 관계되어 있다. 이를 미루어 보건대 에베소는 초대교회 활동의 중심지였다고 해도 과언이 아니다.

여기에는 에베소의 정치적이고 지리적인 위치가 한몫했다. 에베소에서 시작된 무역로는 아시아 내륙 깊숙이 뻗어 갈 수 있었기에 로마는 에베소를 아시아 내륙으로 나가는 전진기지로 삼았다. 2차 전도여행 때 성령님은 사도 바울 일행이 에베소 쪽으로 오는 것을 막았는데 그 이유 중 하나가 로마시대 7대 불가사의 중 하나인 아데미 신전의 영향력 때문이라 추정할 수 있다. 성령님은 바울 일행이 마게도냐와 아가야에서 훈련된 후 에베소 공략을 허락하셨다. 브리스길라와 아굴라는 아볼로를 전도했고, 바울이 도착했을 때 12명이 성령을 받아 본격적인 에베소 전도를 시도할 수 있었다.

3차 전도여행은 예루살렘으로 돌아가는 길에 대하여 세부적인 설명을 덧붙인다. 그것이 가능했던 이유 중 하나는 주어가 '우리'가 되면서 누가가 동행했기 때문이다. 또한 에베소 교회의 심방은 밀레도에서 일어나고, 이때부터 바울은 예루살렘에 올라갈 때 자신에게 일어날 환난에 대하여 감을 잡고 있었다. 예수님의 공생애 3년 차부터 유대인의 반발이 극심

했던 것같이 바울이 유명해지고 복음이 확장될수록 그에 대한 위협이 극심해졌다. 고린도에서 예루살렘으로 갈 때 살해 위협을 느끼고 마게도냐로 돌아간 일이며, 예루살렘에 도착한 후 체포된 것을 보면 당시 상황을 예측할 수 있다. 바울의 체포는 아시아에서 온 유대인들의 문제 제기가 원인이었다(행 21:27). 3차 전도여행에서 제자들이 2번 이상 예루살렘행을 막았으나 바울은 예견된 환난을 피하지 않았다. 바울에게는 사명이 예언보다 앞섰다.

더 깊은 묵상

말씀으로 개혁한 사람들

바울이 두란노 서원에서 2년간 매일 말씀을 전파한 일은 사람들의 마음을 움직여 집단 회개와 회심 운동을 일으켰고, 이를 계기로 아시아에 일곱 교회가 개척될 수 있었다. 요시야왕이 성전에서 성경을 발견한 후 말씀 개혁 운동을 일으켰던 것처럼 바울이 일으킨 두란노 서원 말씀 운동은 아시아 전체를 변화시켰다. 요시야의 키즈 세대라 할 수 있는 다니엘과 세 친구, 에스겔 같은 이들이 포로기 세대를 이끌었듯이, 바울의 말씀 운동 후에 찾아온 사도 요한과 디모데, 폴리캅 같은 이들의 활동은 또 한 번 아시아를 새롭게 하는 결과를 가져왔다.

위대한 용서의 도시, 골로새

골로새는 동방과 서방을 잇는 고대 도로의 관문과 같은 역할을 한 도시다. 서쪽으로 180km 내려가면 에베소 항구가 나오며, 서쪽 15km에 라오디게아가 있는데 이곳에 본토인, 헬라인, 유대인이 뒤섞여 다양한 문화를 형성했다. 잘못된 신앙과 천사 숭배 같은 오염된 신앙이 마을을 혼란에 빠뜨릴 수 있었으나, 다행히 거기에는 빌레몬과 같은 신앙인이 있었다.

바울은 감옥에서 빌레몬의 도망간 종 오네시모를 전도한 뒤 그를 빌레몬에게 보내며 모든 필요한 경비를 자신이 감당하겠으니 그 종을 용서해 달라고 중재한다. 오네시모는 바울 덕분에 빌레몬에게 받아들여져 이후 아시아 지역의 귀한 사역자가 되었다. 골로새(Colossae)는 콜로세움의 의미에서 나타나듯 '위대함'이라는 뜻이 있고, '징계' 혹은 '교정'이라는 뜻도 있다. 빌레몬의 '위대한' 용서는 한 사람의 인생을 완전히 '교정'했다. 관계에서 가장 힘든 부분이 용서가 아닐까. 그러나 위대한 용서는 나와 너를 '위대함'(골로새)으로 이끈다.

용서하게 하소서. 하나되게 하소서. 우리 교회, 우리 지역, 교단, 한국 교회, 나라와 민족이 골로새 교회처럼 하나 되게 하소서.

위대한 용서가 있던 골로새는 유적 위에 간판 하나만 남아 보이지 않는 용서를 기억하게 한다.

거룩한 성, 히에라볼리

아름다운 성, 목화가 땅에서 터져 나오는 것 같아 파묵칼레, 목화성이라 불리는 히에라볼리에 교회가 세워졌다. 이곳에 에바브라가 복음을 전했다(골 4:12-13). 온천과 족욕에 모든 마음을 빼기기 쉽다. 그 풍경에 넋을 놓기 쉽다. 그런데 이 마을 정상에 사도 빌립의 순교 기념교회가 있다.

빌립 사도는 생의 말년을 이곳에서 지냈다. 그는 예수님을 만나자마자 그의 친구 나다나엘에게 '와 보라'고 전도한 인물이다. 그의 고향은 베드로, 안드레와 같은 벳새다였다(요 1:44). 오병이어 기적 때 예수님이 '어디서' 떡을 구할 수 있느냐고 그의 고향 벳새다 들녘에서 물었을 때, 그는 '200데나리온으로도 부족합니다'라고 '얼마나'에 초점을 맞추는 대답을 했다. 그러나 그가 성령의 충만함을 받은 후 '얼마나'의 삶이 아닌 '어디나'의 삶으로 바뀌었다. 주님이 원하는 곳이면 어디나 향하여 이곳까지 와서 순교한 것이다.

그의 신앙을 이은 파피우스는 이곳에서 12사도의 신앙과 그들의 글을 정리하여 유세비우스에게 줌으로 초대교회 역사와 성경의 정통성을 더욱 확고히 한 후 순교했다. 바울-빌립-파피우스 순교로 이어지는 신앙의 전통은 이 마을을 온천의 온도 이상으로 뜨겁게 했다.

갈릴리 가다라에도 하맛 가델이라는 유명한 온천이 있다. 주를 믿는 자는 그 배에서 생수의 강, 생수의 온천이 흘러나온다. 사도 빌립은 뜨거운 마음과 아름다운 발을 가지고 갈릴리 가다라 온천에서 거룩한 성이라는 히에라볼리 온천까지 왔다. 그리고 이 성을 복음화하여 이름대로 거룩한 성으로 만들었다. 마을 정상에 있던 만신전이 거룩한 교회로 바뀌었다. 나를 믿는 자는 그 배에서 생수의 강이 흘러나리라고 하신 주님 말씀을 뜨겁게 믿은 빌립의 순교의 피, 성령의 생수의 강이 흘러 히에라볼리를 거룩한 성으로 만든다. 하얗게 주변 지역을 덮는다. 순교자의 피는 내 마음도 정결케 하며 눈보다 더 희게 한다. 순교자의 길을 높이 찬양해 본다. "주의 순결한 신부되리라. 내 생명 주님께 드리리!"

사도 빌립의 순교지 교회
갈릴리 벳새다 출신의 빌립 사도는 이곳까지 와서 선교하다 순교했다.

히에라볼리 온천
빌립 사도는 온천의 도시 히에라볼리에 뜨거운 신앙의 흔적을 남겼다.

6. 4차 전도: 로마

1 사도행전을 펴고 22-28장까지 읽어 가며, 다음 표의 구절에 색칠한 지명들을 성경에서 찾아 형광펜으로 표시하고, 지도에도 해당 장소를 형광펜으로 칠하라. 반복되는 장소는 다시 표기할 필요가 없다.

성경 구절	성경과 지도에 표시할 부분	비고
22:24	바울을 영내로 데려가라 명하고	예루살렘 안토니아 요새로 추정
23:31	안디바드리에 이르러	안디바드리의 구약 이름은 아벡, 53km
23:33	가이사랴에 들어가서	56km, 안디바드리를 거쳐 왔다.
27:3	시돈에 대니	191km(가이사랴에서 시돈까지)
27:5	루기아의 무라시에 이르러	970km(해안을 따라감)
27:7	니도 맞은편에 이르러 살모네 앞을 지나	
27:8	미항이라는 곳에 이르니	630km(무라에서 미항까지)
27:16	가우다라는 작은 섬 아래로	
28:1	그 섬은 멜리데라 하더라	980km(미항에서 멜리데까지)
28:12	수라구사에 대고	155km
28:13	레기온에 이르러… 보디올에 이르러	120km(레기온까지), 385km(레기온-보디올)
28:15	압비오 광장과 트레이스 타베르네까지 맞으러	
28:16	로마에 들어가니	195km(보디올에서 로마까지)

2 성경과 지도를 펴고 형광펜으로 덧칠한 지역을 보면서 성경 장은 동그라미 숫자로, 구절은 동그라미 옆에 숫자로 적는다. 또한 그 옆에 그 구절 전후 주요 사건을 간단한 키워드로 기록한다(예, '④13 예언 성취' → 4장 13절, 예언이 성취되었다는 의미다).

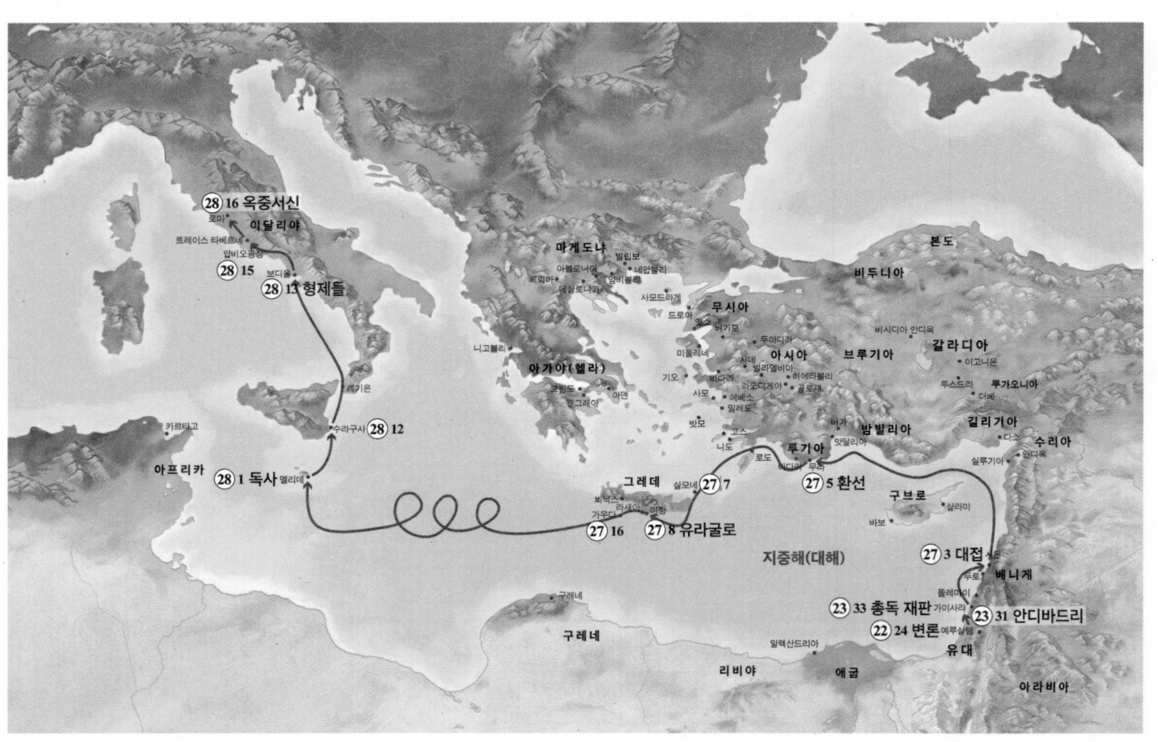

성경 구절	지도에 표시할 위치	장절과 키워드	비고
22:24	예루살렘 왼쪽	㉒24 변론	
23:31	가이사랴와 예루살렘 사이 오른쪽	㉓31 안디바드리	옛 아벡에 머뭄.
23:33	가이사랴 왼쪽	㉓33 총독 재판	황제에게 상소함.
27:3	시돈 왼쪽	㉗3 대접	
27:5	무라 아래	㉗5 환선	배를 바꿔 탐.
27:7	살모네 오른쪽	㉗7	
27:8	그레데섬의 미항 아래	㉗8 유라굴로	폭풍 이름
27:16	가우다 아래	㉗16	
28:1	멜리데 왼쪽	㉘1 독사	
28:12	수라구사 오른쪽	㉘12	
28:13	보디올 아래	㉘13 형제들	

28:15	압비오 광장 아래	㉘15	
28:16	로마 위	㉘16 옥중서신	빌, 엡, 골, 몬

3 초록 화살표를 통해 주요 활동을 역동성 있게 표시해 보자.

01 4차 전도여행, 로마행 시작: 예루살렘에서 가이사랴로, 가이사랴에서 시돈으로 화살표하라.

02 해안을 따라 항해: 시돈에서 구브로 오른쪽 해안을 의지하여 무라까지 가라.

03 그레데행: 무라에서 니도 옆까지 갔다가 살모네로 향하고 미항까지 이른다.

04 유라굴로 폭풍 만남: 미항에서 가우다섬을 들러 멜리데를 향하되 나선형 3개 정도를 그려 폭풍으로 헤매는 과정을 표현하라.

05 로마행: 멜리데에서 수라구사로, 수라구사에서 레기온을 거쳐 보디올로 향한다.

06 아피아(압비오) 길: 보디올에서 육로로 압비오 광장을 거쳐 트레이스 티베르네, 로마로 향하라.

4 지도의 의미와 교훈

바울은 예루살렘에 도착한 후 예루살렘 교회의 오해를 씻기 위해 결례를 행하던 중 아시아에서 온 유대인들에게 잡혀 끌려가다 긴 변론이자 간증을 이야기한다. 사도 바울이 갇힌 곳이 안토니아 요새가 맞다면 예수님이 갇혔던 곳, 예수님이 채찍으로 맞던 곳에 갇힌 셈이다. 그곳에서 "로마도 보아야 하리라"(행 19:21)는 바울의 비전대로 "담대하라 네가 예루살렘에서 나의 일을 증언한 것같이 로마에서도 증언하여야 하리라"(행 23:11)는 예수님의 말씀이 있었다. 유대인의 살해 위협으로 바울은 예루살렘에서 안디바드리를 거쳐 가이사랴로 이송된다.

가이사랴에서 지낸 2년간은 바울이 처음 받은 사명, '내 이름을 이방인과 임금들과 이스라엘 자손들에게 전하기 위하여 택한 나의 그릇이라'는 말씀대로 임금들에게 전도했다. 물리적으로는 죄수의 신분이고 억류된 상태였지만 사명을 행하기에는 이보다 좋은 기회가 없었다.

> 바울이 이르되 말이 적으나 많으나 당신(아그립바왕)뿐만 아니라 오늘 내 말을 듣는 모든 사람도 다 이렇게 결박된 것 외에는 나와 같이 되기를 하나님께 원하나이다 하니라 행 26:29

로마로 가는 여정은 바람이 강하게 부는 겨울이어서 항해하기에는 매우 위험했다. 위험을 최소화하기 위해 해변을 가까이하며 항해한 덕분에 바울은 그가 사역했던 베니게, 수리아와 고향 길리기아 등을 보면서 항해할 수 있었다. 로마의 죄인으로 호송되는 길이었지만 전도자에게는 전도여행일 뿐이었다.

미항에서 바울의 경험에 따른 선견지명은 무시되었다. 더 좋은 곳에서 겨울을 나고자 한 무리의 희망은 유라굴로라는 폭풍을 만나 무참히 깨졌다. 항해가 계속될수록 바울은 선박 내에서 주도권을 쥐게 되었고, 멜리데섬에 이르러서는 더 그랬다. 폭풍으로 위태할 때나, 독사에 물리는 상황에도 바울이 침착하게 대처할 수 있었던 이유는 예루살렘에서 주님이 로마에서 증인으로 설 것을 약속해 주셨기 때문이다.

그의 믿음대로 로마의 위성항구 보디올에 도착했다. 바울의 도착 소식을 듣고 형제들이 마중 나와 일행을 환영하고 위로했다. 로마서에 의하면 브리스길라와 아굴라 같은 가족이 이미 로마에 정착해 있었다. 보디올부터 로마까지 195km에 이르는 길은 아피아 가도(압비오 길)가 놓여 있었다. 사도 바울은 지금도 그 흔적이 잘 남아 있는 이 길을 따라 들어가면서 복음을 전했다. 사도 바울은 1차는 세바스테 길, 2차는 에그나티아 길, 4차는 압비오 길을 사용해 복음을 전했다.

바울은 로마에서 연금된 상태로 2년을 지냈다. 고소한 유대인들이 와야 정식 재판이 이루어지는데 승산이 희박하다고 판단한 유대인들이 2년 연금으로 골탕을 먹이는 것으로 만족했던 것 같다. 그러나 이 시간에 바울은 후원하고 있는 빌립보 교회와, 3차 전도여행 때 집중적으로 전도했던 에베소, 옥중에서 낳은 아들 같은 오네시모의 주인 빌레몬과 그가 속한 지역 골로새 교회에 편지를 썼다. 연금의 기간은 바울에게 방식을 달리한 전도 기간이었다. 그는 로마에 있는 유대인들에게 담대하고 거침없이 복음을 전했다.

더 깊은 묵상

복음의 중심 이동의 시작, 안디바드리

바울이 예루살렘에서 가이사랴로 내려가는 길에 머문 안디바드리는 헤롯의 아버지 이름을 따 만든 신도시다. 구약의 이름은 아벡으로 언약궤를 뺏겼던 곳이다. 이후 언약궤는 유다 지파의 기럇여아림을 거쳐 예루살렘으로 옮겨진다. 언약궤 이동은 이스라엘의 중심이 에브라임 지파 실로에서 유다 지파 기럇여아림과 예루살렘으로 옮겨진 사건이다.

AD 57년경, 신약 선교를 주도하던 바울의 이동은 복음의 중심이 이동한 경로와 같다. 13년 후 이곳을 지난 티투스의 군대는 예루살렘에서 탈취한 촛대를 가지고 바울과 같은 행로를 따라 로마로 향했다. 그 촛대는 지금도 로마 포룸의 티투스 장군 개선문에 선명하게 새겨져 있다. 계시록 2장에서 에베소 교회가 첫사랑을 잃으면 촛대를 옮기겠다고 경고했다. 촛대는 교회를 상징한다. 안디바드리, 아벡은 역사적으로 중심 이동의 교차점이었다. 복음의 중심과 교회는 주님을 멀리한 백성을 떠나 움직인다.

바울의 감옥들

로마의 감옥은 세 종류가 있다. 햇빛이 들고 공기를 들이마실 수 있는 죄수를 위한 보통 감옥과 사도 바울이 빌립보에서 경험한 견고한 빗장어 쳐져 있는 내옥과 바울이 로마 2차 투옥 시 갇힌 사형수들을 수감하는 지하감옥이다. 바울이 1차 투옥 때 죄수로서 한 병사와 같이 지내던 곳은 보통 감옥보다 약한 셋집으로 현재 기념 교회 내부 오른쪽 몇 계단 아래 위치한다.

> 우리가 로마에 들어가니 바울에게는 자기를 지키는 한 군인과 함께 따로 있게 허락하더라(행 28:16)
> 바울이 온 이태를 자기 셋집에 머물면서 자기에게 오는 사람을 다 영접하고 하나님의 나라를 전파하며 주 예수 그리스도에 관한 모든 것을 담대하게 거침없이 가르치더라(행 28:30-31)

바울은 로마에 가택 연금되어 재판을 기다렸다. 자신을 고소한 유대인들이 오지 않아 정식재판도 받지 못한 채 풀려났다. 재판을 받기 위해 기다리는 동안 그가 로마 시민이었기에 편지도 쓸 수 있었고 사식을 먹을 수도 있었다. 이때 에베소, 골로새, 빌레몬, 빌립보서를 기록했다.
그는 열악한 상황에서도 빌립보 교회에게 헌금을 보내 준 것에 감사하며 주 안에서 기뻐하라고 권면했다. 강단의 모자이크에는 로마 병사와 같이 있는 바울의 모습이 보인다. 에베소서를 보내면서 자기를 지키는 로마 병사처럼 전신갑주를 입으라고 구체적으로 말했으리라. 그가 잠시 조는 모습을 보며 깨어 기도하라는 말도 잊지 않았다. 그는 어떤 상황에서든지 복음 전파를 위해 전력을 다했다. 강단의 왼쪽에는 사도행전 말씀이, 오른쪽에는 디모데후서 말씀이 기록되어 있다.

> 복음으로 말미암아 내가 죄인과 같이 매이는 데까지 고난을 받았으나 하나님의 말씀은 매이지 아니하니라(딤후 2:9)

바울의 셋집
재판을 기다리면서 로마에 복음을 전하고 옥중서신을 기록한 곳이다.

7. 5차 전도: 서바나

❶ 다음 표의 성경 구절을 읽어 가며 색칠한 지명들을 성경에서 찾아 형광펜으로 표시하고, 지도에도 해당 장소를 형광펜으로 칠하라. 반복되는 장소는 다시 표기할 필요가 없다.

성경 구절	성경과 지도에 표시할 부분	비고
롬 15:28	서바나로 가리라	
딛 1: 5	그레데에 남겨 둔 이유는	
딤후 4:20	드로비모는 병들어서 밀레도에 두었노니	
몬 1:22	나를 위하여 숙소를 마련하라	빌레몬은 골로새 사람이다.
딤전 1:3	에베소에 머물라 한 것은	
딤후 4:13	네가 올 때에 내가 드로아 가보의 집에 둔	
빌 2:24	나도 속히 가게 될 것을	빌립보로 간다는 뜻.
딤후 4:20	에라스도는 고린도에 머물러 있고	
딛 3:12	니고볼리로 내게 오라	
딤후 4:21	겨울 전에 어서 오라	바울은 로마에 있었다.

❷ 성경과 지도를 펴고 형광펜으로 덧칠한 지역을 보면서 성경 장은 동그라미 숫자로, 구절은 동그라미 옆에 숫자로 적는다. 또한 그 옆에 그 구절 전후 주요 사건을 간단한 키워드로 기록한다(예, '④13 예언 성취' → 4장 13절, 예언이 성취되었다는 의미다).

성경 구절	지도에 표시할 위치	장절과 키워드	비고
롬 15:28	로마의 왼쪽 작은 육지 표시의 오른쪽	롬⑮28 서바나	지도 왼쪽 끝의 섬 모양.
딛 1:5	그레데 위에	딛①5 디도	
딤후 4:20	밀레도 아래	딤후④20 드로비모	
몬 1:22	골로새 오른쪽	몬①22 빌레몬	

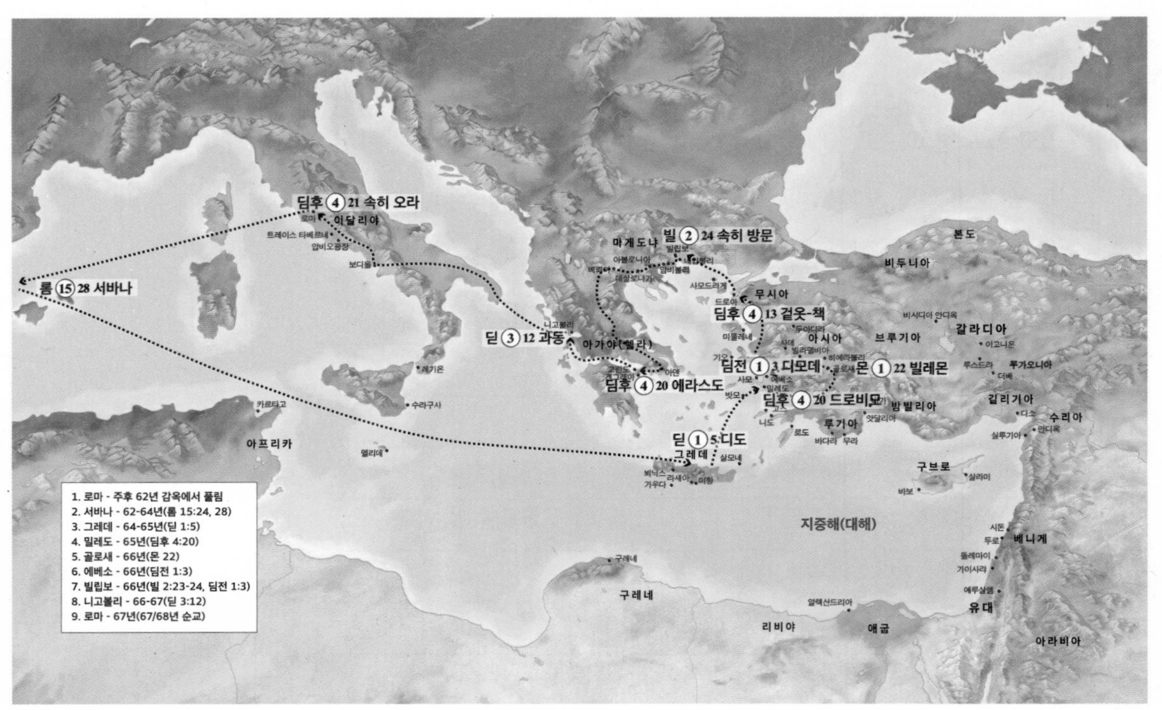

딤전 1:3	에베소 위	딤전①3 디모데	
딤후 4:13	드로아 아래	딤후④13 겉옷-책	
빌 2:24	빌립보 위	빌②24 속히 방문	
딤후 4:20	고린도 아래	딤후④20 에라스도	
딛 3:12	니고볼리 아래	딛③12 과동	
딤후 4:21	로마 위	딤후④21 속히 오라	

❸ 사도행전 이후의 여정으로 추정되는 곳들이다. 검정 점선 화살표를 통해 주요 활동을 역동성 있게 표시해 보자.

01 서바나행: 로마에서 왼쪽 가장자리 육지 모양을 향해 화살표를 하라. 서바나 방향이다.

02 그레데행: 위의 서바나 방향에서부터 출발해 수라구사와 멜리데 사

이를 지나 그레데를 향하여 화살표를 하라. 이곳에 디도를 남겨 둔다.

03 골로새행: 그레데에서 밀레도로 화살표하고, 밀레도에서 골로새로 가라.

04 에베소행: 골로새에서 에베소로 향하고, 에베소에서 육로로 드로아로 향하라.

05 고린도행: 드로아에서 빌립보로 갈라. 빌립보에서 3차 전도처럼 육로로 고린도로 가라.

06 로마행: 고린도에서 니고볼리로 가라. 니고볼리에서 이달리아반도 가장 가까운 육지에 도착해 보디올로, 보디올에서 로마로 향하라.

4 지도의 의미와 교훈

사도행전 이후의 역사적 서술은 없지만 사도행전 이후에 기록된 서신서들을 통해 그 여정을 충분히 추적해 볼 수 있다. 로마 연금에서 풀려난 바울은 로마서 15:28에서 말한 것처럼 서바나로 갔으리라 추정된다. 그리고 4차 때 들른 그레데에 가서 전도한 후 디도에게 사역을 맡기고, 밀레도를 거쳐 골로새, 에베소로 향했으리라 추정된다. 사도 바울의 이 마지막 여정은 3차 전도여행 후 심방하지 못한 지역을 돌아보는 한편, 옥중서신에서 약속한 지역을 방문한 것이었다. 특별한 점은 디도에게 니고볼리로 오라고 한 것을 볼 때 로마로 넘어가는 중이었던 듯하다. NIV 스터디 바이블에서는 니고볼리를 가기 전 고린도는 포함하지 않으나 디모데후서 4:20을 보면 고린도를 들렀던 것 같다.

더 깊은 묵상

왜 바울은 다시 로마로 갔을까?

바울은 66~67년경 로마에 도착한다. 이때는 64년 7월 18일 로마에서 대화재(Great Fire of Rome)가 일어나 그 책임을 그리스도인들에게 물으며 본격적으로 기독교를 박해하던 때였다. 역사가들에 의하면 베드로도 로마에 있었으며 같이 순교했다고 한다.

로마는 바울이 연금된 상태에서 복음을 전한 곳이다. 바울은 다시 심방해서 믿음을 굳게 하고 싶었을 것이다. 하지만 당시에 로마로 향하는 것은 목숨을 거는 행위였다. 3차 전도여행 후 생명의 위협을 알고도 예루살렘으로 올라간 것처럼 이번에도 그런 각오로 로마로 향했다. 사명을 위해 또 한 번 모험을 감행한 이 여정은 결국 그를 천국에 이르게 했다.

로마 포름에 있는 바울의 지하 감옥
바울이 사형 선고를 받고 지냈던 감옥에 베드로도 갇혔다.

사도행전
핫 플레이스

쿼 바디스 기념교회

베드로는 성도들의 간구로 로마의 위험에서 빠져나왔다. 그런데 로마 외곽으로 가는 이곳에서 주님의 환상을 본다. 베드로가 주님께 외친다.
"도미니에, 쿼 바디스?"(주여 어디로 가시나이까?)
"네가 나온 로마로 죽으러 간다."
예수님의 대답을 듣고 베드로는 몸을 돌려 로마로 돌아갔다. 그리고 자진하여 순교의 길을 갔다. 자신을 산 제물로 드리면서 주님처럼 죽을 자격도 없으니 십자가에 거꾸로 달아 달라고 했다. 십자가를 질 수 있나, 주님이 지금 물어보신다. 거기 너 있을 수 있느냐고 물어보신다. 현대의 순교는 각종 탐욕과 나태함을 이기는 것이다. 시대마다, 세대마다, 사람마다 주어진 십자가를 베드로처럼 지고 가기를 원한다.

로마의 압비오 길 옆에 있는 쿼 바디스 기념교회
베드로가 순교를 다짐하고 로마로 돌아가 십자가를 진 것을 기념한 교회.

카타콤

기독교가 공인되기 전 기독교인들의 무덤이자 은신처였던 카타콤. 응회암을 파서 만든 총 14km의 이 지하도로에는 수많은 관과 그림이 있다. 이들은 환난과 핍박 중에도 신앙을 지킨 성도의 신앙을 대변한다. 그들의 죽음 위에 로마 최초의 교회 건물이 세워졌다. 터툴리안이 순교자의 피는 교회의 씨앗이라고 말한 것이 이루어졌다. 교회는 순교자의 신앙 위에 세워졌고 그 교회의 릴레이가 계속되고 있다. 순교자의 신앙을 본받은 이들의 교회만이 영원할 것이다.

바울 순교지, 대분수교회

바울이 잠시 감금되었던 대분수교회에는 천국의 계단과 수천 명의 생명을 상징하는 별들이 천장에 가득 차 있다. 바울이 처형 당하기 전에 갇혀서 대기하던 감옥이다. 지하감옥은 겨울이 되고 비가 오면 뼈가 시릴 정도로 춥다. 그래서 바울은 디모데에게 "네가 올 때에 내가 드로아 가보의 집에 둔 겉옷을 가지고 오고 또 책은 특별히 가죽 종이에 쓴 것을 가져오라"(딤후 4:13)고 당부한다. 마지막을 앞둔 바울의 인간적인 면모가 드러나는 한편, 그가 끝까지 성경책을 붙들었음을 알 수 있다.
천국의 계단교회 왼쪽으로 가로수 길이 보인다. 순교지로 걸어가는 바울의 엄숙함이 느껴진다. 바울은 두려우면서도 기쁨으로 이 길을 갔을 것이다. 오늘날 이 순교자의 길을 순례자들이 걷고 있다. "하늘 가는 밝은 길이 내 앞에 있으니…." 찬송을 부르자 가사 하나하나가 실제적으로 다가온다. 바울은 한 기둥에서 참수형을 당했고 그 목이 떨어져 3번 튕기면서 3개의 샘을 만들었다고 하여, 참수 기념교회를 대분수교회라고 부르기도 한다.
베드로의 순교 장면이 그려진 제단에서 바울의 죽음의 제단을 바라보면서 예배한다. 그의 목이 달아난 기둥이 왼쪽에 있고 그의 머리가 튀어 샘이 나왔다는 3개의 샘 근원이 기념되어 있다. 바울의 복음 사역은 나를 통해, 우리를 통해 계속되고 있고 앞으로도 계속될 것이다.

로마의 지하무덤 카타콤
기독교인은 박해가 있을 때 이들의
신앙을 본받아 순교의 길을 갔다.

바울이 순교할 때 목이 놓여졌던 바위

사도 바울의 순교 길

chapter 4

사도행전 지도 비교

사도행전에서 바울의 전도여행은 1차, 2차, 3차에 이어 로마 호송을 하는 4차까지 언급되어 있다. 5차 전도여행은 디모데전후서와 디도서 등을 통해서 알 수 있다.

사도행전 전도여행의 특징은 복음이 서쪽으로 퍼져 가는 모양이라는 것이다. 1차 전도여행을 통해 갈라디아의 비시디아 안디옥에 최초의 교회가 세워진 후 이고니온, 루스드라, 더베에 교회가 세워졌다. 전도팀은 더베에서 수리아 안디옥으로 바로 올 수 있었지만 오던 길로 돌아가 심방했다. 갈라디아가 2, 3차 전도여행 지역으로 가는 길에 있었기 때문에, 갈라디아 심방은 2, 3차 전도여행 때 계속된다.

2차 전도여행은 중앙의 아시아를 건너뛰고 유럽 대륙에 집중되었다. 그리스의 북쪽인 마게도냐에서 아가야 쪽으로 내려왔다. 2차 전도여행지의 심방은 갈라디아와 다르게 3차 전도여행지인 아시아 사역을 마친 후 이루어졌다. 1차 전도여행을 마친 후 수리아에서 예루살렘을 방문하고,

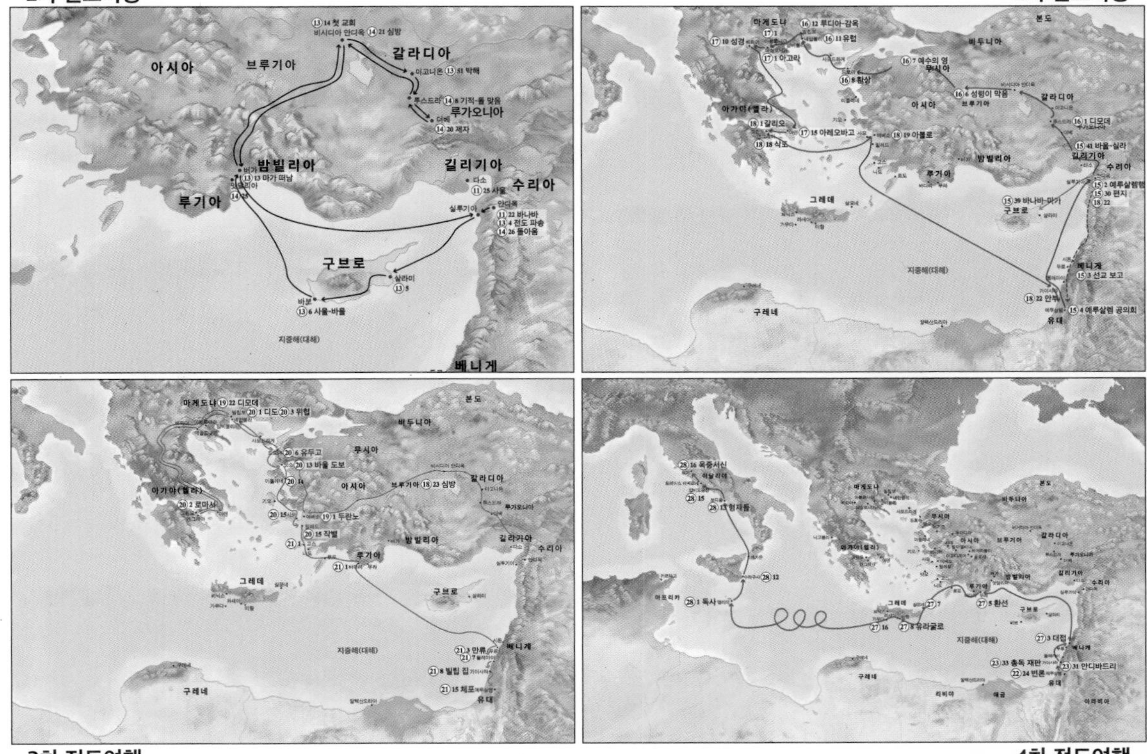

2차 전도여행은 수리아를 방문하기 전에 예루살렘을 먼저 방문하면서 시작한다. 3차는 예루살렘을 방문하면서 잡혀서 수리아 안디옥도 방문하지 못한다. 이 때문에 바울을 파송한 안디옥 교회와 관계가 소원해진다. 이는 아시아와 그리스 전도 후 예루살렘 교회와 지속적인 교제를 통해 복음으로 하나 되려는 시도로 보인다. 또한 구제헌금을 예루살렘에 전달하는 모습을 통해 이방 교회가 예루살렘을 돕는 양상으로 바뀐다.

마지막 로마 호송 때 들렀던 그레데는 5차 전도여행의 대상지로 결정된다. 이후 로마로 가는 보디올에 도착했을 때 로마에서 성도들이 마중 나왔는데 이는 바울의 선교사역이 이미 로마뿐 아니라 로마제국 전역에 영향을 미치고 있음을 보게 한다.

지도를 보면서 바울의 사역을 요약하자면 다음과 같다. 첫째, 바울은 심방 사역을 중요시했다. 둘째, 그는 수리아 안디옥에서 서쪽으로 가면서 갈라디아, 아시아, 그리스, 로마, 서바나로 복음을 전하려 했다. 다만 2, 3차 순서만 바뀌었을 뿐이다. 셋째, 예루살렘 교회와의 연결을 지속적으로 힘썼다. 이는 사도권과 연결되는 문제였으리라 추정된다.

MAPPING
BIBLE

PART 3 서신서

chapter 1

바울 서신 그리기

1 다음 표의 성경 구절을 읽어 가며 색칠한 지명들을 성경에서 찾아 형광펜으로 표시하고, 지도에도 해당 장소를 형광펜으로 칠하라. 반복되는 장소는 다시 표기할 필요가 없다.

성경 구절	성경과 지도에 표시할 부분	비고
롬 1:7	로마에서	57년 받은 곳
롬 16:23	이 성의 재무관 에라스도와	참고 "에라스도는 고린도에 머물러 있고"(딤후 4:20), 보낸 곳
고전 1:2	고린도에 있는	55년 초 받은 곳
고전 16:8	내가 오순절까지 에베소에	보낸 곳
고후 1:1	고린도에 있는 하나님의 교회와	55년 말
고후 9:4	혹 마게도냐인들이 나와 함께 가서	
갈 1:2	갈라디아 여러 교회들에게	48~49년
갈 2:11	게바가 안디옥에 이르렀을 때에	수리아 안디옥

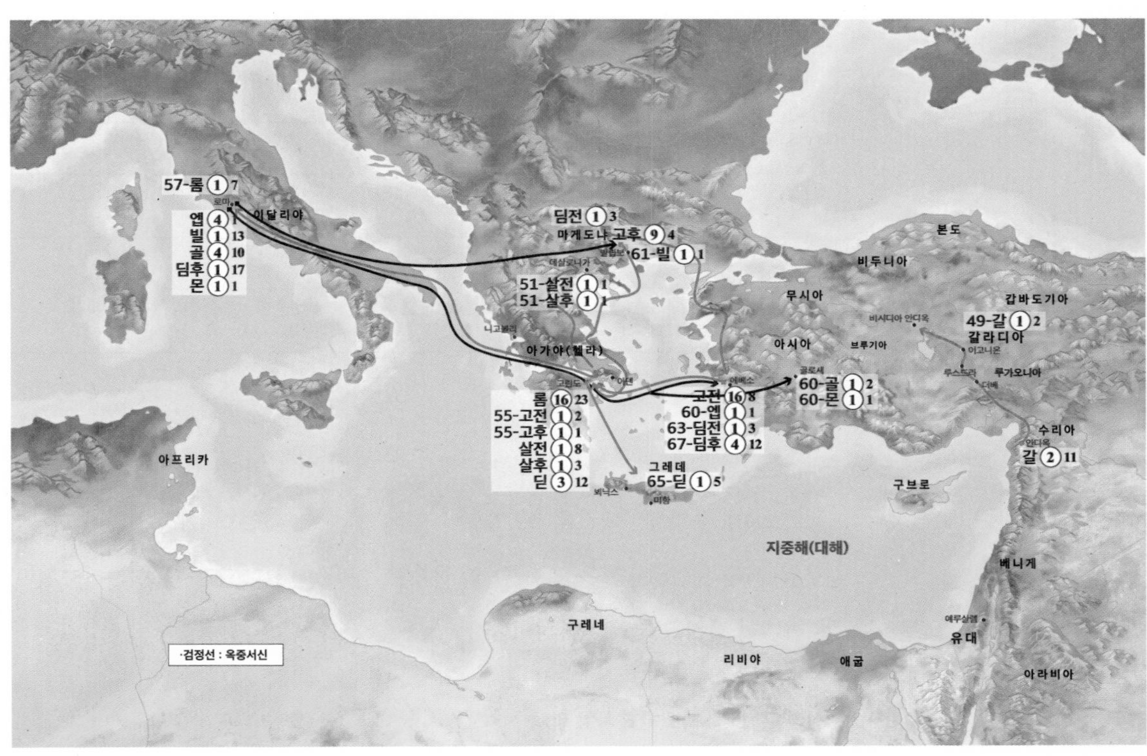

엡 1:1	바울은 에베소에 있는 성도들과	60년경 옥중서신
엡 4:1	주 안에서 갇힌 내가	로마 감옥
빌 1:1	빌립보에 사는 모든 성도와	61년경 옥중서신
빌 1:13	나의 매임이 그리스도 안에서	로마 감옥
골 1:2	골로새에 있는 성도들	60년경 옥중서신
골 4:10	나와 함께 갇힌 아리스다고와	로마 감옥
살전 1:1	데살로니가인의 교회에 편지하노니	51년경
살전 1:8	아가야에만 들릴 뿐 아니라	아가야의 고린도를 말함
살후 1:1	데살로니가인의 교회에 편지하노니	51년
살후 1:3	너희의 믿음이 더욱 자라고	고린도에서 두 번째 기록
딤전 1:3	너를 권하여 에베소에 머물라 한 것은	63년경
딤전 1:3	내가 마게도냐로 갈 때에	

딤후 1:17	로마에 있을 때에	로마 감옥
딤후 4:12	두기고는 에베소로 보내었노라	67년경 옥중 목회서신
딛 1:5	내가 너를 그레데에 남겨 둔 이유는	65년경
딛 3:12	네가 급히 니고볼리로 내게 오라 내가 거기서 겨울을 지내기로 작정하였노라	기록 시점에는 고린도에 있음.
몬 1:1	예수를 위하여 갇힌 자 된 바울과	로마 감옥
몬 1:1	사랑을 받는 자요 동역자인 빌레몬과	60년경 골로새의 빌레몬에게, 옥중서신

2 성경과 지도를 펴고 형광펜으로 덧칠한 지역을 가면서 성경 장은 동그라미 숫자로, 구절은 동그라미 옆에 숫자로 적는다. 또한, 그 옆에 그 구절 전후 주요 사건을 간단한 키워드로 기록한다(예, '57-롬①7' → 57년에 로마에서 편지를 받았다는 의미다).

성경 구절	지도에 표시할 위치	장절과 키워드	비고
롬 1:7	로마 위	57-롬①7	'57-'은 57년을 의미, 받은 곳
롬 16:23	고린도 아래	롬⑯23	보낸 곳
고전 1:2	고린도의 롬⑯23 아래	55-고전①2	받은 곳
고전 16:8	에베소 아래	고전⑯8	보낸 곳
고후 1:1	고린도의 '55-고전①2' 아래	55-고후①1	받은 곳
고후 9:4	마게도냐 오른쪽	고후⑨4	
갈 1:2	갈라디아 위	49-갈①2	48-49년
갈 2:11	수리아의 안디옥 아래	갈②11	
엡 1:1	에베소의 '고전⑯8' 아래	60-엡①1	
엡 4:1	로마 아래	엡④1	
빌 1:1	빌립보 오른쪽	61-빌①1	61년경
빌 1:13	로마의 '엡④1' 아래	빌①13	
골 1:2	골로새 아래	60-골①2	60년경

골 4:10	로마의 '빌①13' 아래	골④10	
살전 1:1	데살로니가 아래	51-살전①1	51년경 초
살전 1:8	고린도의 '55-고후①1' 아래	살전①8	
살후 1:1	데살로니가의 '51-살전①1' 아래	51-살후①1	51년 말
살후 1:3	고린도의 '살전①8' 아래	살후①3	
딤전 1:3	에베소의 '60-엡①1' 아래	63-딤전①3	63년경
딤전 1:3	마게도냐 위	딤전①3	
딤후 1:17	로마의 '골④10' 아래	딤후①17	
딤후 4:12	에베소의 '63-딤전①3' 아래	67-딤후④12	67년경
딛 1:5	그레데 아래	65-딛①5	65년경
딛 3:12	고린도의 '살후①3' 아래	딛③12	
몬 1:1	로마의 '딤후①17' 아래	몬①1	
몬 1:1	골로새의 '60-골①2' 아래	60-몬①1	60년경

❸ 빨강 펜을 가지고 서신을 기록한 장소에서(사각점으로 시작) 보낸 곳까지 화살표를 하라. 정확한 경로는 알려지지 않았기에 추정하여 그린다. 보낸 곳에는 언제 보냈는지 숫자를 표시하여 연대를 알 수 있게 했다. 기록된 연대순으로 그려 보자.

01 갈라디아서: 수리아 안디옥에서 육지를 따라 더베-루스드라-이고니온-비시디아 안디옥으로 향하라.

02 데살로니가전후서: 고린도에서 헬라를 지나 육지를 따라 데살로니가까지 화살표하라.

03 고린도전후서: 에베소에서 고린도로 향한다.

04 로마서: 고린도에서 출발하여 해협을 따라 이달리야 구두 발굽 모양 있는 곳으로 들어가 육지를 따라 로마로 향한다.

05 에베소서: 검정펜으로 로마에서 출발해 빨강 선과 평행을 이루며

고린도까지 와서 그곳을 지나 에베소까지 향한다.

06 골로새서 & 빌레몬서: 검정 선으로 고린도에서 에베소로 화살표를 한다. 그러고선 중간에서 한 갈래를 내어 골로새를 향한다.

07 빌립보서: 검정 선으로 로마에서 출발해 빨강 선 위로 평행을 이루며 가다가 구두 발굽 모양 위에서 바다를 건너 빌립보로 직진한다.

08 디모데전서: 마게도냐 오른쪽에서 해안가를 따라 에베소까지 가라.

09 디도서: 고린도에서 그레데까지 화살표하라.

10 디모데후서: 에베소서와 경로가 같아서 따로 그리지 않는다.

4 지도의 의미와 교훈

큰 그림으로 보면, 아시아, 그리스, 로마에 서신서들이 집중되어 있다. 전도여행의 거점이던 안디옥의 수리아와 1차 전도여행 때 교회를 세웠던 갈라디아는 바울이 서신으로 관리하는 지역에서 점점 멀어지고 있다. 편지를 가장 많이 기록한 곳은 로마이며, 다음은 고린도다. 편지를 많이 받은 곳은 에베소이며, 골로새까지 합치면 아시아 지역에 가장 많은 편지가 보내졌다. 바울 이후 요한이 에베소에 정착해 요한일이삼서를 기록하고 아시아 교회에 보냈으며, 요한복음까지 기록하고 요한계시록도 보내진 것을 보면 에베소에 서신 사역이 집중되었음을 알 수 있다.

반면에 아가야의 고린도는 중간 다리 역할을 톡톡히 했다. 바울이 고린도전서를 그렇게 길게 기록한 이유는 이곳이 전략적으로 로마와 아시아를 이어 주는 중요한 교두보였기 때문이리라. 마게도냐 지역의 빌립보와 데살로니가도 로마와 아시아의 중간지대 역할을 자주 하고 있음을 알 수 있다. 복음의 중심이 예루살렘에서 수리아 안디옥으로, 그리고 에베소에서 고린도, 로마로 이어지는 흐름을 본다.

에베소 요한 교회

특히 에베소서는 교회에 대한 하나님의 위대

하신 뜻을 설명한 후에, 그리스도의 죽음이 우리를 하나님과 화목케 하였음을 말한다(2:11-22). 그리고 하나님은 화목하게 된 각 사람을 한 몸인 교회로 연합시켰다. 교회는 "하늘에 있는 통치자들과 권세들"에게 하나님의 "각종 지혜"를 나타내시려는 수단이 되었다(3:7-13).

이렇게 교회에 대하여 집중적으로 말한 도시답게 에베소에서 예수 그리스도에 대한 교회의 최종적이고 중요한 결정이 내려진다. 바울서신과 요한서신의 중심지가 된 에베소에서 초대교회 3차 공의회를 개최했다. 온 교회가 모인 4차 공의회를 공의회의 마지막으로 여긴다면 3차 공의회의 결정은 매우 중요하다. 3차 에베소 공의회에서 예수님의 인성과 신성에 대한 부분을 확정했다. 그러나 에베소 도적회의가 이를 뒤집었다. 4차 공의회는 에베소 도적회의를 부인하고 다시 3차 공의회로 돌아갔다. 따라서 실질적으로 3차 에베소 공의회가 온 교회가 예수님이 어떤 분인가를 결정한 최종 공의회라 할 수 있다.

회의	년	장소	세계 공의회 내용
1차	325	니케아	'예수님은 참 하나님이며 본질상 하나님과 하나다'라는 니케아 신경을 확정한다. 교회는 이 고백을 거부하는 아리우스파를 추방한다.
2차	381	콘스탄티노플	니케아 신경을 재확립하고, 특히 삼위일체 교리를 확립했다.
3차	431	에베소	콘스탄티노플의 주교인 네스토리우스는 그리스도의 인성을 강조하기 위해 인성을 신성과 분리하려다 이단으로 정죄되었다. 공의회를 통해서 우리의 구속자이신 예수 그리스도, 성자께서는 신성과 인성의 두 본성이 긴밀하게 연합된 참 하나님이요, 참 사람이라는 정통 교리가 재확인되고, 유지되었다.
도적회의	449	에베소	유디케스는 '인성이 신성에 흡수되어 섞여서 또 다른 한 본성'이 되었다고 하는 혼합주의 단성론을 주장하였다. 이에 콘스탄티노플의 대주교인 플라비아누스가 그를 오히려 이단으로 정죄하였으나, 황제의 힘을 빌린 유디케스는 되레 플라비아누스를 이단으로 정죄해 죽게 했다.
4차	451	칼케톤	유디케스가 다시 정죄되면서 "그리스도는 완전한 신성과 완전한 인성을 지닌 한 분이시다. 그러나 (유디케스에 반박하여) 이 두 본성은 혼동되지도 않으며, 또한 (네스토리우스에 반박하여) 분리되지도 않는다"를 확정한다.

431년 3차 공의회가 열린 에베소의 마리아 교회

바울의 복음은 에베소를 통해 확장되었고, 또 에베소 공의회를 통해 확정되었다. 우리가 고백하는 사도신경의 완결판이 에베소에서 결정되었다.

더 깊은 묵상

성경 지리에서 백 투 예루살렘(Back to Jerusalem)을 어떻게 볼까?

복음이 수리아에서 아시아, 그리스, 로마로 서진하더니 유럽, 미주에 이어 우리나라로 건너와 중국, 중동으로 향하다 예루살렘으로 이르면 복음의 마지막이 온다는 이른바 복음의 서진운동(西進運動)이 선교에서 많이 이야기되고 있다. 그런데 성경에서는 서진운동을 말할까? 지리적으로 보면 드로아 환상은 서쪽이긴 하지만 바울 일행이 향한 곳은 북쪽에 더 쏠렸고, 이후 남쪽으로 향한다. 그리고 5차 전도여행은 서쪽으로 갔다가 다시 동쪽으로 돌아섰다. 바울의 고백을 통해 바울의 전도 전략을 알 수 있다.

19 표적과 기사의 능력으로 성령의 능력으로 이루어졌으며 그리하

여 내가 예루살렘으로부터 두루 행하여 일루리곤까지 그리스도의
복음을 편만하게 전하였노라
20 또 내가 그리스도의 이름을 부르는 곳에는 복음을 전하지 않기를
힘썼노니 이는 남의 터 위에 건축하지 아니하려 함이라 롬 15:19-20

지도에서 보듯 바울은 예루살렘 아래 남쪽, 이집트 방향은 전도하지 않았다. 그곳에는 이미 많은 유대인들이 있었고 빌립 집사가 복음의 씨앗을 뿌렸기 때문이다. 바울은 다른 사람이 전도하지 않은 지역에 힘썼지, 서진을 목표로 하지 않았다. 특히 로마시대는 지중해를 중심으로 세계가 이루어졌다고 여겼다. 알렉산더가 인도 원정을 중지한 이유도 너무 멀리 가면 지구 밖으로 나간다고 생각한 점도 있었다. 바울은 자신이 아는 세계, 즉 지중해 주변을 전했는데, 이것이 당시의 땅끝이었다.

오늘날의 땅끝은 어디일까? 작게는 지구가 둥그니 내가 서 있는 곳이 땅끝이고 과정으로 본다면 복음을 받지 않은 지역이 땅끝, 이방인의 지역이다. 물론 서진운동처럼 우리의 서쪽 중동이 복음을 많이 받지 않았기에 그곳도 땅끝이 된다. 어느 한 곳에 초점을 맞출 때 추진력이 생기긴 하나 과도한 해석은 성경을 자의적으로 해석하는 결과를 가져오기에 주의해야 한다.

chapter | 2

일반 서신과 요한 서신 그리기

1 히브리서부터 시작되는 일반 서신은 보내는 지역이 분명하지 않다. 다만 베드로전후서만이 그 대상을 다섯 지역으로 한정한다. 요한서신은 모두 에베소에서 기록하였고 아시아 지역에 보냈다. 요한계시록은 밧모섬에서 기록되어 아시아 일곱 교회에 보내졌다. 다음에 표시된 성경을 읽어 가며, 색칠한 지명을 성경에서 찾아 형광펜으로 표시하고, 형광펜으로 칠해진 장소는 지도에 덧칠하라. 반복되는 장소는 다시 표기할 필요가 없다.

성경 구절	성경과 지도에 표시할 부분	비고
벧전 1:1	예수 그리스도의 사도 베드로는 본도, 갈라디아, 갑바도기아, 아시아와 비두니아에 흩어진 나그네	지역 이름이다. 모두 수리아 북쪽에 위치하며 유대인들이 정착하던 지역이다.
계 1:9	밧모라 하는 섬에 있었더니	요한이 유배된 곳
계 2:1	에베소 교회의 사자에게	아시아 지역이다.

계 2:8	서머나 교회의 사자에게	
계 2:12	버가모 교회의 사자에게	
계 2:18	두아디라 교회의 사자에게	
계 3:1	사데 교회의 사자에게	
계 3:7	빌라델비아 교회의 사자에게	
계 3:14	라오디게아 교회의 사자에게	

2 성경과 지도를 펴고 형광펜으로 덧칠한 지역을 보면서 성경 장은 동그라미 숫자로, 구절은 동그라미 옆에 숫자로 적는다. 또한 그 옆에 그

구절 전후 주요 사건을 간단한 키워드로 기록한다(예, '④13 예언 성취' → 4장 13절, 예언이 성취되었다는 의미다).

성경 구절	지도에 표시할 위치	장절과 키워드	비고
벧전 1:1	아시아, 비두니아, 본도, 갈라디아, 갑바도기아 아래	벧전①1 나그네	총 5지역
계 1:9	밧모섬 아래	계①9 계시	
계 2:1	에베소 아래	계②1 첫사랑	
계 2:8	서머나 아래	계②8 충성	
계 2:12	버가모 위에	계②12 사탄 권좌	
계 2:18	두아디라 위에	계②18 이세벨	
계 3:1	사데 오른쪽에	계③ 1 깨어라	
계 3:7	빌라델비아 오른쪽에	계③7 성전 기둥	
계 3:14	라오디게아 오른쪽에	계③14 미지근	

3 검정 펜으로 계시록 일곱 교회의 편지 순서를 따라가며 그려 보자.

01 밧모섬에서 에베소로 향하라.

02 에베소에서 서머나로 향하라.

03 서머나에서 버가모로 향하라. 버가모는 한때 주변 왕국의 수도였다.

04 버가모에서 두아디라로 향하라. 두아디라는 버가모의 위성도시다.

두아디라 교회
라오디게아 교회

05 두아디라에서 사데로 향하라. 리디아(루디아) 왕국의 수도였다.

06 사데에서 빌라델비아로 향하라. 빌라델비아는 사데의 전진기지 역할을 했다.

07 빌라델비아에서 라오디게아로 향하라. 라오디게아는 아시아 경계 지역이다.

4 지도의 의미와 교훈

히브리서와 야고보서는 흩어진 유대 그리스도인에게 보내는 글이었다. 히브리서의 저자를 터툴리안은 바나바라고 했으나 확실하지는 않다. 야고보는 예수님의 동생으로 예루살렘의 기둥과 같이 여기던 사도였다(갈 2:9). 사도행전 15장에 나오는 이방인의 구원 문제 갈등 이전에 기록했다면, 갈라디아서와 비슷한 시기에 기록되었을 것이다. 야고보의 동생 유다는 이단들을 경계하는 편지를 썼다. 베드로전후서는 현재 터키 전역에 흩어진 그리스도인들을 향하여 기록했다.

바울은 자신이 전도여행을 한 도시를 지칭하여 편지를 쓴 반면에 다른 사도들은 큰 지역을 아울러 회람편지 형태로 기록했음을 알 수 있다. 다만 요한계시록만이 도시 이름을 지칭한다. 요한이 에베소에서 사역했기에 아시아의 도시들을 자세히 알고 있었을 것이라 추정된다. 바울서신과 연계한다면 아시아의 일곱 교회는 에베소의 두란노 서원 부흥운동의 결과로 세워진 교회들이라고 볼 수 있다. 라오디게아 교회 옆의 골로새,

버가모 교회
사데 교회

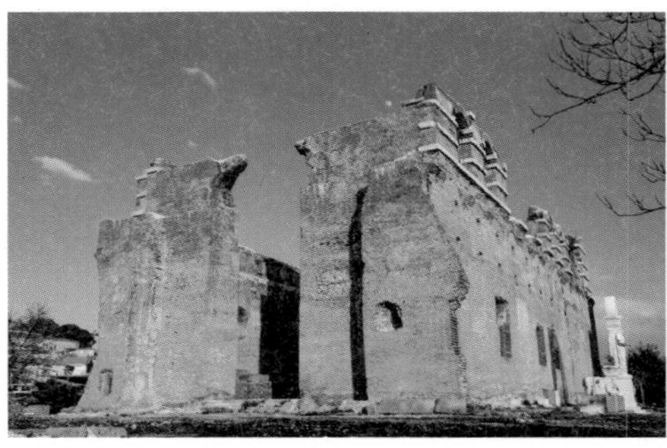

히에라볼리 교회도 아시아의 교회로, 골로새 교회는 바울이 전도한 에바브라에게 복음을 들었다(골 1:7).

더 깊은 묵상

계시록의 일곱 교회 순서는 시계 방향이다

계시록에서 교회에 보낸 편지 순서를 보면 시계 방향으로 돈다. 사사기의 사사 순서는 시계 반대 방향으로 회전하는데, 이와는 반대 방향이다. 그 이유는 아마도 히브리어는 오른쪽에서 왼쪽으로 기록하고, 헬라어는 왼쪽에서 오른쪽으로 기록하기 때문이라고 본다. 요한도 유대인이다. 확실히 유대인들은 시간적인 개념보다 지역적인 개념이 강한 것 같다. 공관복음 기록 순서도 지역을 존중하여 갈릴리에 이어 예루살렘으로 기록하더니, 계시록 일곱 교회도 도시 순서대로 기록하고 있다.

또한 에베소에서 서머나, 버가모까지 해안가를 따라 이어진 경로 외에 버가모부터 두아디라, 사데, 빌라델비아, 라오디게아는 루카스강을 따라 이어진 골짜기다. 왜냐하면, 이 길을 따라 갈라디아의 비시디아 안디옥에 이어 수리아 안디옥까지 이어지기 때문이다.

과거 페르시아의 고레스왕은 루카스강을 따라 빌라델비아를 무너뜨리고 사데를 점령하여 리디아 왕국을 정복했다. 헬라의 알렉산더왕은 헬라에서 버가모, 사데 등을 누르고 에베소를 정복한 후 밀레도까지 원정했다. 사도 바울은 이 골짜기를 따라 3차, 5차 전도여행을 했다. 세상의 군왕들이 정복한 그 길을 따라 바울은 복음으로 도시들을 차례로 정복했다. 예수님이 요한에게 일곱 교회를 말씀하실 때 시계 방향으로 기록한 것을 보면 주님은 질서의 하나님이다.

믿음을 지킨 지역, 갑바도기아

갑바도기아 지역은 헤롯의 아들 아켈라오의 아내였던 글라피라 공주의 고향으로(마 2:22), 아켈라오의 아들과 손자가 이 주변을 다스리기도 했기에 갑바도기아는 유대인과 관계가 많다. 베드로의 편지는 누군가의 손에 들려 로마에서 이곳까지 왔다.
기암절벽으로 둘러싸인 갑바도기아의 지면은 화산재로 덮여 검정 모자를 쓴 듯하며 지면 아래는 연한 석회암이 오랜 비에 쓸려 나가 버섯 모양의 바위와 산들이 많다. 연한 석회암 벽에는 수많은 구멍이 나 있다. 수천 년 전, 이 구멍들은 밖에서 보이지 않았다. 그래서인지 괴레메는 '보이지 않는 지역'이라는 뜻으로 그리스도인들이 박해를 피해 숨어 지내며 은밀히 믿음을 지킨 곳이다. 수도원 운동의 시초가 된 이 지역에서 1천 개가 넘는 동굴교회가 발견되었다.
데린구유는 지하도시를 말한다. 둘레만도 30km, 깊이 120m의 지하 20층으로 이루어진 대규모 지하도시다. 내려가는 곳곳에 돌문이 있는데, 로마의 박해를 피해 이곳에 머물던 그리스도인들이 위급할 때 문을 폐쇄하기 위한 장치다. 몇 층을 더 내려가면 넓은 공간에 예배를 드리던 처소가 나타난다. 다윗은 이런 동굴에서 다음과 같이 노래했다.

> 7 하나님이여 내 마음이 확정되었고 내 마음이 확정되었사오니 내가 노래하고 내가
> 찬송하리이다 8 내 영광아 깰지어다 비파야, 수금아, 깰지어다 내가 새벽을 깨우리로
> 다 9 주여 내가 만민 중에서 주께 감사하오며 뭇 나라 중에서 주를 찬송하리이다 10
> 무릇 주의 인자는 커서 하늘에 미치고 주의 진리는 궁창에 이르나이다 11 하나님이여
> 주는 하늘 위에 높이 들리시며 주의 영광이 온 세계 위에 높아지기를 원하나이다(시
> 57:7-11)

갑바도기아 괴레메 교회
연한 석회암으로 구성된 갑바도기아는 동굴을 이용해 주거지와 수도원을 건축했다.

지하 동굴 데린구유
박해를 피해 안전을 위한 돌문을 만들었다.

베드로의 편지가 큰 음성이 되어 우리 마음의 동굴에 울린다.

> 8 근신하라 깨어라 너희 대적 마귀가 우는 사자같이 두루 다니며 삼킬 자를 찾나니 9 너희는 믿음을 굳건하게 하여 그를 대적하라 이는 세상에 있는 너희 형제들도 동일한 고난을 당하는 줄을 앎이라(벧전 5:8-9)

박해가 끝난 후 고향으로 돌아간 사람들은 얼마 후 다시 이곳으로 돌아왔다. 기독교가 오염되면서 수도원 운동을 통해 그들의 신앙을 보존하기 위해서였다. 동굴 복음은 언제나 필요하다.

갑바도기아 수도사의 골짜기라 불리는 파샤바 골짜기
박해에 이어 기독교 타락을 피해 온 수도사들이 머물던 곳이다.

열정을 잃은 미지근한 신앙, 라오디게아

브루기아인의 도시로 BC 250년경, 북방 왕인 셀류쿠스 안티오쿠스 2세가 그의 아내 라오디케의 이름을 따서 세웠다. 라오디게아는 브루기아와 루디아 지방의 경계로 리쿠스(Lycus)강 중앙에 있는 비옥한 땅 언덕에 위치한다. 라오디게아의 북쪽에는 히에라볼리가 있고 남쪽에는 골로새가 있다. 수리아 안디옥에서 오는 도로가 라오디게아를 통과하여 서쪽으로 160km를 달려 밀레도와 에베소 항구에 이른다. 교통의 요지여서 금융과 환전의 중심지 역할을 했고, 뛰어난 검은 양모로 만든 옷감이 생산되던 전통대로 지금도 영국의 버버리 라든지 명품 옷감을 생산하는 곳이기도 하다. 또한 상업과 의학이 발

전했다.

동쪽 문을 통해 라오디게아에 들어서면 도시를 가로지르는 대로인 카르도가 펼쳐지며, 2세기 후반에 세워진 상점과 신전, 특히 황제숭배와 아폴로, 아데미, 아프로디테를 섬겼던 거대한 신전이 좌우에 즐비하다. 4세기 기독교가 공인을 넘어 국교가 되자 한때 우상숭배가 극에 달하던 이 도시의 신전이 교회로 사용되기도 했다. 복원한 라오디게아는 거대한 도시의 위용을 나타내고 있다. 신전과 함께 잘 복원된 교회는 유적 보호를 위해 지붕까지 덮어 놓았는데, 이슬람 정부가 관광을 위해 교회를 복원한 것이 아이러니할 뿐이다.

은행업으로 부유해진 사람들은 지진으로 도시가 폐허가 된 후에도 자신의 돈으로 도시를 복원할 정도로 막강한 부를 축적했다. 양모는 그들의 자부심이었으며 안과대학과 그들이 제조한 약은 자신들이 건강한 사람이요 부유한 사람으로 착각하게 만들었다.

부유한 동네, 부유한 교회, 이곳에 예수님이 계셨을까? 주님은 그들을 가난한 자요, 벌거벗은 자요, 눈먼 자라고 하셨다. 빨리 믿음의 금을 사고 행위의 세마포를 입고 하나님 중심의 눈을 뜨라고 하셨다. 계시록 3:20의 말씀처럼 주님은 부유하고 나태한 라오디게아 사람들의 문 밖에 서서 문을 두드리고 계신다. 누구든지 그 음성을 듣고 문을 열면 주님이 함께하며 모든 문제를 정돈해 주신다.

라오디게아 교회는 차지도 않고 뜨겁지도 않은 미지근한 신앙으로 책망을 받았다(계 3:15-16). 이는 마을에 도착하는 물과 같은 신앙을 말한다. 유명한 온천인 히에라볼리에서 수로를 따라온 물이 라오디게아에 오면 미지근해진 것을 비유한 말이다. 라오디게아는 물 사정이 좋지 않아 약 16km 떨어진 골로새로부터 물을 공급받았는데 라오디게아에 도착하면 이도 미지근해졌다. 예수님은 열정을 잃은 미지근한 신앙은 토하여 버리겠다고 경고하신다.

라오디게아 카르도
동문에 들어서면 넓은 도로 좌우로 상점들이 복원되어 있다.

신전
아폴로, 아데미, 아프로디테에게 헌정된 신전은 후에 교회로도 사용되었다.

라오디게아 교회
교회 건물로는 가장 잘 복원된 건물 중 하나다.

이스라엘의 먹거리 2

최고의 대접, 양갈비

아브라함은 최고의 손님을 대접할 때 기름지고 좋은 송아지를 잡았다(창 18:7). 그리스정교회 교인은 사순절 기간 동안 고기를 먹지 않다가 부활절을 맞으면서 양을 잡아 통째로 바비큐를 하여 가족이 함께 먹는다. 귀한 손님에게 최고의 대접을 하고 싶으나 송아지나 오랜 시간이 걸리는 양통구이를 하지 못할 때는 가장 맛난 부위인 양갈비를 대접한다. 현대인의 입맛에는 통구이보다 기름기가 많은 양갈비가 더 맞을지도 모른다.

저녁으로 숯불에 굽는 바비큐는 지중해 기후에 딱 맞는 최고의 식사다. 낮에는 뜨거운 더위가 이글거리다가 저녁이 되면 서늘할 정도로 썰렁한 공기에 숯불이 피워지면 주변도 적당히 온기가 들면서, 익어 가는 갈비 내음이 저녁을 풍성하게 한다. 우리나라 같으면 파리나 모기로 괴로울 텐데 저녁이 되면 파리도 집에 가고, 모기는 너무 건조한 날씨 탓에 찾아보기 힘들어 저녁에 먹기 좋을 수밖에 없다. 숯불에 살짝 그을린 갈비가 자글자글 소리를 내면서 속에서 흘러나오는 기름이 식욕을 더한다. 분위기와 함께하는 맛있는 양갈비는 누가 뭐래도 중동에서 최고의 손님 대접 음식이다.

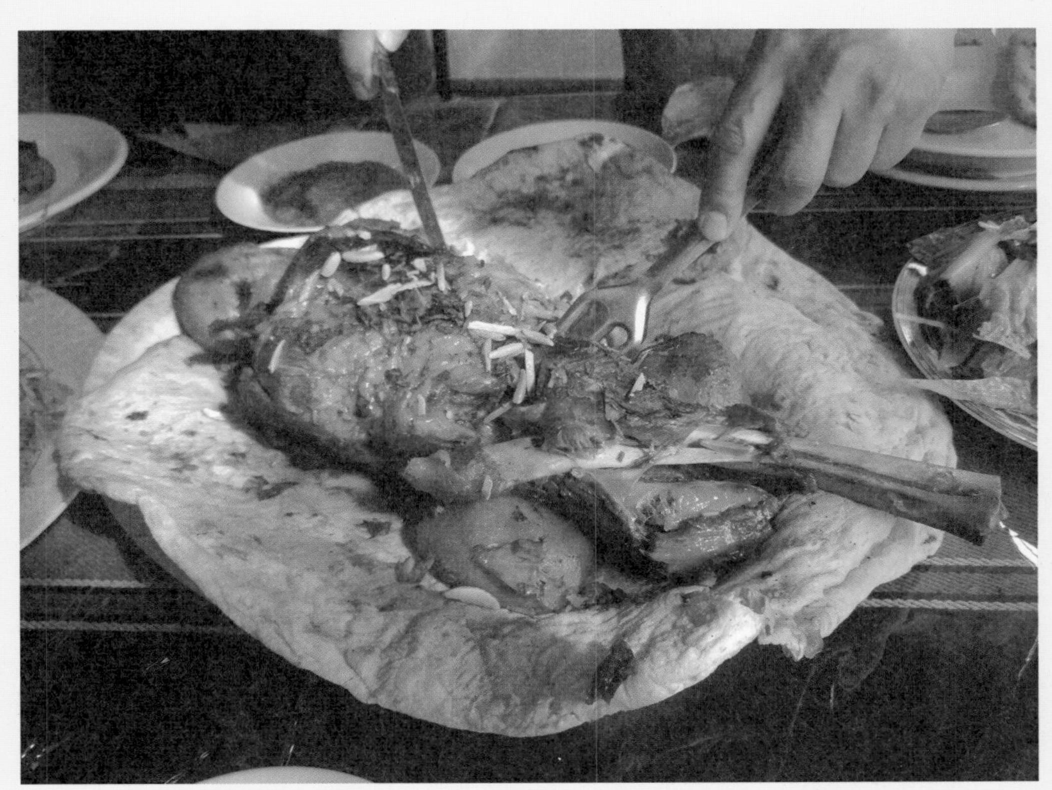

참고문헌

| 단행본 |

이문범, "A Study of a Biblical Event with a Geographical-Historical Approach: Jesus' Visitation of Sychar in John 4 as the Geographical-Historical Fulfillment of Worship Events" Ph.D., Israel -- Jerusalem: University of the Holy Land, 2015.

____.《역사지리로 보는 성경(신약편)》. 서울: 두란노서원, 2017.

____.《믿음의 땅, 성경 이스라엘 입체지도》. 수원: 그땅, 2015.

홍순화,《GPS 성경지명사전》. 서울: 한국성서지리연구원, 2012.

| 단행본 역서 |

Anson F. Rainey, R. Steven Notley,《포이에마 성서지도》. 이미숙 역. 서울: 포이에마, 2012.

Brisco, Thomas V.,《Holman Bible Atlas. 두란노 성서지도》. 이문범 외 8명 역. 서울: 두란노, 2008.

Eusebius Pamphilus,《유세비우스의 교회사》. 엄성옥 역. 서울: 은성, 2008.

Josephus, Flavius, and William Whiston,《요세푸스》. 김지찬 역. 서울: 생명의말씀사, 1987.

| 편집 서적 |

편집부,《성경전서(관주 해설: 독일 성서공회판)》. 서울: 대한성서공회, 1997.

성서지명강해대전 편찬위원회 편저,《성서지명강해대전》. 서울: 도서출판 성지서원, 1997.

편집부, 강병도 편저,《카리스 종합주석 시리즈》. 서울: 기독지혜사, 2003.

| 영문 자료 |

Avi-Yonah, Michael. *Map of Roman Palestine*. Jerusalem, London: Pub. for the government of Palestine by H. Milford, Oxford University, 1940.

Barker, Kenneth L, and Donald W Burdick, eds. *The NIV Study Bible*. Grand Rapids, Mich.: Zondervan, 1995.

Dorsey, David A. "Shechem and the Road Network of Central Samaria." Bull. Am. Sch. Orient. Res., no. 268 (1987): 57-70.

____. *The Roads and Highways of Ancient Israel*. Baltimore: Johns Hopkins University, 1991.

____. "The Roads and Highways of Israel during the Iron Age." Ph.D. Dissertation, Dropsie University, 1981

Monson, James M. *Regions on the Run: Introductory Map Studies in the Land of the Bible*. Rockford, IL: Biblical Backgrounds, Inc., 1998.

____. *The Land Between: A Regional Study Guide to the Land of the Bible*. Highland Park, III.: Institute of Holy Land Studies, 1983.

NIV Archaeological Study Bible: An Illustrated Walk Through Biblical History and Culture : New International Version. Grand Rapids, Mich. Zondervan, 2005.

Yadin, Yigael. *Jerusalem Revealed: Archaeology in the Holy City*, 1968-1974. Jerusalem: Israel Exploration Society, 1975.

Zangenberg, J. *Jesus and Archaeology*. Edited by James H. Charlesworth. Grand Rapids, Mich. Eerdmans, 2006.

MAPPING BIBLE

부록

이문범
지음

두란노

그리는 성경

신약편-부록

그리는 성경

지은이 | 이문범
초판 발행 | 2019. 6. 12.
4쇄 발행 | 2021. 12. 28.
등록번호 | 제1988-000080호
등록된 곳 | 서울특별시 용산구 서빙고로65길 38
발행처 | 사단법인 두란노서원
영업부 | 2078-3352   FAX | 080-749-3705
출판부 | 2078-3331

책 값은 뒤표지에 있습니다.
ISBN 978-89-531-3520-8 04230
ISBN 978-89-531-3521-5 04230 (세트)

독자의 의견을 기다립니다.
tpress@duranno.com   www.duranno.com

두란노서원은 바울 사도가 3차 전도여행 때 에베소에서 성령 받은 제자들을 따로 세워 하나님의 말씀으로 양육하던 장소입니다. 사도행전 19장 8~20절의 정신에 따라 첫째 목회자를 돕는 사역과 평신도를 훈련시키는 사역, 둘째 세계선교(TIM)와 문서선교(단행본·잡지) 사역, 셋째 예수문화 및 경배와 찬양 사역, 그리고 가정·상담 사역 등을 감당하고 있습니다. 1980년 12월 22일에 창립된 두란노서원은 주님 오실 때까지 이 사역들을 계속할 것입니다.

MAPPING BIBLE

부록

신약편

이문범 지음

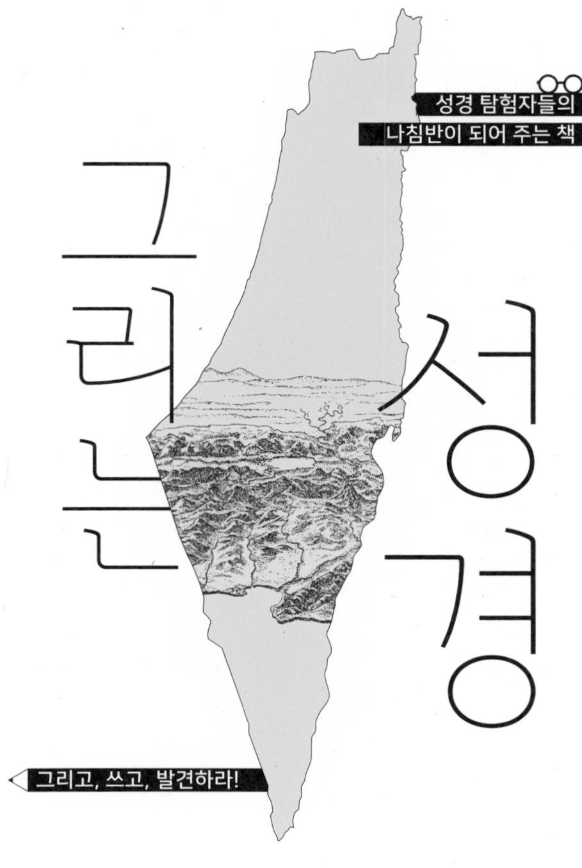

그리는 성경

두란노

목차

부록
지도 그리기

일러두기

〈부록-지도 그리기〉에서는 OHP필름을 제공한다. 밑그림 지도 위에 필름을 대고 성구와 키워드, 사역 루트를 그려 보고 지우고 다시 그릴 수 있다. 그리고 종이에 직접 그려도 좋다. 종이 지도는 2장씩 배치했다.

1

방향 감각

성경의 방향 기준은 동쪽으로, 동쪽이 앞이자 위쪽이다. 그러므로 사복음서와 사도행전의 유대 지도는 동쪽을 위쪽으로 하여 지도를 만들었다. 그러나 사도행전 전도여행부터는 무대가 확대되면서 현대 감각인 북을 위쪽으로 하는 지도를 사용한다. 단, 사도행전 예루살렘 지도는 다양한 방향에서 바라보도록 서쪽에서 동쪽을 보는 지도를 만들었다.

2

성경 읽기

그리기 1단계는 본문에 나오듯 성경을 읽으며 장소를 표시하는 것이다. 미리 준비한 형광펜으로 그리는 성경 본문의 지명을 찾아 표시한 후, 부록 지도의 지명에도 표시하여 성경과 지도를 맞추도록 한다.

3

구절과 키워드

본문의 지시에 따라 부록 지도에 성경 구절과 함께 해당 사건의 키워드를 기록한다. 사건의 키워드는 지명이 기록된 전후 내용의 핵심 내용을 성경에서 찾아 기록하려 노력했다. 대부분의 성경에서 사건의 키워드는 문단 앞에 있다.

4

사건 순서

성경의 사건 순서를 분명하게 보기 위해 성경의 각 장을 원문자(①, ②…)로 기록했다. 지도를 완성한 후 원문자를 따라가면 성경의 흐름을 알 수 있다.

5

역동성

사건의 역동성을 더하기 위해 일부 사건은 화살표 선을 더했다. 화살표 선을 통한 움직임은 성경 사건의 흐름을 실제적으로 볼 수 있는 계기가 된다.

6

종합 비교

사복음서의 갈릴리 사역, 예루살렘 사역, 바울의 전도여행, 서신서 등을 함께 모아 보면 각 복음서의 공통점과 차이점, 바울 사역의 흐름, 서신서의 강조 지역 등을 볼 수 있다. 필자가 각 지역을 종합하여 비교한 후 특징을 간단히 기록했지만, 각자 더 다양하고 창의적인 해석을 할 수 있을 것이다.

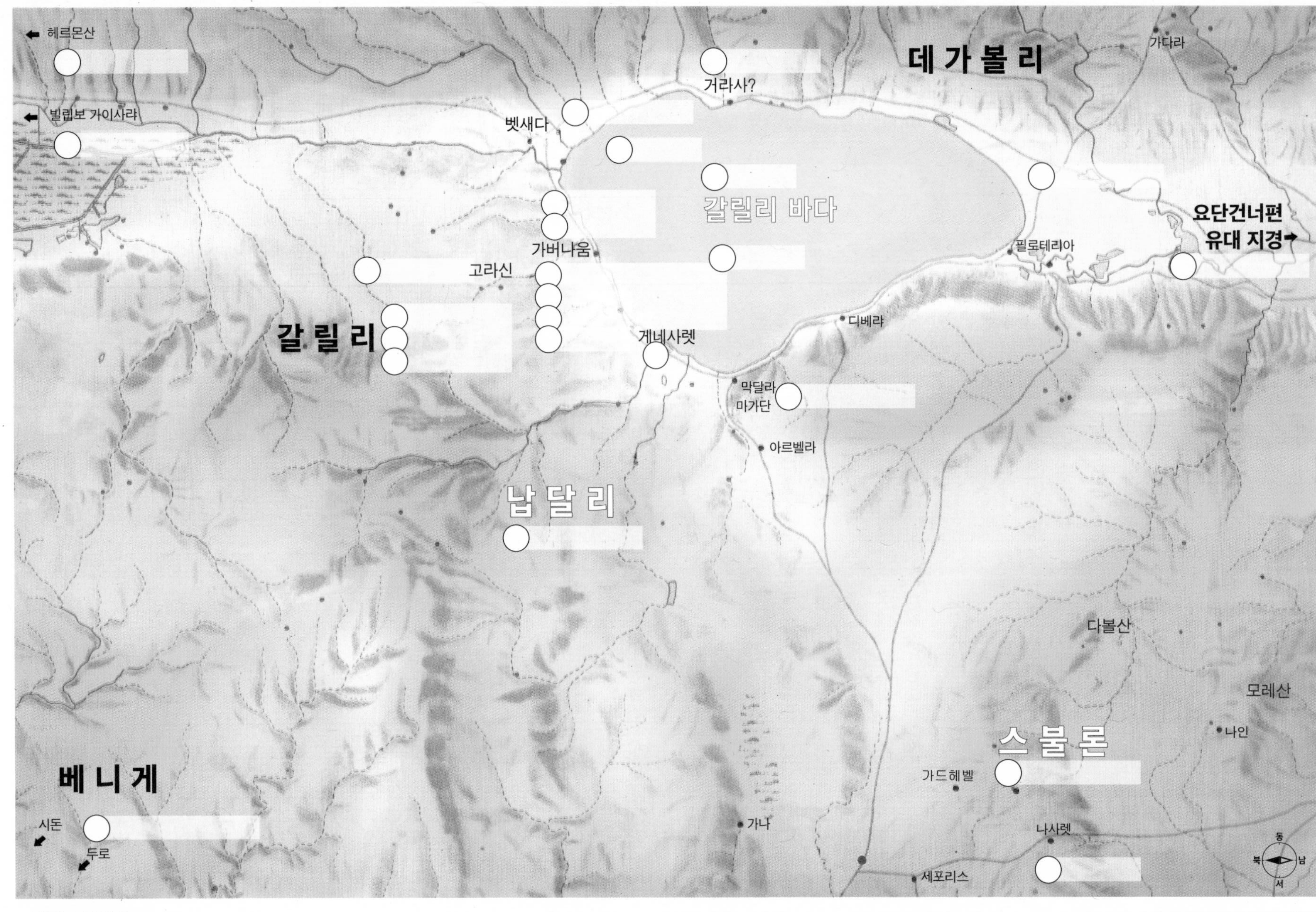

헤르몬산
빌립보 가이사랴
거라사?
데 가 볼 리
가다라
벳새다
갈릴리 바다
가버나움
고라신
요단건너편
유대 지경
필로테리아
갈 릴 리
게네사렛
디베랴
막달라
마가단
아르벨라
납 달 리
다볼산
모레산
나인
스 불 론
가드헤벨
베 니 게
시돈
두로
가나
나사렛
세포리스
동
서
남
북

마태 1: 갈릴리

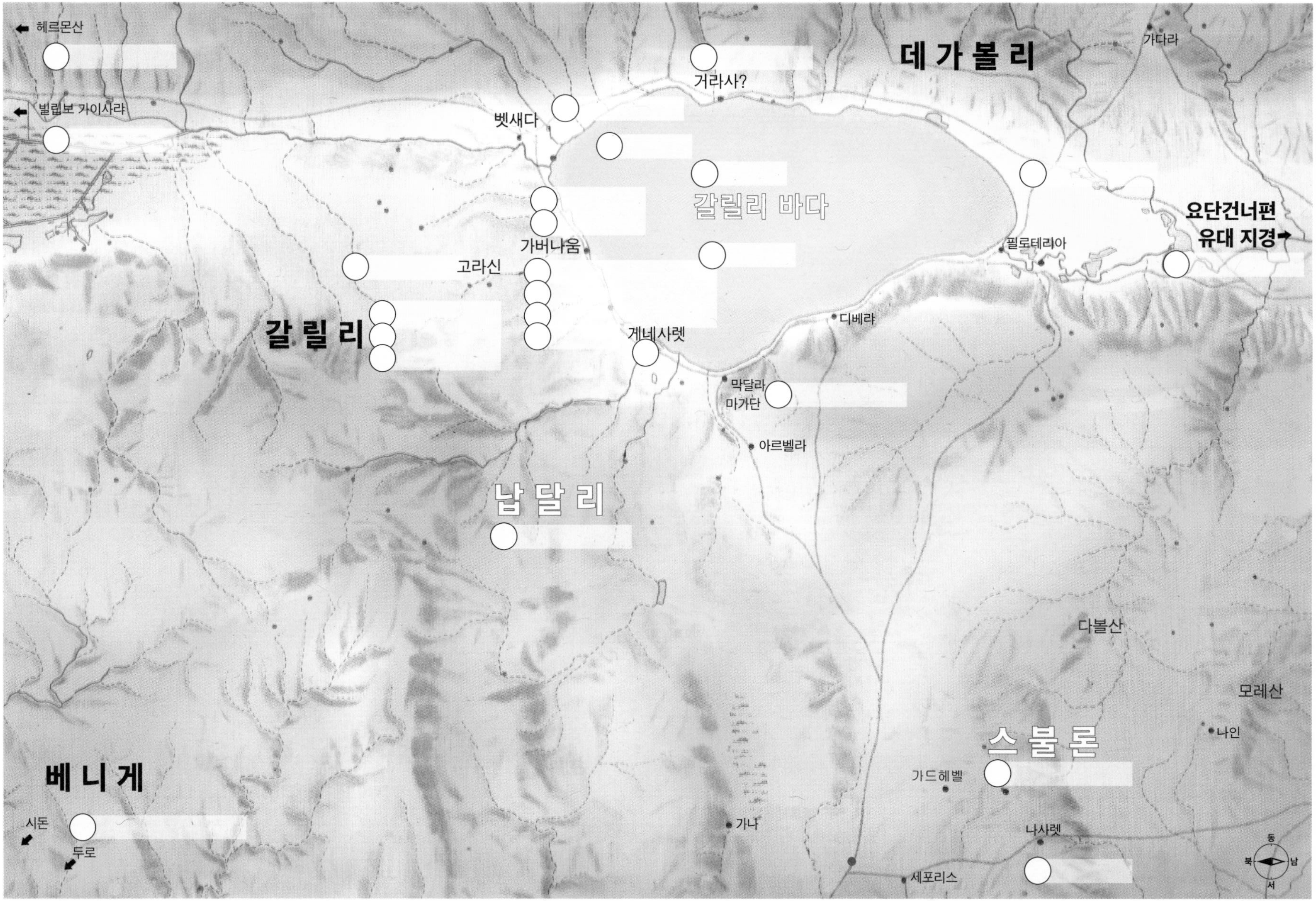

헤르몬산
빌립보 가이사랴
벳새다
거라사?
데가볼리
가다라
갈릴리 바다
가버나움
고라신
갈릴리
게네사렛
디베랴
필로테리아
요단건너편
유대 지경
막달라
마가단
아르벨라
납달리
다볼산
모레산
나인
스불론
가드헤벨
나사렛
세포리스
가나
베니게
시돈
두로
동
서
남
북

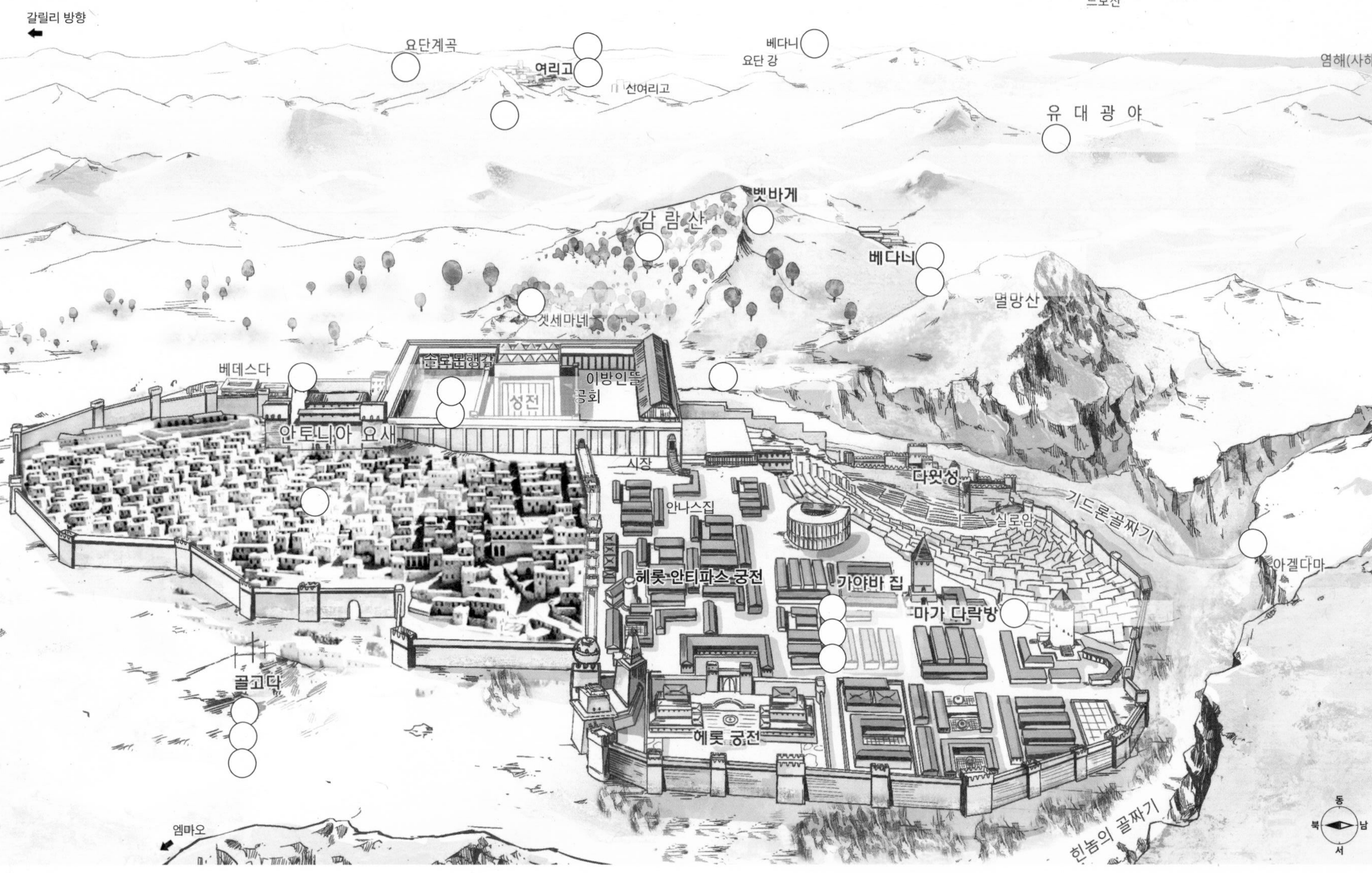
갈릴리 방향
요단계곡
여리고
신여리고
베다니
요단 강
느보산
염해(사해)
유 대 광 야
감 람 산
벳바게
베다니
멸망산
겟세마네
베데스다
솔로몬 행각
성전
이방인뜰
공회
안토니아 요새
시장
안나스집
다윗성
실로암
기드론골짜기
아겔다마
헤롯 안티파스 궁전
가야바 집
마가 다락방
골고다
헤롯 궁전
엠마오
힌놈의 골짜기
동
서
남
북

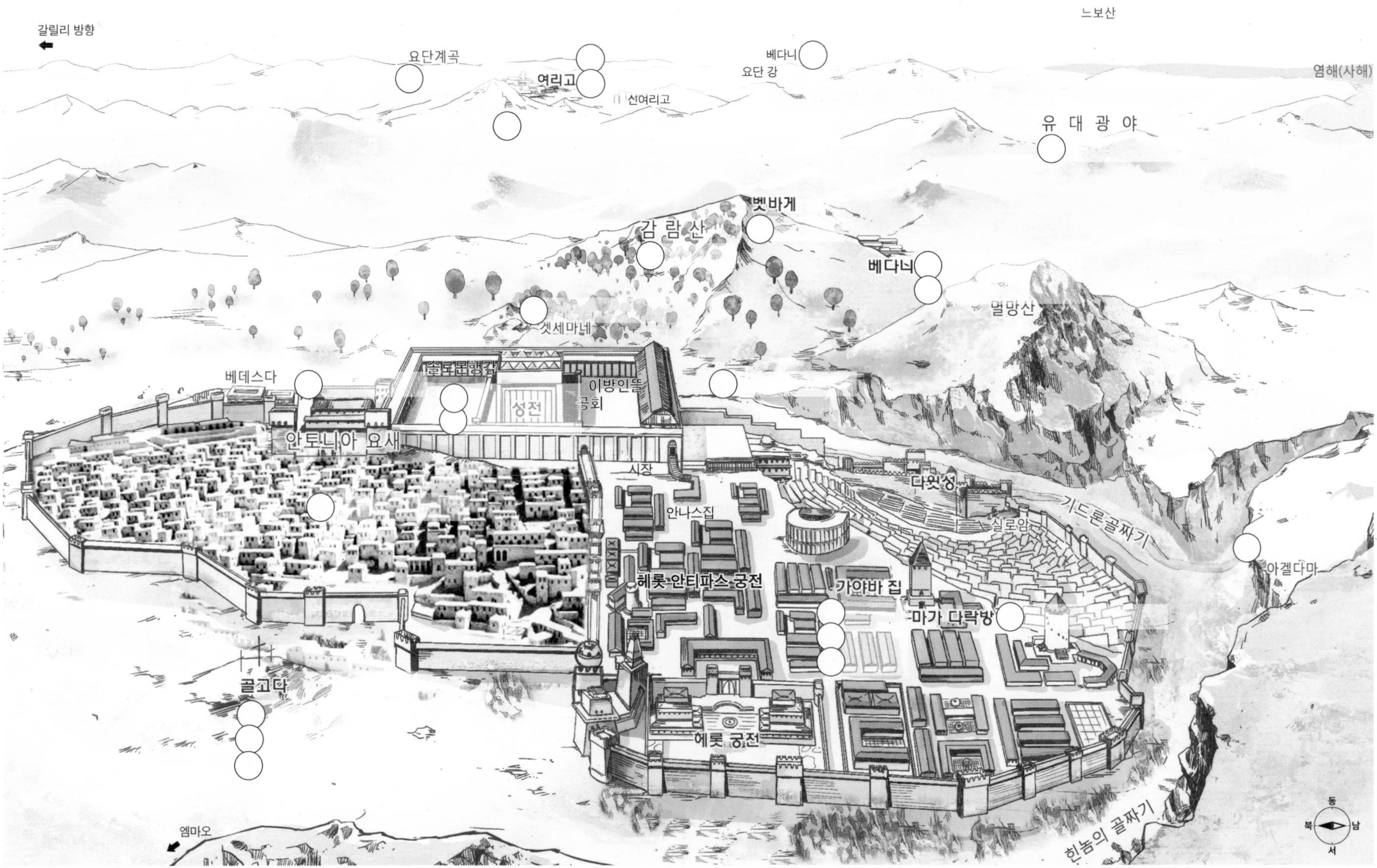

갈릴리 방향
느보산
요단계곡
여리고
선여리고
베다니
요단 강
염해(사해)
유 대 광 야
벳바게
감 람 산
베다니
멸망산
겟세마네
베데스다
솔로몬행각
성전
이방인뜰
공회
안토니아 요새
시장
다윗성
안나스집
실로암
기드론골짜기
아겔다마
헤롯 안티파스 궁전
가야바 집
마가 다락방
골고다
헤롯 궁전
엠마오
힌놈의 골짜기
동
북
남
서

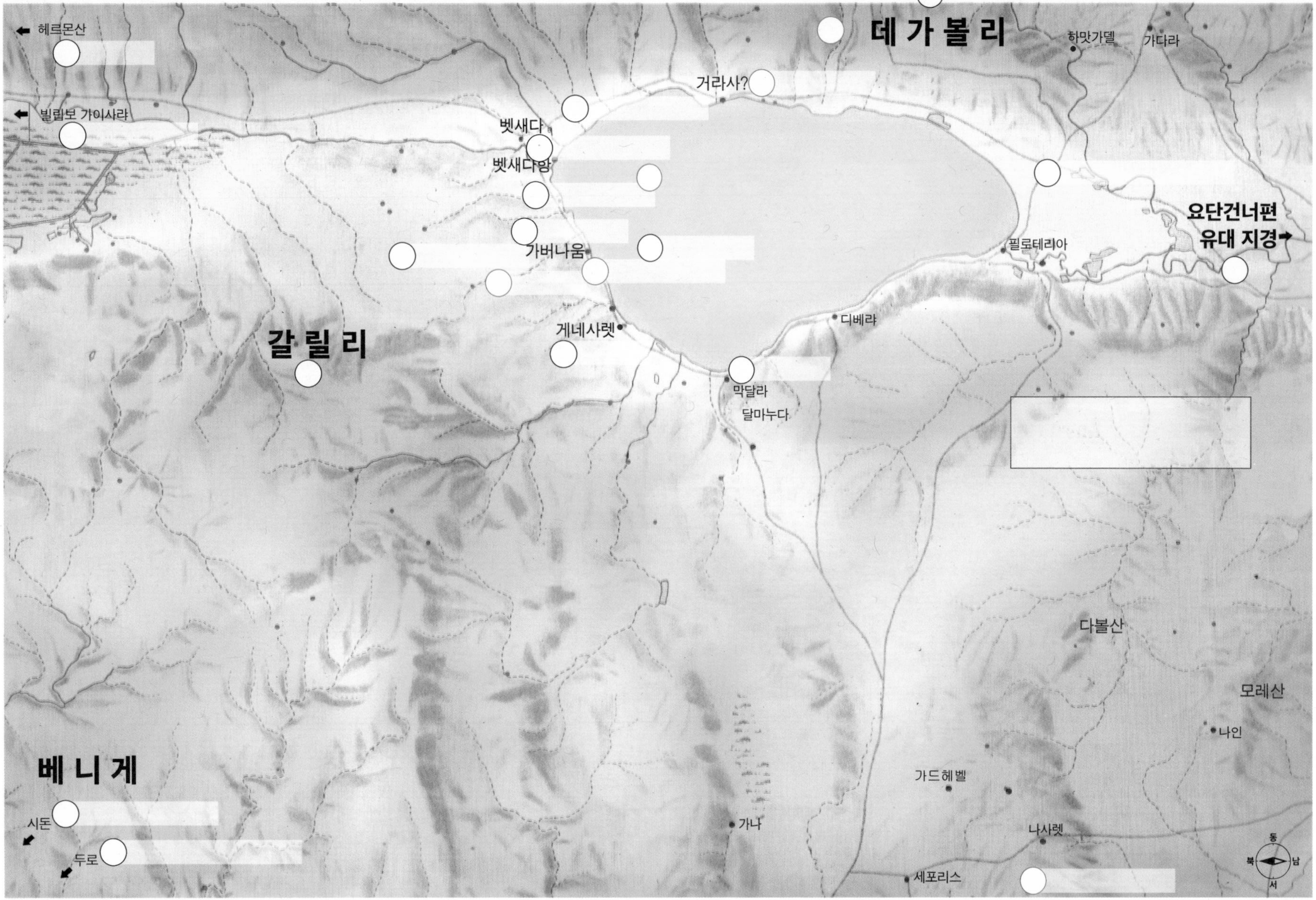

헤르몬산
빌립보 가이사랴
데 가 볼 리
하맛가델
가다라
거라사?
벳새다
벳새다항
가버나움
게네사렛
갈 릴 리
필로테리아
요단건너편
유대 지경
디베랴
막달라
달마누다
다볼산
모레산
나인
가드헤벨
가나
나사렛
세포리스
베 니 게
시돈
두로
동
북
남
서

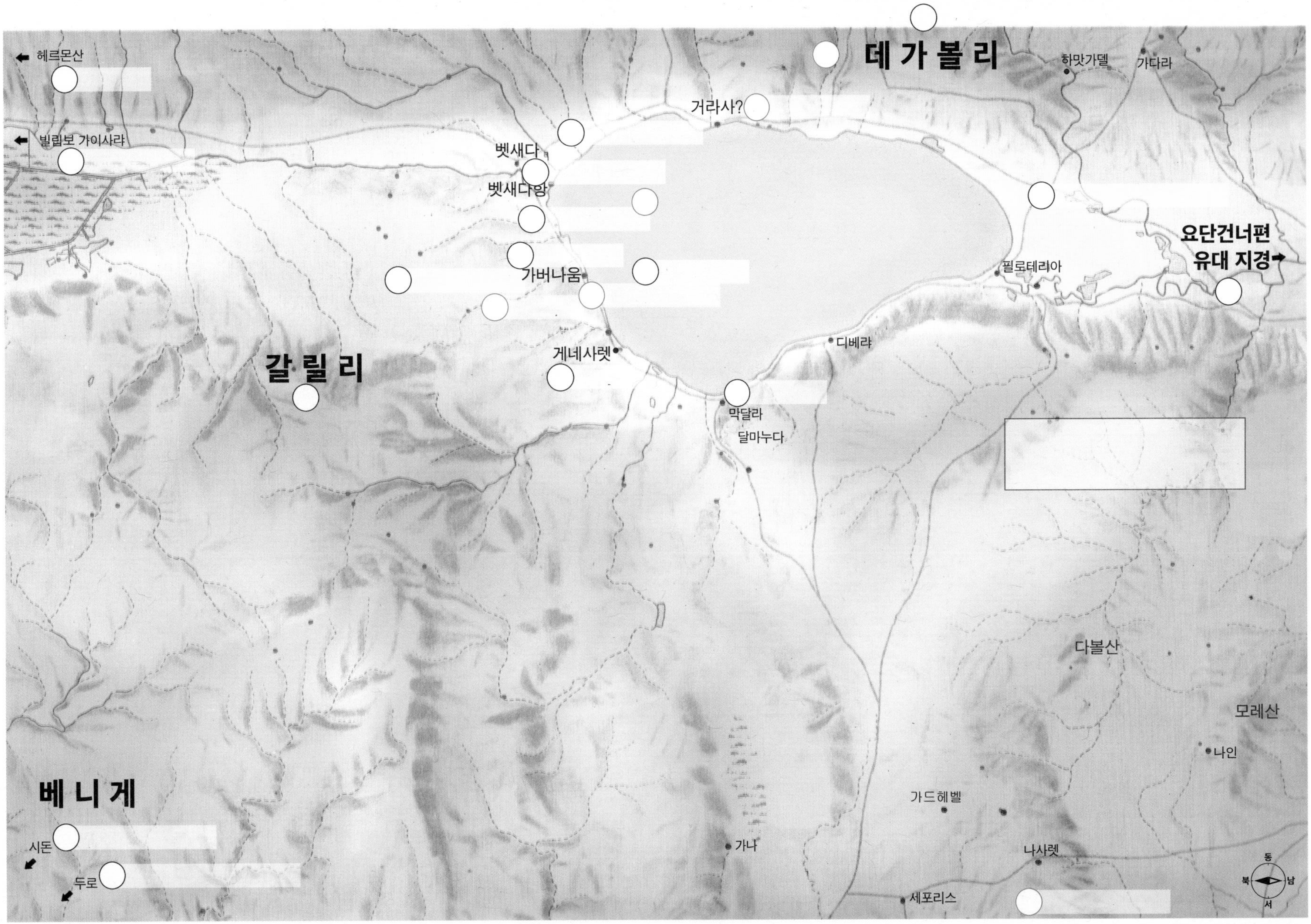

데 가 볼 리
헤르몬산
빌립보 가이사랴
벳새다
벳새다항
가버나움
거라사?
하맛가델
가다라
요단건너편
유대 지경
필로테리아
디베랴
게네사렛
막달라
달마누다
갈 릴 리
베 니 게
시돈
두로
다볼산
모레산
나인
가드헤벨
가나
나사렛
세포리스
동
북
남
서

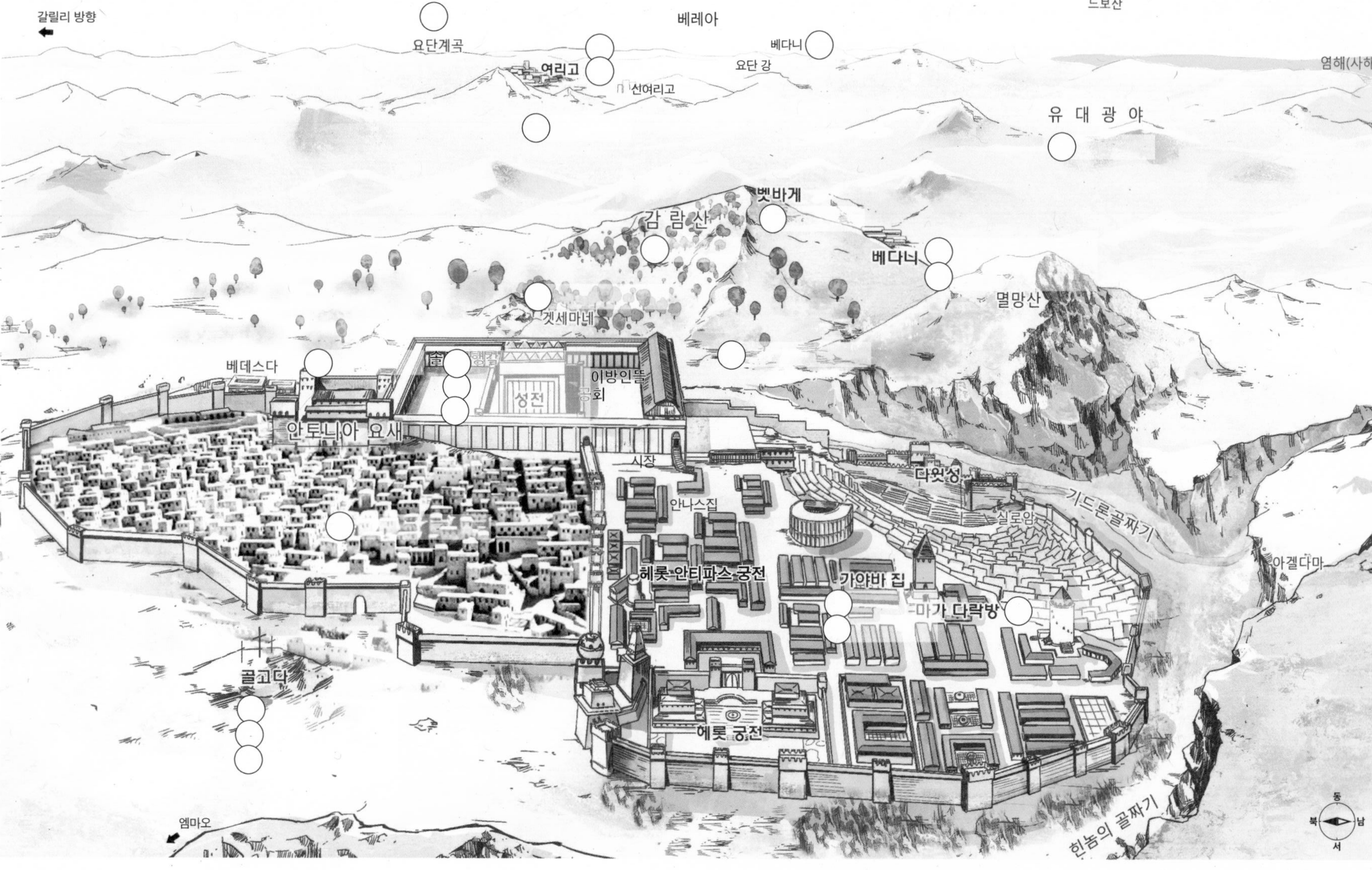
갈릴리 방향
요단계곡
베레아
느보산
베다니
요단 강
여리고
선여리고
염해(사해)
유 대 광 야
벳바게
감 람 산
베다니
멸망산
겟세마네
베데스다
이방인뜰
공회
성전
안토니아 요새
시장
안나스집
다윗성
기드론골짜기
실로암
아겔다마
헤롯 안티파스 궁전
가야바 집
마가 다락방
골고다
헤롯 궁전
엠마오
힌놈의 골짜기
동
북
남
서

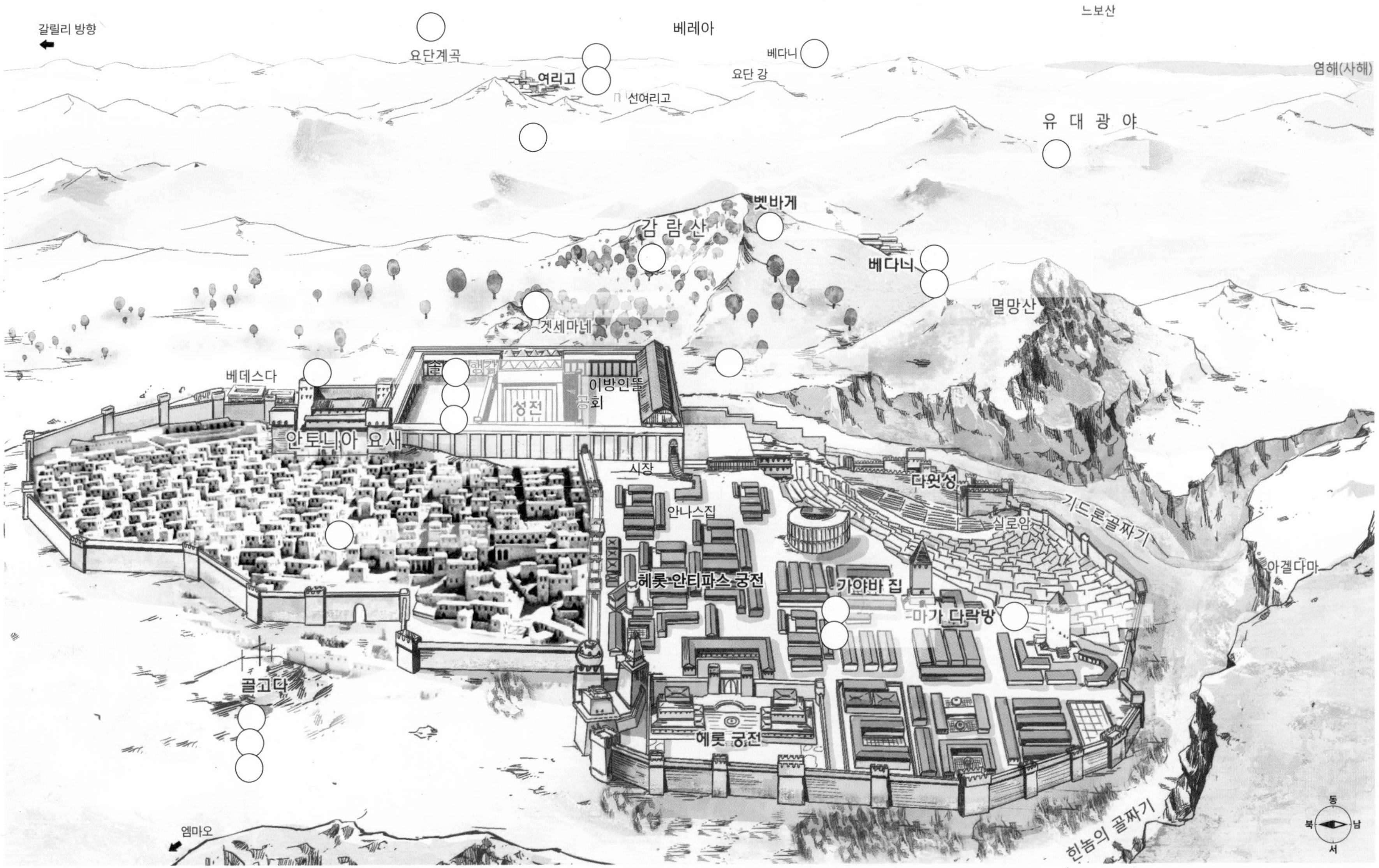

갈릴리 방향

요단계곡

베레아

느보산

여리고

선여리고

베다니

요단 강

염해(사해)

유 대 광 야

벳바게

감 람 산

베다니

멸망산

겟세마네

베데스다

이방인뜰

성전

공회

안토니아 요새

시장

안나스집

다윗성

기드론골짜기

실로암

헤롯 안티파스 궁전

가야바 집

아겔다마

마가 다락방

골고다

헤롯 궁전

엠마오

힌놈의 골짜기

동
북 남
서

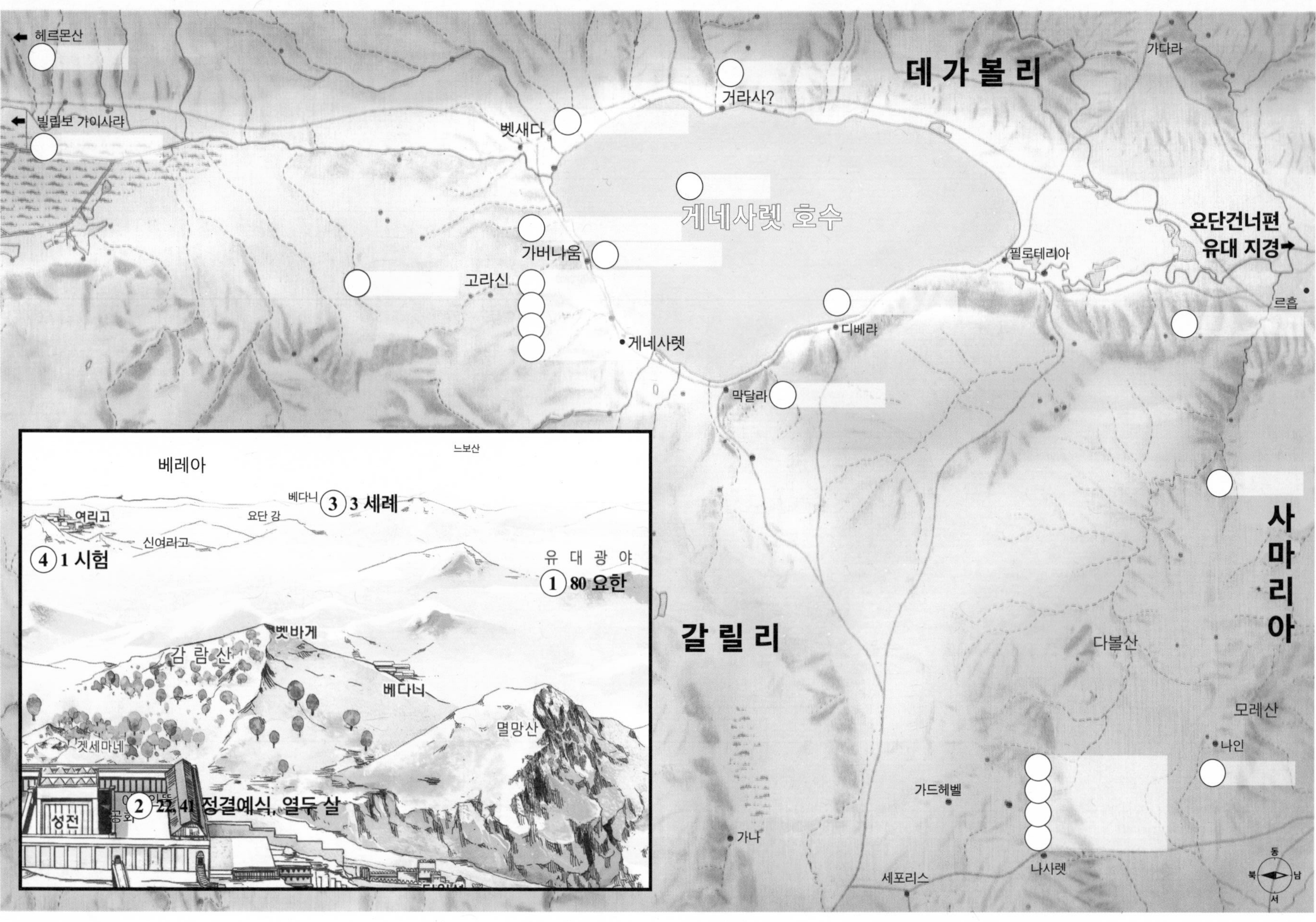
헤르몬산
빌립보 가이사랴
데가볼리
가다라
거라사?
벳새다
게네사렛 호수
가버나움
고라신
게네사렛
디베랴
막달라
필로테리아
요단건너편
유대 지경
르홉
사마리아
갈릴리
다볼산
모레산
나인
가드헤벨
가나
나사렛
세포리스
동
북
남
서
느보산
베레아
베다니
3 3 세례
요단 강
여리고
신여라고
4 1 시험
유 대 광 야
1 80 요한
벳바게
감 람 산
베다니
멸망산
겟세마네
2 22, 41 정결예식, 열두 살
성전
공화

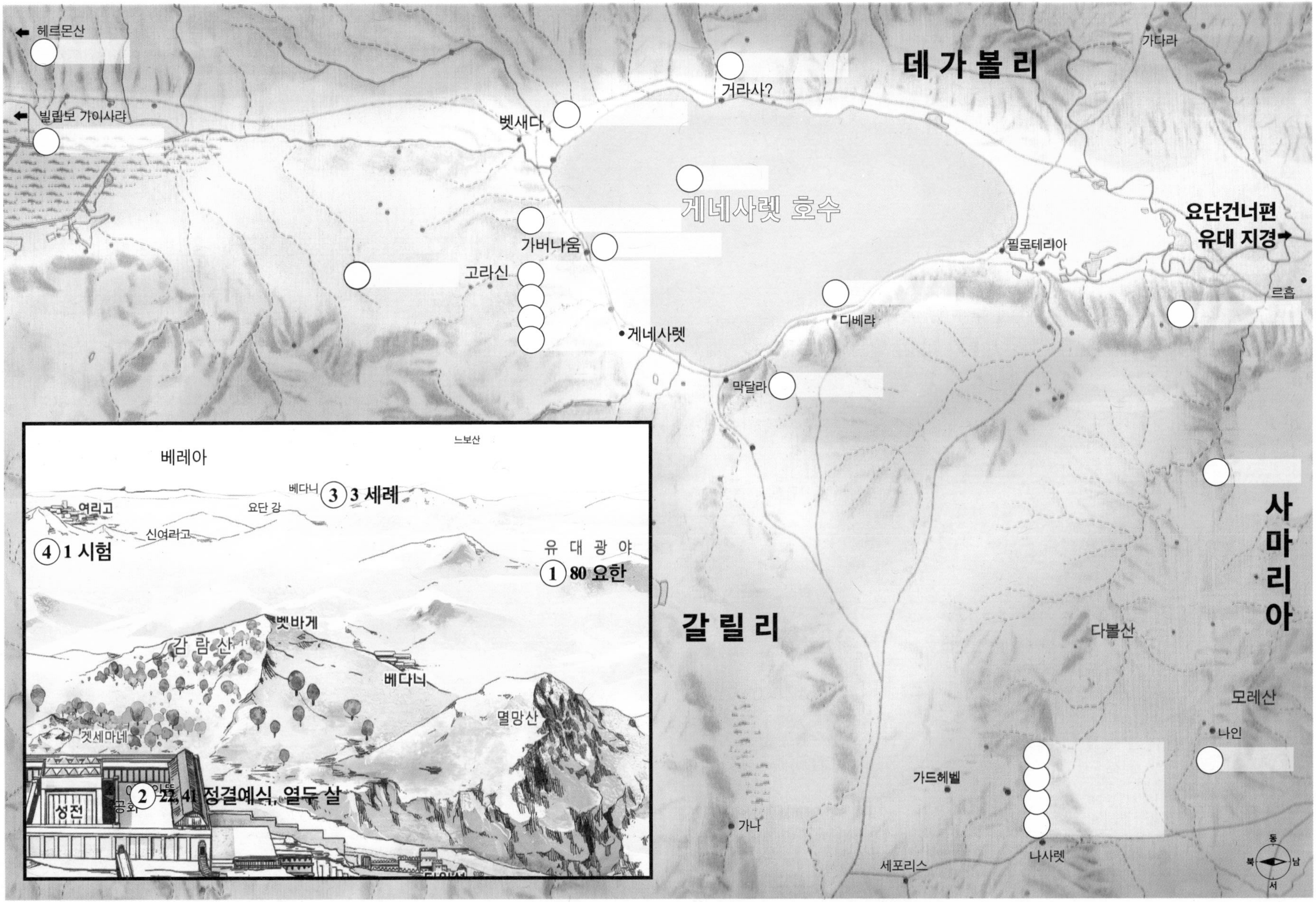

데 가 볼 리
가다라
헤르몬산
빌립보 가이사랴
거라사?
벳새다
게네사렛 호수
가버나움
고라신
게네사렛
디베랴
막달라
필로테리아
요단건너편 유대 지경
르홉
갈 릴 리
사 마 리 아
다볼산
모레산
나인
가드헤벨
가나
나사렛
세포리스

베레아
느보산
베다니 ③ 3 세례
요단 강
여리고
신여리고
④ 1 시험
유 대 광 야
① 80 요한
벳바게
감 람 산
베다니
멸망산
겟세마네
성전
공회
② 22, 41 정결예식, 열두 살

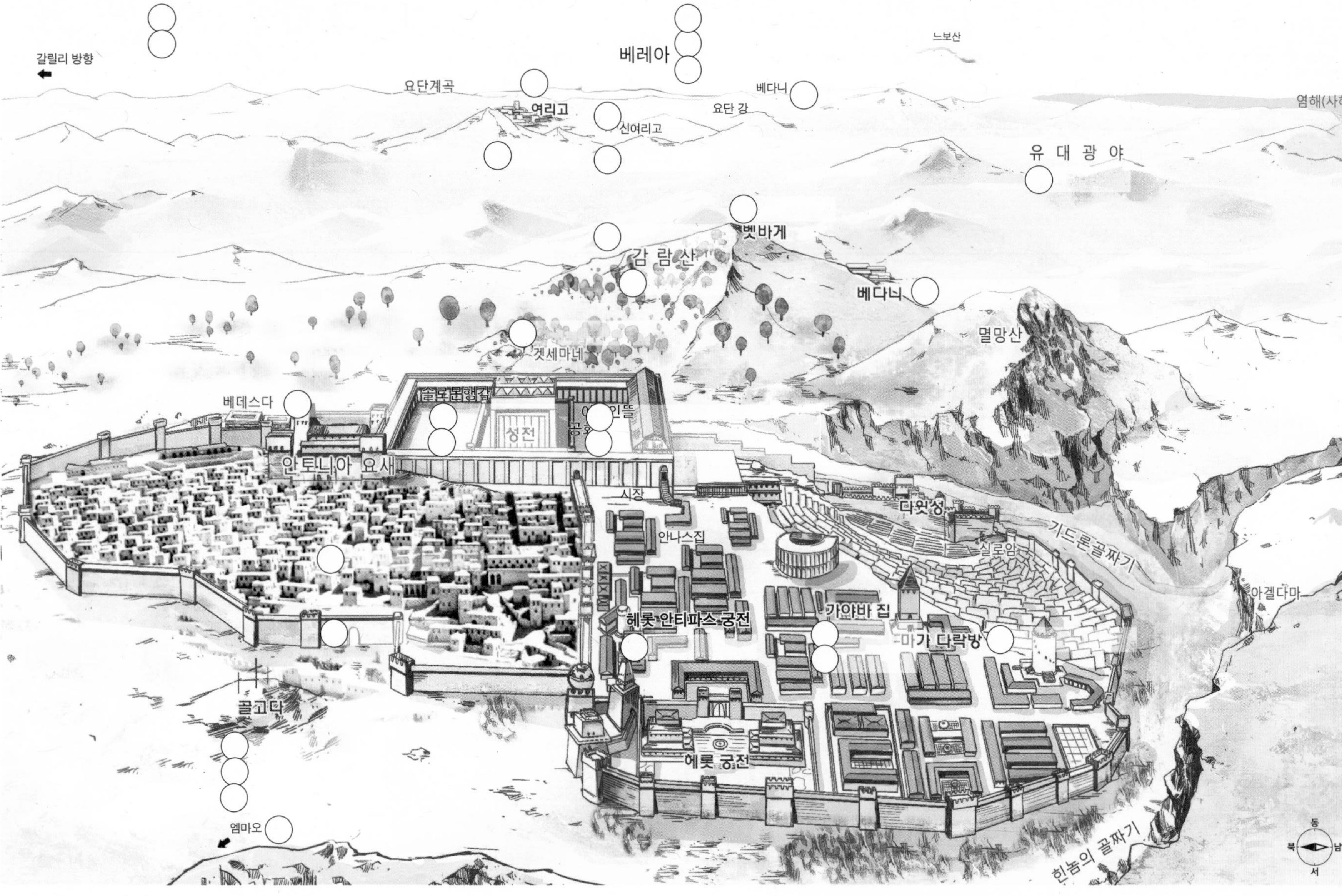

갈릴리 방향
요단계곡
베레아
느보산
베다니
여리고
요단 강
염해(사해)
신여리고
유 대 광 야
벳바게
감 람 산
베다니
멸망산
겟세마네
베데스다
솔로몬 행각
성전
안토니아 요새
시장
안나스 집
다윗성
기드론 골짜기
실로암
아겔다마
헤롯 안티파스 궁전
가야바 집
마가 다락방
골고다
헤롯 궁전
엠마오
힌놈의 골짜기
동
북
남
서

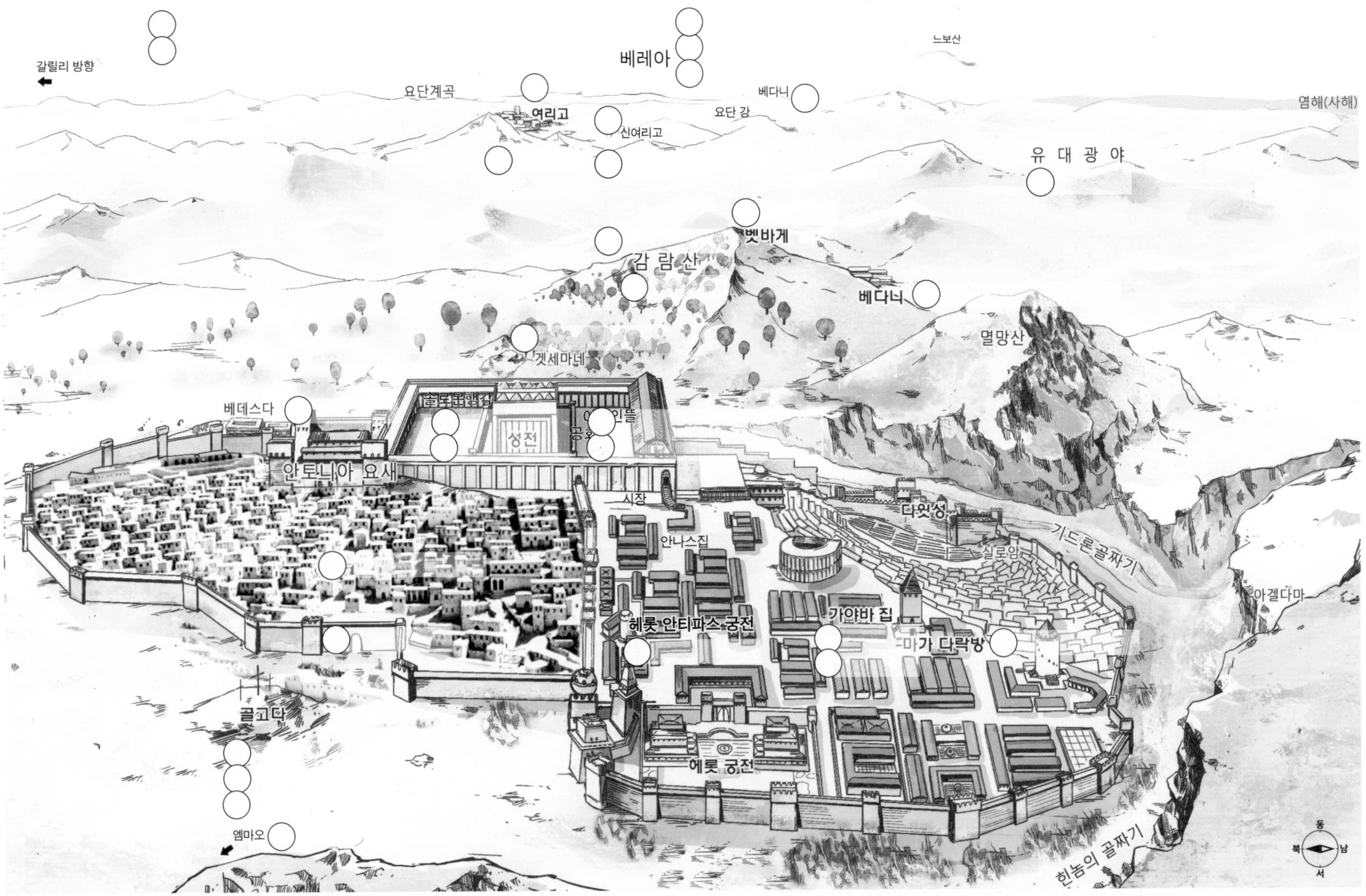

갈릴리 방향

베레아

느보산

요단계곡

여리고

신여리고

베다니

요단 강

염해(사해)

유 대 광 야

벳바게

감 람 산

베다니

멸망산

겟세마네

베데스다

솔로몬행각

성전

안토니아 요새

시장

안나스집

다윗성

기드론골짜기

실로암

아겔다마

헤롯 안티파스 궁전

가야바 집

마가 다락방

골고다

헤롯 궁전

엠마오

힌놈의 골짜기

동

북

남

서

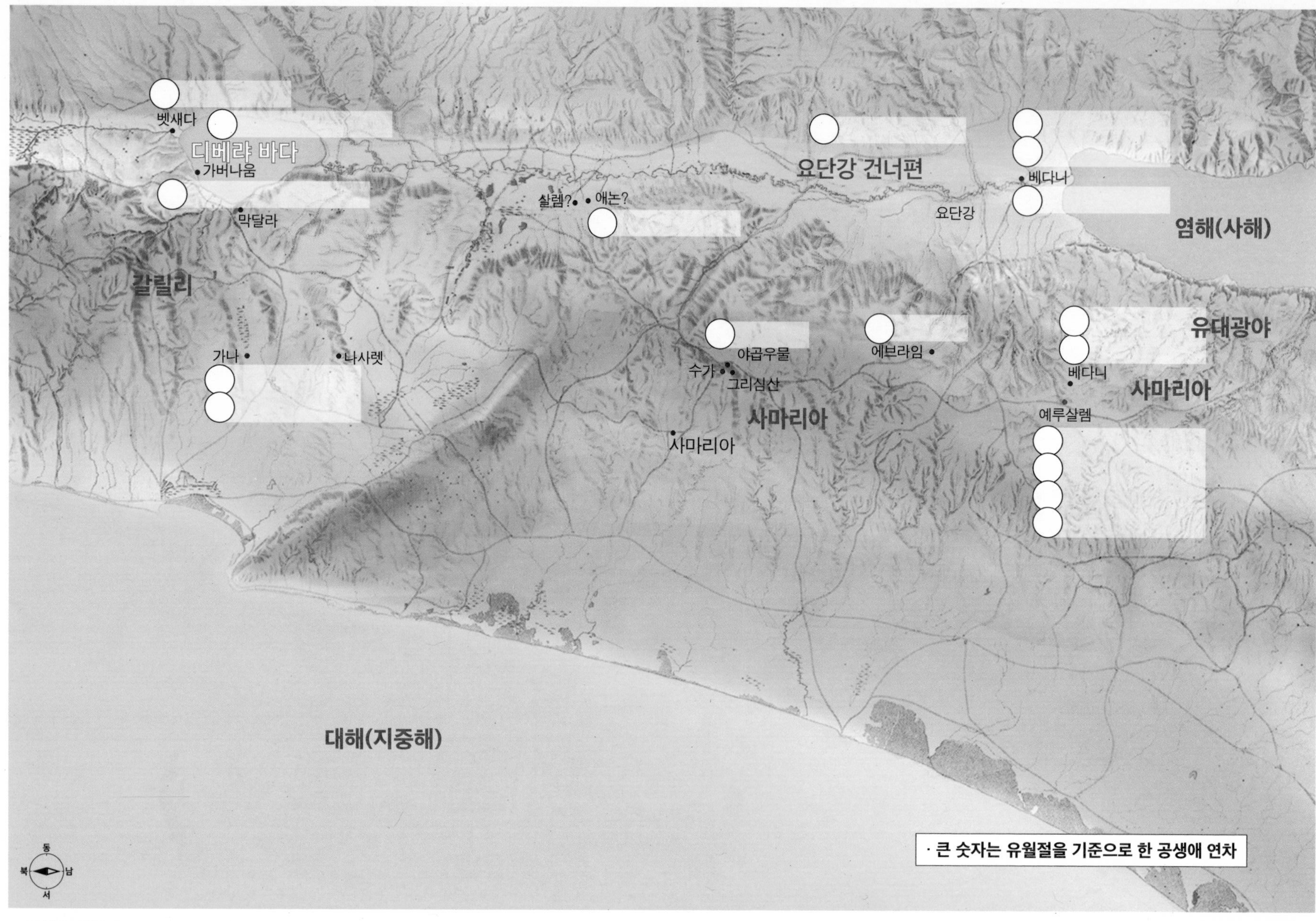
벳새다
디베랴 바다
가버나움
막달라
갈릴리
가나
나사렛
살렘?
애논?
요단강 건너편
요단강
베다니
염해(사해)
야곱우물
수가
그리심산
사마리아
사마리아
에브라임
유대광야
베다니
사마리아
예루살렘
대해(지중해)
· 큰 숫자는 유월절을 기준으로 한 공생애 연차
동
북
남
서

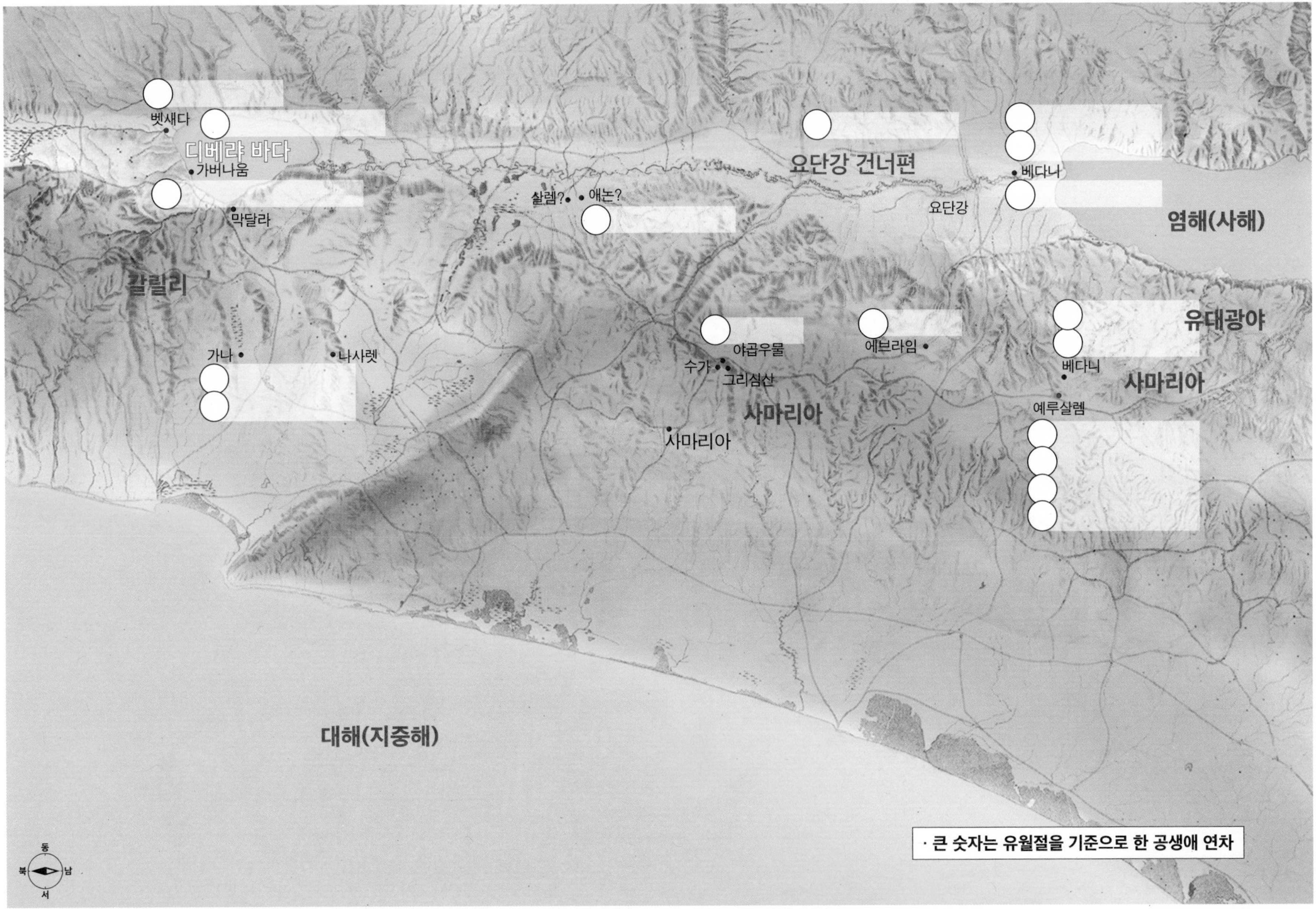

벳새다
디베랴 바다
가버나움
막달라
갈릴리
가나
나사렛
살렘?
애논?
요단강 건너편
베다니
요단강
염해(사해)
야곱우물
수가
그리심산
사마리아
사마리아
에브라임
유대광야
베다니
사마리아
예루살렘
대해(지중해)
· 큰 숫자는 유월절을 기준으로 한 공생애 연차
동
북
남
서

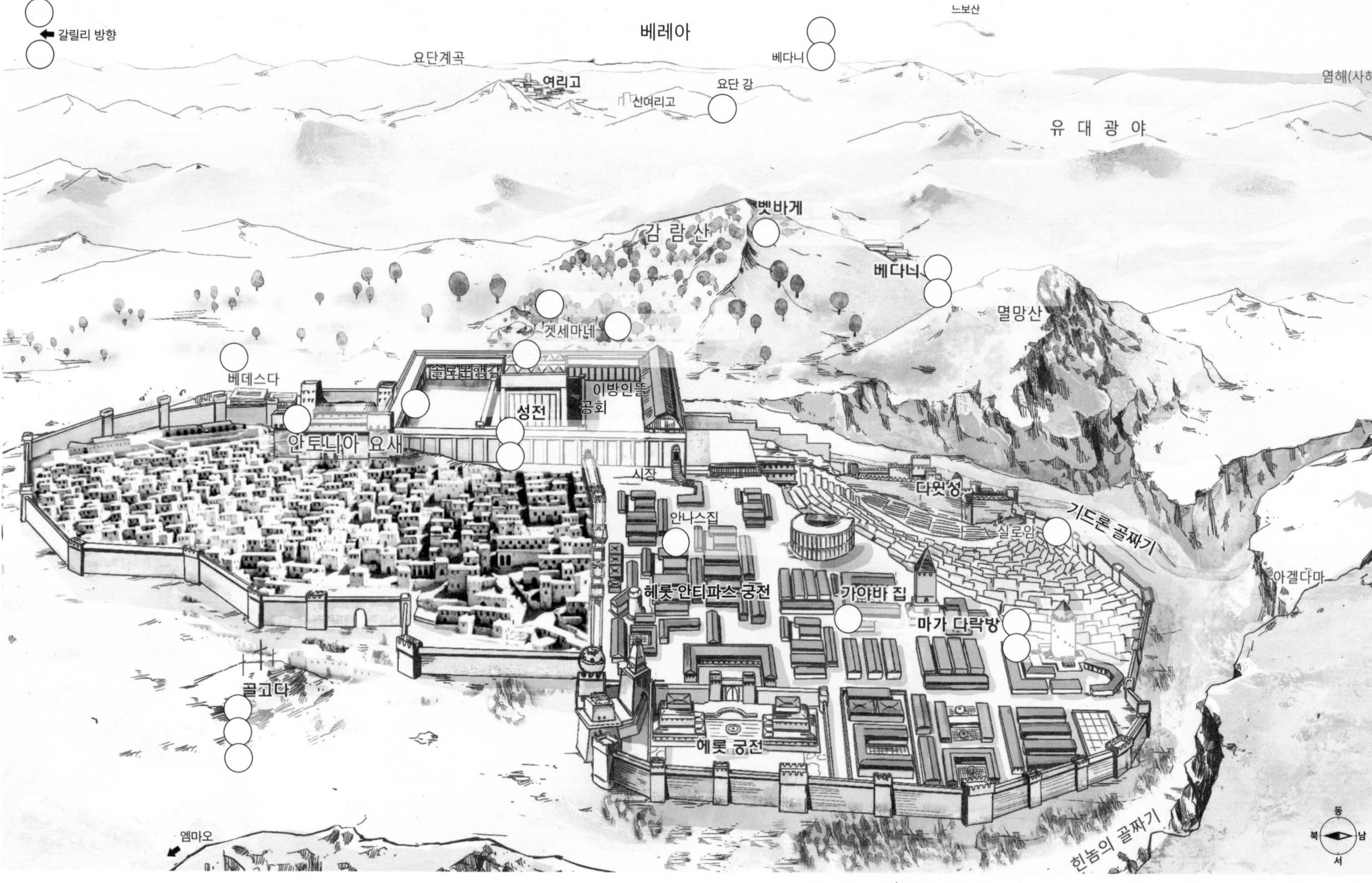
갈릴리 방향
베레아
느보산
요단계곡
베다니
여리고
요단 강
신여리고
염해(사해)
유 대 광 야
벳바게
감 람 산
베다니
멸망산
겟세마네
베데스다
솔로몬 행각
이방인뜰
성전
공회
안토니아 요새
시장
다윗성
안나스 집
실로암
기드론 골짜기
아겔다마
헤롯 안티파스 궁전
가야바 집
마가 다락방
골고다
헤롯 궁전
엠마오
힌놈의 골짜기
동
북
남
서

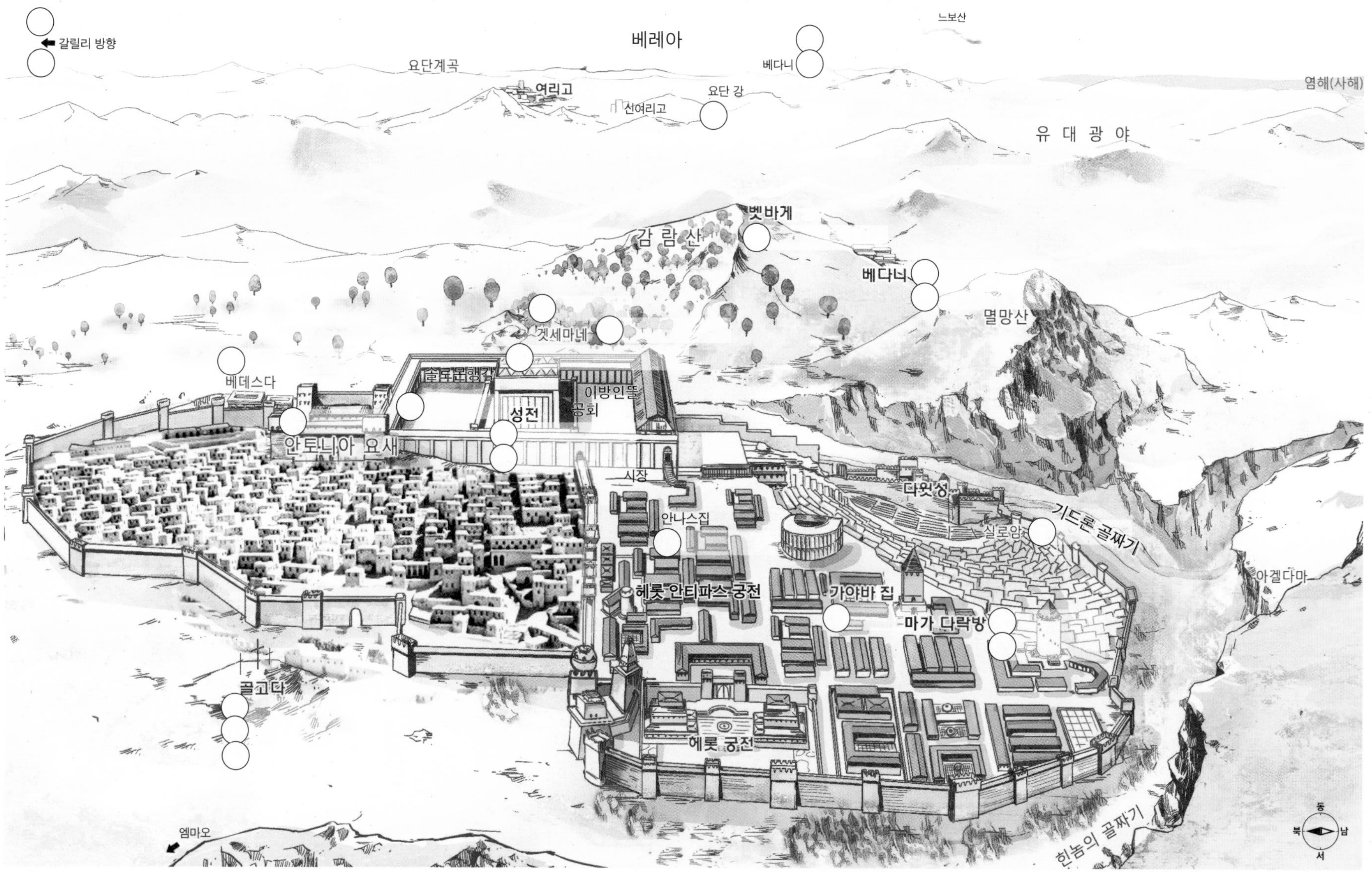

갈릴리 방향
베레아
느보산
요단계곡
베다니
여리고
선여리고
요단 강
염해(사해)
유 대 광 야
벳바게
감 람 산
베다니
멸망산
겟세마네
베데스다
솔로몬 행각
이방인뜰
성전
공회
안토니아 요새
시장
다윗성
기드론 골짜기
실로암
안나스 집
아겔다마
헤롯 안티파스 궁전
가야바 집
마가 다락방
골고다
헤롯 궁전
엠마오
힌놈의 골짜기
동
북
남
서

마가다락방
가야바집
힌놈의 골짜기
아겔다마
실로암
성전
이방인의 뜰
안토니아요새
솔로몬 행각
베데스다 연못
겟세마네
감람산
기드론 시내
베다니
벳바게
서
남
북
동

사도행전 1: 예루살렘

마가다락방
가야바집
힌놈의 골짜기
아겔다마
실로암
이방인의 뜰
성전
솔로몬 행각
안토니아요새
베데스다 연못
겟세마네
감람산
기드론 시내
벳바게
베다니
서
남
북
동

사도행전 1: 예루살렘

사도행전 2: 유대와 사마리아

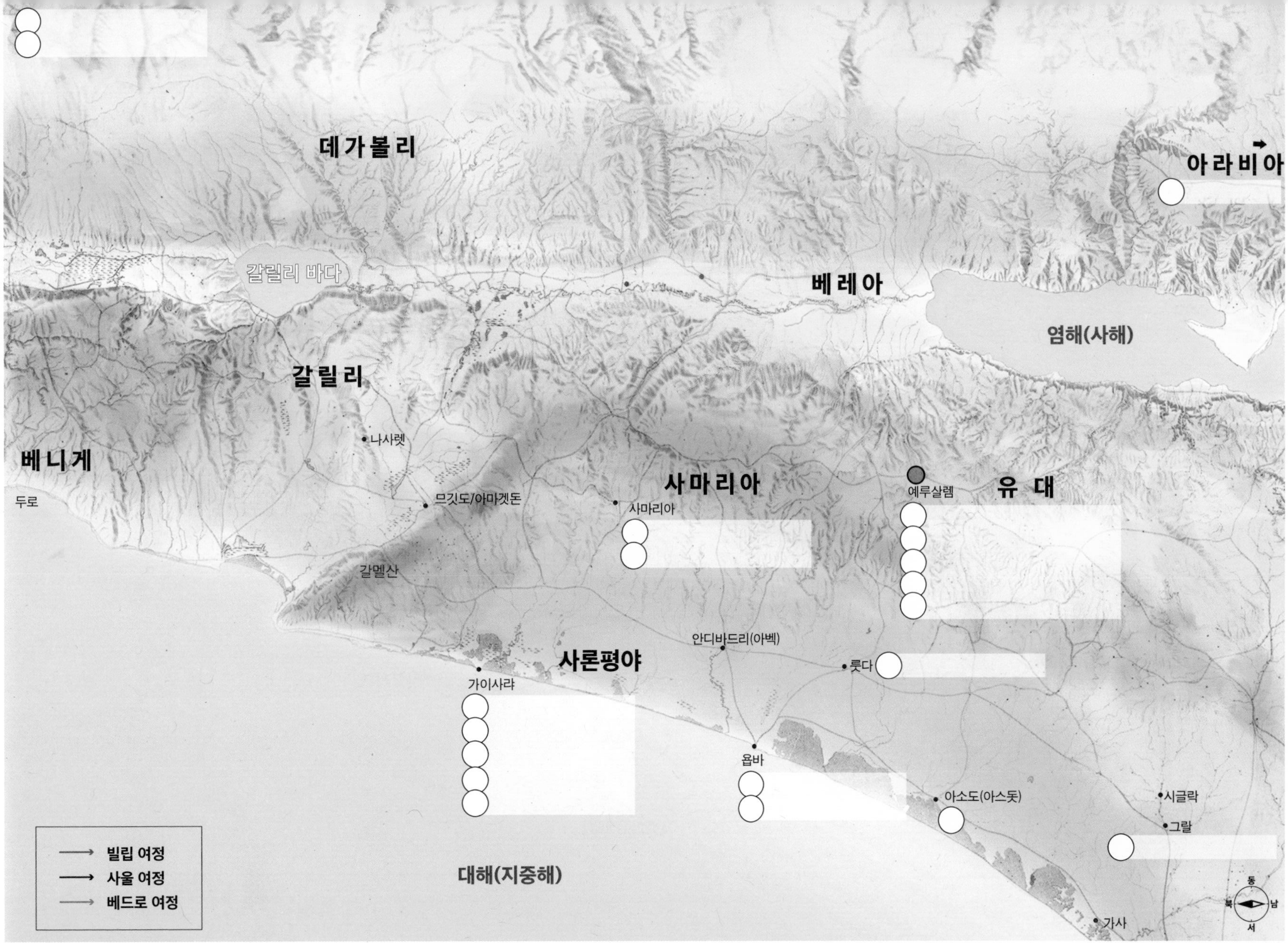

데가볼리

아라비아

갈릴리 바다

베레아

염해(사해)

갈릴리

나사렛

베니게

두로

므깃도/아마겟돈

사마리아

사마리아

예루살렘

유대

갈멜산

안디바드리(아벡)

사론평야

룻다

가이사랴

욥바

아소도(아스돗)

시글락

그랄

가사

대해(지중해)

- 빌립 여정
- 사울 여정
- 베드로 여정

동 남 서 북

사도행전 2: 유대와 사마리아

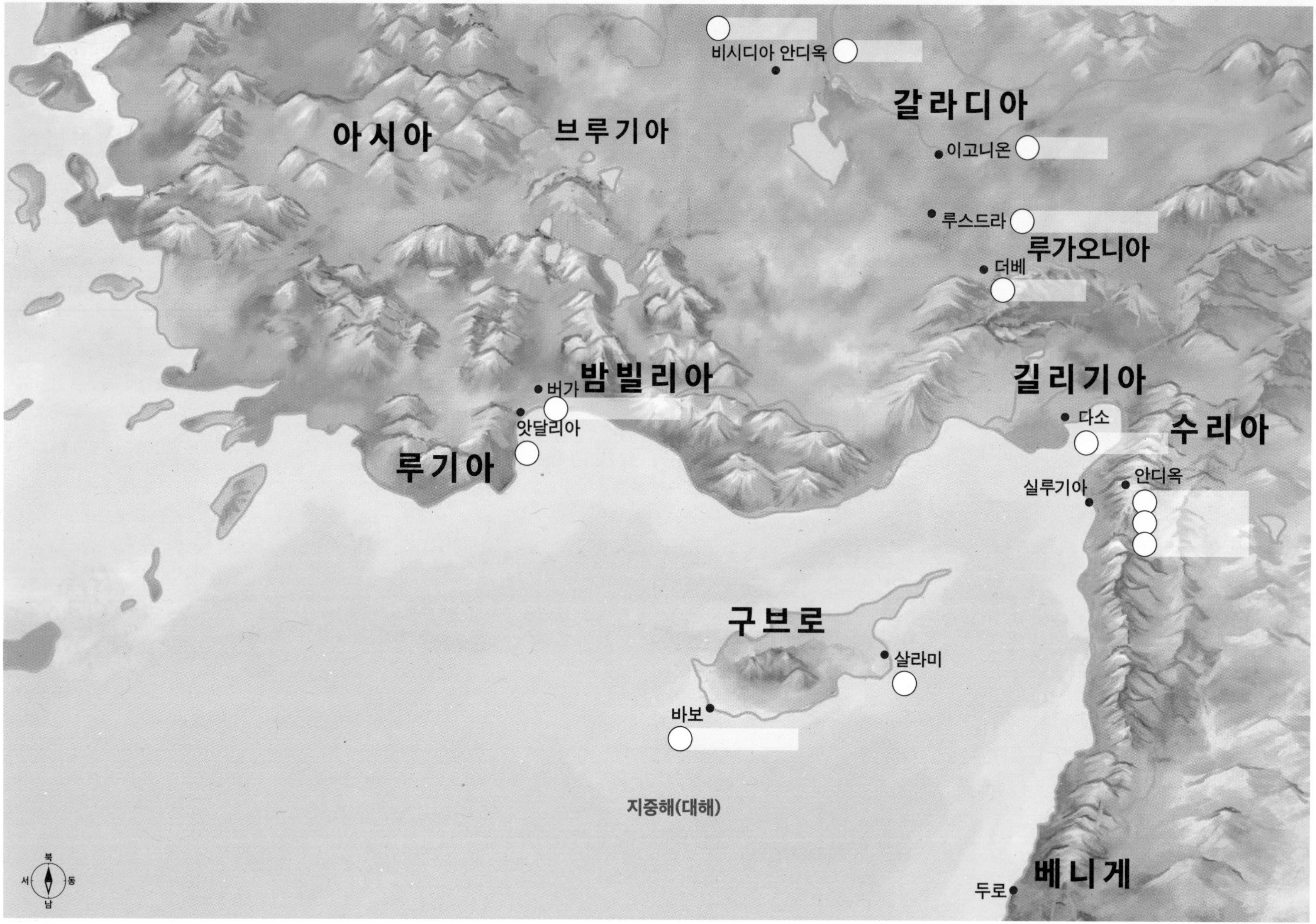

비시디아 안디옥
갈라디아
아시아
브루기아
이고니온
루스드라
루가오니아
더베
밤빌리아
버가
앗달리아
루기아
길리기아
다소
수리아
실루기아
안디옥
구브로
살라미
바보
지중해(대해)
북
서
동
남
베니게
두로

사도행전 3: 1차 전도여행(갈라디아)

사도행전 3: 1차 전도여행(갈라디아)

사도행전 4: 2차 전도여행(그리스)

마게도냐
빌립보
네압볼리
베뢰아
아볼로니아
암비볼리
데살로니가
사모드라게
드로아
앗소
미둘레네
본도
비두니아
무시아
비시디아 안디옥
갈라디아
아가야(헬라)
아시아
브루기아
이고니온
기오
루스드라
루가오니아
고린도
겐그레아
아덴
사모
에베소
밀레도
더베
길리기아
버가
밤빌리아
고스
니도
로도
루기아
바다라
무라
다소
수리아
안디옥
실루기아
그레데
살모네
뵈닉스
라새아
가우다
미항
구브로
살라미
시돈
두로
베니게
돌레마이
가이사랴
지중해(대해)
구레네
예루살렘
유대
알렉산드리아
북
서
동
남

사도행전 4: 2차 전도여행(그리스)

사도행전 5: 3차 전도여행(아시아)

마게도냐
빌립보
네압볼리
베뢰아
아볼로니아
암비볼리
데살로니가
사모드라게
본도
비두니아
무시아
드로아
앗소
미둘레네
아시아
브루기아
비시디아 안디옥
갈라디아
이고니온
루스드라
루가오니아
더베
아가야(헬라)
고린도
겐그레아
아덴
기오
사모
에베소
밀레도
고스
니도
로도
버가
밤빌리아
루기아
바다라
무라
길리기아
다소
수리아
안디옥
실루기아
그레데
살모네
뵈닉스
라새아
가우다
미항
구브로
살라미
지중해(대해)
시돈
두로
베니게
돌레마이
가이사랴
예루살렘
유대
구레네
구레네
알렉산드리아
북
서
동
남

사도행전 5: 3차 전도여행(아시아)

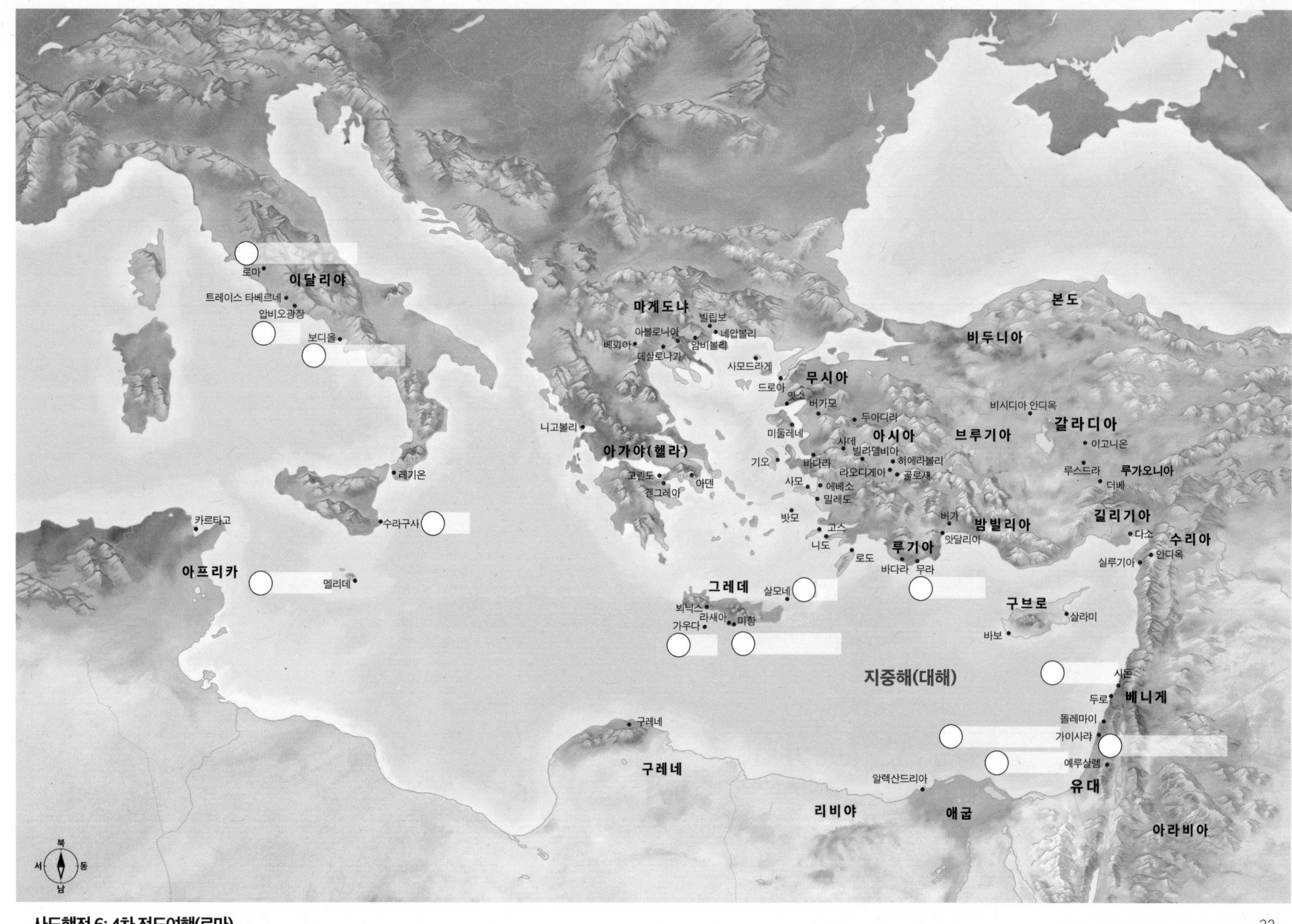

사도행전 6: 4차 전도여행(로마)

사도행전 6: 4차 전도여행(로마)

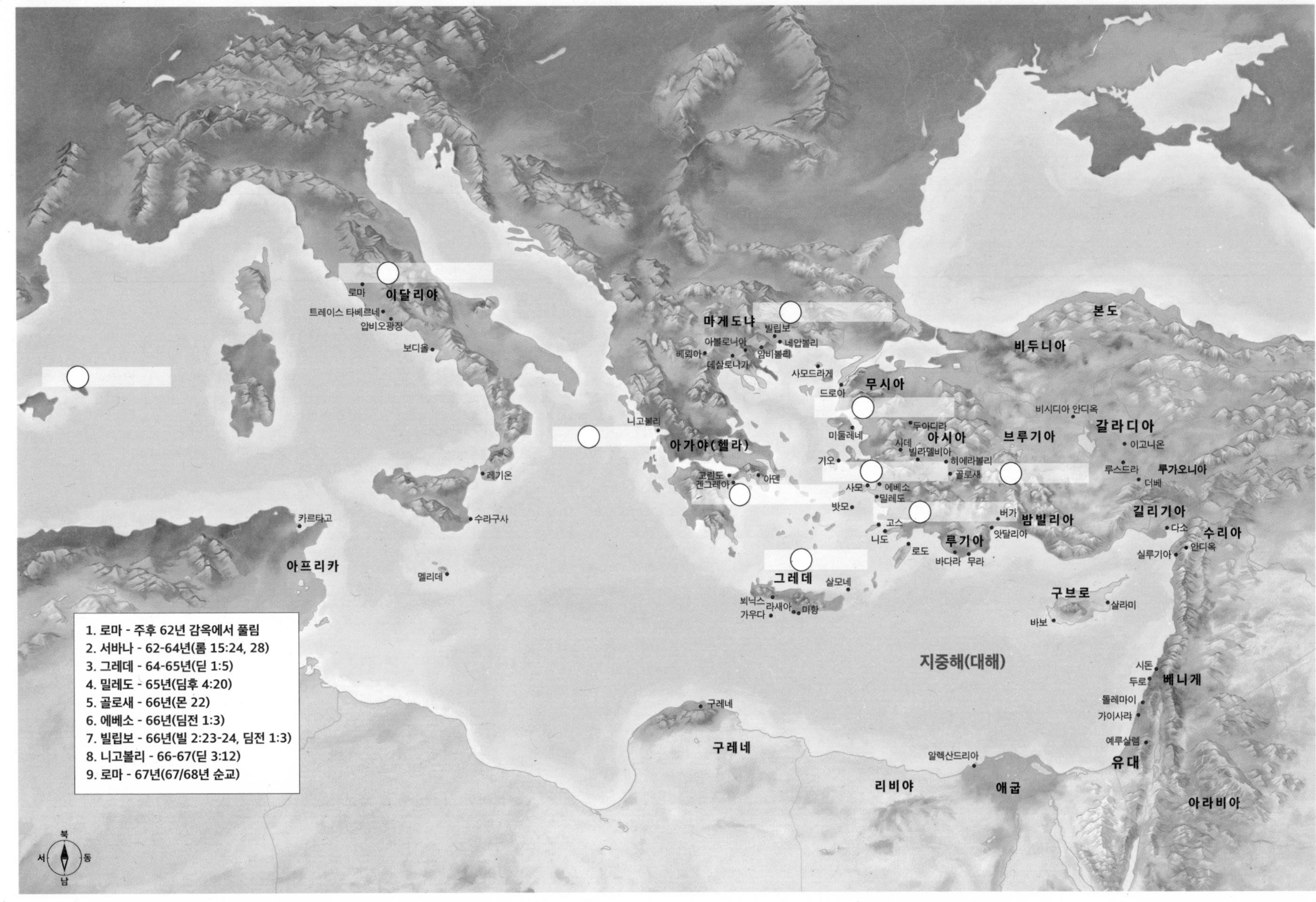

1. 로마 - 주후 62년 감옥에서 풀림
2. 서바나 - 62-64년(롬 15:24, 28)
3. 그레데 - 64-65년(딛 1:5)
4. 밀레도 - 65년(딤후 4:20)
5. 골로새 - 66년(몬 22)
6. 에베소 - 66년(딤전 1:3)
7. 빌립보 - 66년(빌 2:23-24, 딤전 1:3)
8. 니고볼리 - 66-67(딛 3:12)
9. 로마 - 67년(67/68년 순교)

사도행전 7: 5차 전도여행(서바나)

이달리아
로마
트레이스 타베르네
압비오광장
보디올
레기온
수라구사
멜리데
카르타고
아프리카
마게도냐
빌립보
네압볼리
암비볼리
아볼로니아
베뢰아
데살로니가
사모드라게
니고볼리
아가야(헬라)
고린도
겐그레아
아덴
그레데
살모네
뵈닉스
라새아
미항
가우다
구레네
구레네
무시아
드로아
미둘레네
두아디라
사데
빌라델비아
아시아
기오
사모
에베소
밀레도
밧모
고스
니도
로도
히에라볼리
골로새
브루기아
비두니아
본도
갈라디아
비시디아 안디옥
이고니온
루스드라
더베
루가오니아
버가
앗달리아
밤빌리아
루기아
바다라
무라
길리기아
다소
수리아
안디옥
실루기아
구브로
살라미
바보
지중해(대해)
시돈
두로
베니게
돌레마이
가이사랴
예루살렘
유대
알렉산드리아
애굽
리비야
아라비아

1. 로마 - 주후 62년 감옥에서 풀림
2. 서바나 - 62-64년(롬 15:24, 28)
3. 그레데 - 64-65년(딛 1:5)
4. 밀레도 - 65년(딤후 4:20)
5. 골로새 - 66년(몬 22)
6. 에베소 - 66년(딤전 1:3)
7. 빌립보 - 66년(빌 2:23-24, 딤전 1:3)
8. 니고볼리 - 66-67(딛 3:12)
9. 로마 - 67년(67/68년 순교)

북
서
동
남

사도행전 7: 5차 전도여행(서바나)

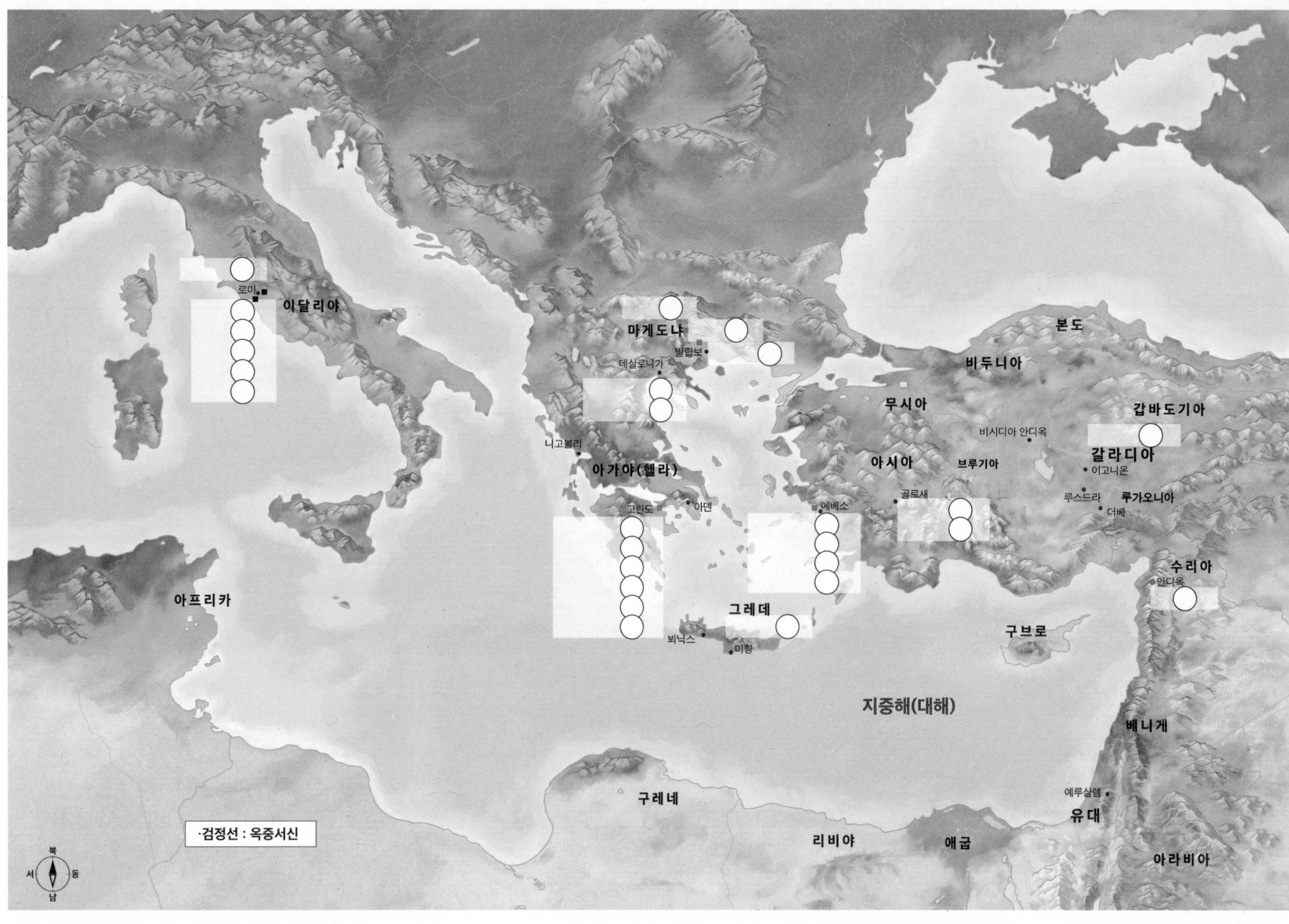
로마
이달리아
마게도냐
빌립보
데살로니가
본도
비두니아
무시아
갑바도기아
비시디아 안디옥
갈라디아
니고볼리
아가야(헬라)
아시아
브루기아
이고니온
루스드라
루가오니아
더베
골로새
에베소
고린도
아덴
수리아
안디옥
아프리카
그레데
뵈닉스
미항
구브로
지중해(대해)
베니게
구레네
예루살렘
유대
·검정선 : 옥중서신
리비아
애굽
아라비아
북
서
동
남

로마
이달리야
마게도냐
빌립보
데살로니가
니고볼리
아가야(헬라)
고린도
아덴
에베소
그레데
뵈닉스
미항
본도
비두니아
무시아
아시아
브루기아
골로새
비시디아 안디옥
갑바도기아
갈라디아
이고니온
루스드라
루가오니아
더베
수리아
안디옥
구브로
지중해(대해)
베니게
예루살렘
유대
아라비아
애굽
리비아
구레네
아프리카
·검정선 : 옥중서신
북
서
동
남

바울 서신

본도
비두니아
갑바도기아
갈라디아
아시아
버가모
두아디라
사데
서머나
빌라델비아
히에라볼리
에베소
라오디게아
골로새
밧모섬
수리아
안디옥
구브로
북
서
동
남

본도
비두니아
갑바도기아
갈라디아
아시아
버가모
두아디라
서머나
사데
빌라델비아
히에라볼리
에베소
라오디게아
골로새
밧모섬
수리아
안디옥
구브로
북
서
동
남

믿음의 땅
성경 이스라엘
이 땅에 거류하면 내가 너와 함께 있어 네게 복을 주고 내가 이 모든 땅을 너와 네 자손에게 주리라(창 26:3)
대 해(지중해)
염해(사해)
-422m(2009년)
갈릴리바다
-212m
아라비아사막
아람
바타네아
아우라니티스
바산
가울라니티스
데가볼리
길르앗
암몬
모압
나바테아
에돔
베레아
요단계곡
갈릴리
사마리아
에브라임산지
유대
유다산지
유다광야
쉐펠라(평지)
사론평야
블레셋평야
네게브(남방)
이두매
광야
아셀
악고평야
다메섹
드라고닛
에드레이
길르앗라못
랍바암몬/암만
거라사
골란
헬몬산 2814m
가이사랴빌립보
단
벳새다
가버나움
고라신
하솔
게데스
게네사렛
막달라
디베랴
메롬
가나
나사렛
나인
수넴
다볼산 588m
모레산 518m
길보아산 497m
므깃도
이스르엘
벧산
펠라
아벨므홀라
숙곳
브누엘
마하나임
아담
베다니
여리고
헤스본
느보산 802m
디본
아로엘
길하레셋
보스라
소알
염곡
아라바광야
엔게디
맛사다
아랏
헤브론 1020m
예루살렘 743m
베들레헴
벧엘
아이
미스바
기브온
기브아
라마
실로
에브라임
세겜
에발산 940m
그리심산
사마리아
도단
이블르암
디르사
소고
욕느암
갈멜산 546m
악고
하이파
두로
돌
가이사랴
안디바드리
아벡
욥바
텔아비브
룻다
모디인
엠마오
게셀
딤나
기럇여아림
벧세메스
아세가
가드
에그론
마레사
라기스
드빌
아스돗/아소도
아스글론
가사
그랄
시글락
브엘세바
시므온
가데스바네아
축척 1:750,000
남북주요도로
동서주요도로
012 ABC 지명찾기(자간10km)
구약도시
신약도시
신구약도시
현대도시
구약지역
신약지역
지파이름
강 이름
제작: 이문범
moonbm@hanmail.net

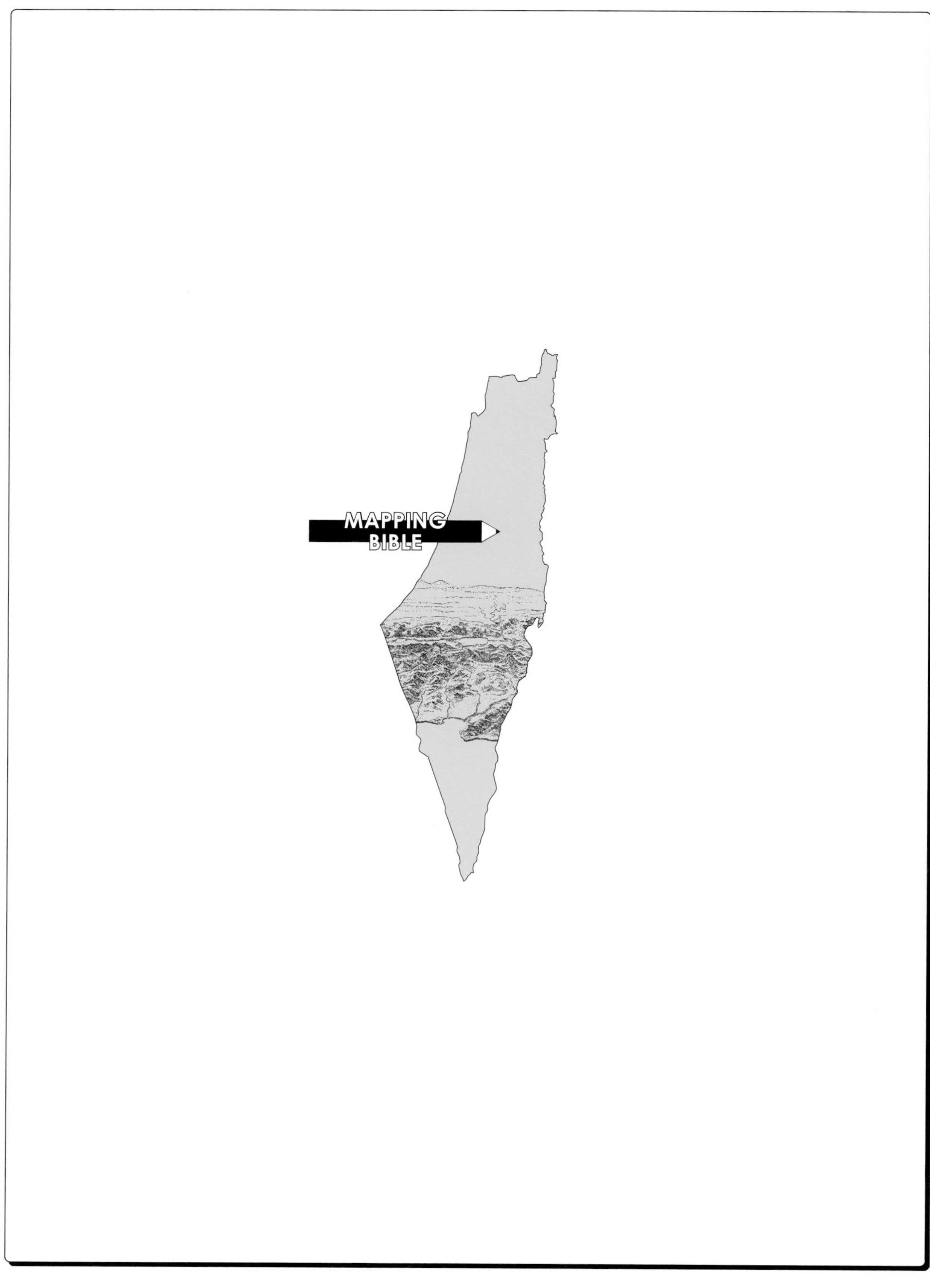
MAPPING
BIBLE